W0056207

Über die Autorin:

Rhonda Findling, M. A., arbeitet als Psycho-
therapeutin in eigener Praxis in New York und
Forest Hills, New York. Im deutschsprachigen
Raum bekannt und beliebt wurde sie mit ihrem
Bestseller *Ruf bloß nicht an*! - *Wie Sie Ihren
Expartner loslassen und stattdessen das Leben
genießen"*

www.rhondafindling.com.

Rhonda Findling

Wenn Männer vor der Liebe flüchten

Wie man mit Beziehungsneurotikern glücklich wird – oder sie meidet

aus dem Amerikanischen von Brigitte van Hattem

© 2011 Reichel Verlag

91365 Weilersbach, Reifenberg 85
Tel: 0049(0)9194-8900, Fax: 0049(0)9194-4262
E-Mail: info@reichel-verlag.de
www.reichel-verlag.de

Umschlaggestaltung Christian Wolf

ISBN 978-3-941435-14-8

Widmung

Ich widme dieses Buch meinen Großeltern Hyman und Sally Hasenbein, an die ich mich gerne erinnere und meinen geliebten Zuckerpuppen (Nichten und Neffen) Zachary, Samantha und Madison

Danksagung

Ich möchte an dieser Stelle meine Dankbarkeit den Menschen gegenüber ausdrücken, die mich liebevoll unterstützt haben, während ich dieses Buch geschrieben habe und die in dieser Zeit immer für mich da waren:

Anita Weinstein, Drew Findling, Beth Findling, Norma Glener, Gayle Baizer, Alan Levin, Margot Sacracino und Elisabeth Laureano. Ich möchte auch meinen Nachbarn Judith Ackerman und Mel Eisner danken, die immer bereit waren, bei Computer-Abstürzen helfend einzugreifen.

Ich möchte meiner Lektorin Janet Rosen für ihre Beharrlichkeit, ihren Mut und ihren Glauben in meine Arbeit danken sowie meiner Verlegerin bei Adams Media, Danielle Chiotti. Es war ein Vergnügen, mit ihr zu arbeiten, weshalb das Schreiben dieses Buches zu einer kreativen, interessanten Erfahrung wurde.

Und schlussendlich möchte ich all meinen Klientinnen danken: den Frauen, die in meine Gruppensitzungen kommen, in meine Workshops und die mir regelmäßig etwas an mein schwarzes Brett schreiben. Ich fühle mich geehrt, dass ich Teil ihrer mutigen Reisen sein darf, auf denen sie kraftvolle Frauen werden, die nur gesunde, liebevolle, unterstützende Beziehungen mit Männern akzeptieren und sich nicht mit weniger zufrieden geben.

Inhaltsverzeichnis

Einleitung

Wurden Sie jemals offensiv von einem Mann umworben, der sich aber kalt und distanziert gab, nachdem Sie einige Monate mit ihm zusammen waren? Hat sich je ein Mann Ihnen gegenüber so verhalten, als sei er verliebt in Sie - nur um Sie zurückzuweisen, sobald Sie mutig genug waren, den ersten Schritt zu tun? Haben Sie je ein leidenschaftliches Wochenende mit einem Mann verbracht, der danach für einen Monat oder für immer spurlos verschwand? Wenn Sie irgendeine dieser schmerzlichen Situationen durchleiden mussten, dann hatten Sie einen entscheidungsunfähigen Mann kennengelernt.Wenn Menschen sich verlieben, betrachten sie das Objekt ihrer Zuneigung immer mit gemischten Gefühlen. Man ist sich nie hundertprozentig sicher, egal wie verliebt er oder sie auch ist. Der Typ Mann, den ich als entscheidungsunfähigen Mann bezeichne, kämpft gegen ein tiefes Gefühlschaos, das ihn wiederholt romantische Beziehungen (oder solche, die es werden könnten) sabotieren lässt, die sonst stabil und glücklich hätten werden können.

Der entscheidungsunwillige, ambivalente Mann sendet immer zwei unterschiedliche Signale aus. Ampel auf Rot, Ampel auf Grün, halt, weiter - er will Sie, er will Schluss machen, er fährt auf Sie ab, er fährt nicht auf Sie ab, er liebt Sie, er liebt Sie nicht. Er kann sich nicht entscheiden. Er ist verwirrt, unbeständig und unberechenbar.

Auf der anderen Seite hat der unschlüssige, ambivalente Mann auch wunderbare Eigenschaften, was ihn oft unwiderstehlich macht. Es ist leicht, sich in ihn zu verlieben. Er kann verführerisch sein, lustig, liebenswert, hilfsbereit, unterstützend, großzügig, charismatisch und klug. Außerdem ist er durchaus in der Lage, sich zu binden und zu lieben. Dummerweise ist es diese Bindung und

Liebe zu Ihnen, die seine starke Zwiespältigkeit auslöst und ihn dazu bringt, Sie weg zu stoßen oder Sie so zu provozieren, dass Sie ihn abweisen.

Ambivalente Männer gibt es überall. Sie kommen in allen Formen und Größen vor und durchlaufen die ganze Skala von Männern mit Doktortitel bis hin zu Arbeitern. Religion, Rasse und finanzieller Status haben keine Bedeutung. Der einzige gemeinsame Nenner, den alle entscheidungsunfähigen Männer haben, ist, dass sie aufregend, aber letztendlich unerreichbar sind.

Ein Paradebeispiel für einen entscheidungsunfähigen Mann ist Mister Big aus der HBO Serie „*Sex and the City*". Er ist wohlhabend, kultiviert, gut aussehend, schick, sexy und aalglatt. Sobald er sich in Carrie verliebt, gibt er sich ambivalent und beschwört oft eine Trennung herauf. Wenn sie dann nicht mehr zusammen sind und sich Carrie mit anderen Männern trifft, fühlt sich Mr. Big sicher und beginnt, ihr erneut nachzustellen.

Meiner Meinung nach ist einer der Hauptgründe, warum so viele Frauen nicht heiraten, der, dass Männer in Bezug auf Ehe und Bindung immer ambivalenter werden. Männer scheinen all das zu verlieren was „Mannsein" für sie bedeutet, sobald sie sich gänzlich auf eine Frau festlegen, die sie lieben. Oft graut zwiespältigen Männern vor ihren eigenen Gefühlen und manchmal weisen sie eine Frau ab, selbst wenn sie sich anscheinend etwas aus ihr machen. Ihr Widerwille gegenüber einer Heirat wird außerdem durch das Wissen bestärkt, dass da draußen so viele Frauen sind, die ihre eigenen Wünsche und Bedürfnisse zurückstellen. Diese Frauen passen sich lieber der Ambivalenz eines Mannes bezüglich einer Bindung an, weil sie noch immer große Angst haben, ganz ohne Mann zu sein.

Trotz allen Fortschritts, den Frauen in ihrer finanziellen und emotionalen Unabhängigkeit erreicht haben, tolerieren sie weiterhin grausame Zurückweisungen und wiederholtes Verlassenwerden. Sie teilen sich Männer mit anderen Frauen, werden emotional und finanziell ausgebeutet, nehmen sogar eindeutige Grausamkeiten hin, nur um an ihrem Mann festhalten zu können. Ich habe viele Frauen kennengelernt, die Sex mit einem Mann hatten, direkt nachdem er sich von ihnen getrennt hatte. Sie gehen über Jahre eine Beziehung mit einem Mann ein, obwohl er ihnen gesagt hat, dass er sie niemals heiraten wird. Selbst wenn eine Frau bei der Arbeit und in anderen Lebensbereichen unabhängig ist, kennt sie in ihrem sklavischen, gefügigen Verhalten Männern gegenüber oft keine Grenzen.

Für einen unschlüssigen Mann ist es leichter, mit seinem zwiespältigen, distanzierten Verhalten durchzukommen, statt seine eigenen Angelegenheiten offen anzugehen, weil es doch so viele Frauen gibt, die bereit sind, ihn zu jeder Bedingung zu nehmen. Nie bekommt er die Folgen seiner Ambivalenz zu spüren, weil es immer eine verfügbare Frau gleich um die Ecke gibt. Für ihn gibt es keinen Grund, sich zu ändern.

Zu diesen Schlussfolgerungen über ambivalente Männer bin ich gekommen, nachdem ich Tausende von E-Mails gelesen habe, die sich auf mein Buch „*Ruf bloß nicht an: Wie Sie Ihren Ex-Partner loslassen und stattdessen das Leben genießen*" (Reichel Verlag) beziehen. Dazu kommen die Befragungen hunderter Männer und Frauen, die sich in meiner Privatpraxis mit mir beraten haben. Außerdem habe ich dieses Phänomen sowohl in der Kulturgeschichte als auch bei meinen persönlichen, gesellschaftlichen Erfahrungen beobachtet.

In diesem Buch stelle ich in sechs Kapiteln verschiedene Prototypen des zwiespältigen Mannes vor: den Wegläufer, den Spielchentreiber, den Fehlerfinder, den Liebesabenteurer, den Ewigen Junggesellen und den Internet-Lover. Sie werden sehen, dass sich deren Verhaltensmuster und Erkennungsmerkmale häufig überschneiden. Ich werde Ihnen zeigen, dass das zwanghafte Bedürfnis eines zwiespältigen Mannes, seine Misserfolge der Vergangenheit zu wiederholen, leider mächtiger ist als seine Liebe zu Ihnen, unabhängig davon, wie intensiv Ihnen seine Gefühle erscheinen. Auch werde ich erklären, wie er lieber sein ambivalentes distanziertes Benehmen vernunftmäßig erklärt, anstatt sich offen seinen emotionalen Belangen zu stellen. Die Einsichten, die Sie gewinnen, werden Ihnen dabei helfen, das beziehungsschädigende und verwirrende Verhalten des zwiespältigen Mannes nicht länger auf sich zu beziehen. Sie werden sich selbst stärker und von Ihrem zwiespältigen Mann weniger gekränkt und abgelehnt fühlen.

Sie werden etwas über den Typ des zwiespältigen Mannes erfahren, der eher für eine feste Bindung und die Ehe tauglich ist.

Ich werde Ihnen zeigen, wie Sie ihn erkennen und wie Sie versuchen können, eine Beziehung mit ihm zu gestalten. Ein Kapitel widme ich außerdem den Frauen, die es vorziehen, an Beziehungen mit einem zwiespältigen Mann zu arbeiten, der in seiner Liebesfähigkeit eingeschränkter ist. Sie werden lernen, sich ihm anzuschließen, ohne den Blick auf sich selbst zu verlieren und ohne sich ausbeuten zu lassen.

Ich werde Ihnen ebenfalls erklären, wieso Sie möglicherweise immer wieder auf ambivalente Männer hereinfallen. Sie werden herausfinden, wieso Sie es gegebenenfalls vorziehen, in einer Beziehung mit einem zwiespältigen Mann zu bleiben, anstatt sich nach einem Mann umzusehen, der sich vollkommen auf Sie einlassen kann.

Wenn Sie dieses Buch lesen, werden Sie sich nicht mehr so hilfsbedürftig und verzweifelt fühlen, wenn sich ein ambivalenter Mann distanziert. Sobald Sie lernen, Grenzen zu setzen und sein irrationales Glaubenssystem ablehnen, werden Sie auch damit aufhören, sich wie eine Klette zu benehmen und zu fühlen. Sie werden lernen, seine Rechtfertigungen für sein ambivalentes Denken und Verhalten zu hinterfragen, anstatt alles wörtlich zu nehmen, was er sagt. Das Wichtigste, Sie werden ein stärkeres Selbstwertgefühl und ein stärkeres Anspruchsdenken entwickeln.

Warum ich von meinen Ratschlägen so überzeugt bin? Weil ich alle diese Tipps bei Männern und Frauen in meiner Privatpraxis angewandt habe. Mehr als siebzig Prozent meiner Klientinnen haben sich innerhalb von zwei Jahren verlobt, nachdem sie mit mir gearbeitet haben. Entweder haben sie an der Beziehung mit ihrem zwiespältigen Mann gearbeitet oder mit ihm Schluss gemacht und jemanden gefunden, der emotional zugänglicher war. Mit diesem Buch zeige ich Ihnen, was ich mit meinen Klienten erarbeitet habe.

Sie können wählen, ob Sie die Information aus meinem Buch dazu benutzen, an Ihrer Beziehung zu Ihrem jetzigen zwiespältigen Mann zu arbeiten. Wenn Sie aber beschließen, dass er Ihre Zeit und die Mühe nicht wert ist, können Sie Ihre neu entdeckte Weisheit, Ihre Kraft und Ihre Ansprüche dazu verwenden, nach einem anderen Typ Mann zu suchen, der zu einer beständigeren, emotional gesünderen Art von Liebe fähig ist.

1
Der Wegläufer

Sheila, eine vierzigjährige attraktive Verwaltungsassistentin, begegnete Dan in einem Nachtclub. Er so, wie sie sich immer einen Mann erträumt hatte. Er war genauso alt wie sie, nie verheiratet gewesen, selbstständig, gut aussehend, charismatisch und ein großartiger Gesprächspartner. Sheila war außer sich vor Freude, als er sie am nächsten Tag bei der Arbeit anrief und zum Abendessen einlud. Bevor sie wusste, wie ihr geschah, trafen sie sich regelmäßig. Ihre Abende und Nächte waren ausgefüllt mit romantischen Essen und leidenschaftlicher Liebe. Am Abend ihres Zwei-Monats-Jubiläums fing Dan damit an, sich kalt und distanziert zu geben. Als Sheila ihn auf sein Verhalten ansprach, sagte Dan, dass er einfach schlechte Laune hätte. Nachdem er am nächsten Morgen zur Arbeit gegangen war, hörte sie tagelang nichts von ihm. Sie hinterließ ihm zwei Nachrichten auf seiner Mailbox, aber er rief nie zurück. Sie versuchte es mit seiner Geschäftsnummer. Seine Sekretärin war am Apparat und sagte ihr, er sei beim Essen. Als er auch auf die Nachricht nicht antwortete, die sie der Sekretärin hinterlassen hatte, begriff Sheila, dass Dan ihr den Laufpass gegeben hatte.

Dan war der klassische Wegläufer. Sheila war nach dieser plötzlichen und unerklärlichen Zurückweisung am Boden zerstört und suchte mich zu einer Beratung auf.

Wer ist der Wegläufer?

Der Wegläufer ist ein ambivalenter Mann, der fähig ist, sich jemandem anzuschließen. Er ist sogar dazu imstande, eine Beziehung einzugehen. Das Problem ist nur, dass er keine dauerhafte Beziehung aushalten kann. Er verschwindet immer. Er ist einer, der verlässt.

Eigentlich ist er der schlimmste aller zwiespältigen Männer. Er bringt Sie nämlich dazu, eine Beziehung mit ihm einzugehen und sich in ihn zu verlieben, nur um dann letzten Endes Schluss mit Ihnen zu machen. Er ist der ultimativ aufregendste abweisende Liebhaber. Wenn ein Wegläufer versucht, sich auf romantische Art auf eine Frau einzulassen, sabotiert er diese Beziehung mit den folgenden Methoden:

- Er verlässt eine Frau, bevor sie die Chance hat, ihn zu verlassen. So kann er das Trauma vermeiden, wieder sitzen gelassen zu werden.

- Er verführt eine Frau dazu, ihn zu lieben, nur um sie dann zu verlassen, so wie es ihm als Kind passiert ist. Das ist die einzige Art, die er kennt, mit jemandem umzugehen.

- Er verlässt eine Frau, um seinen eigenen Schmerz aus der Kindheit loszuwerden. Dabei soll sie durchmachen, was er erleiden musste.

- Er veranlasst eine Frau dazu, ihn zu verlassen und arrangiert so die Wiederholung seines Kindheitstraumas.

Was verursacht sein ambivalentes Verhalten?

Ein Wegläufer hatte oftmals eine Mutter, die ihn zwar liebte, die aber wegen eigenen Abhängigkeiten und anderen körperlichen und seelischen Konflikten zeitweise gefühlsmäßig nicht erreichbar war. In diesen Fällen fühlte er sich im Stich gelassen – eine schmerzliche und traumatisierende Erfahrung. Die unbeständige Liebe der Mutter zu ihrem Sohn verursachte die Ambivalenz des Wegläufer gegenüber Frauen.

Obwohl seine Mutter nur eingeschränkt liebesfähig war, liebte er sie wahnsinnig. Deswegen sind Wegläufer oft liebenswert und kontaktfreudig. Sie können zwar lieben, aber nur bis zu einem gewissen Grad, denn ihnen fehlen die inneren Ressourcen, sich engagiert und dauerhaft an eine Frau zu binden. Wenn ein Wegläufer eine Frau trifft, zu der er sich hingezogen fühlt, stellt er sie gerne auf ein Podest, so wie er auch als Kind seine unerreichbare Mutter idealisiert hat. Der Wegläufer hungert nach dieser einstigen Liebe, die er immer dann bekam, wenn seine Mutter liebevoll und gefühlsmäßig erreichbar war. Deshalb läuft er oft einer für ihn interessanten Frau mit Begeisterung hinterher, selbst wenn sie sein Interesse nicht erwidert.

Weil er seine ambivalente Mutter aktiv für sich gewinnen musste, sobald sie für ihn nicht erreichbar war, hat er sein Talent zum Verführen und Bezaubern perfektioniert. Diese Verhaltensweisen wiederholt er, indem er dafür sorgt, dass das Objekt seiner Zuneigung sich geliebt und einzigartig fühlt. Daher ist seine Verehrung am Anfang einer Beziehung echt und authentisch. Sie ist nicht gespielt, sondern entspringt einem Gefühl aus frühester Jugend.

Leider wird jeder, der idealisiert wird, letzten Endes immer entthront. Keine Frau kann ewig eine Göttin bleiben. Schließlich wird der Wegläufer von der Frau enttäuscht, die ihm so wundervoll erschien. Sie kann nicht immer alle seine Bedürfnisse erfüllen. Sie frustriert ihn, langweilt ihn, hat eigene Bedürfnisse, macht ihn wütend, entspricht nicht dem perfekten Bild. Sie hat sich in seine Mutter verwandelt, die es immer schaffte, ihn zu enttäuschen. Der Zauber ist vorbei.

Wegläufer können das Leben und einzelne Situationen nicht in Grautönen sehen. Probleme sind für sie schwarz/weiß. Alles oder nichts. Die liebende Mutter, die abweisende Mutter. Er liebt Sie. Er liebt Sie nicht. Er scheint während der Beziehung mit einer Frau nicht gegen seine Enttäuschung ankämpfen zu können, also sieht er sich gezwungen, zu fliehen. Möglicherweise versucht er sogar, eine andere Frau zu finden, in der Hoffnung, dass sie seine emotionalen Bedürfnisse restlos befriedigt und ihn nicht enttäuscht.

Unglücklicherweise sind sich die Wegläufer ihrer tiefer liegenden Widersprüche nicht bewusst. Deswegen sind sie Wegläufer. Sie sind von verschiedenen Teilen ihres Ichs emotional getrennt. Männer, die sich ihrer gefühlsmäßigen Probleme und Konflikte bewusst sind, flüchten nicht. Sie bearbeiten ihre Themen mit der Frau, mit der sie zusammen sind und holen sich professionelle Hilfe, wenn es nötig ist.

Anstatt sich mit ihren verwirrenden, unbändigen Gefühlen auseinanderzusetzen, machen es sich die Wegläufer leicht, indem sie Belastungsmaterial gegen die Frau sammeln, das ich „die Fehlerliste" nenne. In dieser geistigen Auflistung zählt sich der Wegläufer alles auf, was mit dieser Frau nicht stimmt. Er überzeugt sich buchstäblich selbst davon, dass er wegen ihrer ganzen Fehler nicht mit ihr zusammen sein sollte. Er hackt auf allem herum: auf ihrer Kleidung, auf ihrem Gewicht oder darauf, wie viel Geld sie verdient. Selbst wenn er eigene Makel hat wie Arbeitslosigkeit, mangelnde Bildung oder gesundheitliche oder finanzielle Probleme, konzentriert er sich ausschließlich auf die Unzulänglichkeiten der

Frau, egal wie banal sie sind.

Letzten Endes überredet sich der Wegläufer selbst, wegzulaufen. Oft wird die Fehlerliste der Frau gegenüber nie ausgesprochen, deshalb kommt sein Fortgehen so schockierend und unerwartet. Manchmal verschwindet er auf geheimnisvolle Weise. Manchmal ist sein Abgang dramatisch. Alles, was er weiß, ist, dass er einen ganzen Berg Argumente gegen die Frau hat, die er liebt. Er ist aus dem Schneider. Sie ist der Sündenbock. Er ist auf der Flucht.

Ein paar Monate später hörte Sheila schließlich wieder von Dan. Er rief an und fragte, ob sie sich auf einen Drink mit ihm treffen würde. Sheila beschloss, hinzugehen, um zu hören, was er zu sagen hatte. Zwei Tequila Sunrise später fragte sie Dan, warum er gegangen war. Er sagte, dass er sie für eine nicht so gute Haushälterin halten und er sich eine häuslichere Freundin wünschen würde. Außerdem sollte sie mehr Sport treiben und mit dem Rauchen aufhören. Sheila fragte ihn, wieso er dann soviel Zeit mit ihr verbracht hatte, da er ja wusste, dass sie keine zweite Martha Stewart (Anm. d. Übers.: „Amerikas beste Hausfrau") war und sie doch schon am ersten Abend, an dem sie zusammen gewesen waren, geraucht hatte. Er sagte ihr, dass er nicht wüsste, warum, dass es ihm leid täte und er sie vermissen würde. Er hätte begriffen, dass es ein Fehler war, sie zu verlassen und er gerne wieder mit ihr zusammen wäre. Sie sagte ihm, dass sie etwas Zeit bräuchte, um darüber nachzudenken.

Was können Sie tun, wenn er Sie verlässt?

Wenn ein Wegläufer verschwindet, sagt Ihnen Ihr Instinkt, Sie sollten sofort hinter ihm herlaufen, ihm ins Gewissen reden, herausfinden, wieso er Sie dermaßen verletzt. Warum er die Beziehung zerstört, die Liebe und die Leidenschaft, die Sie beide zusammen erlebt haben, die zauberhaften, wunderbaren Momente. Es mag schmerzlich sein, aber in dieser Situation gibt es ein paar ganz klare Tabus:

- **Verschwenden Sie keine Zeit auf den Versuch, eine Erklärung von ihm zu bekommen**. Er hat auf sein wirres

Verhalten keine wirklich echte Antwort, bis auf seine Fehlerliste, die Sie nur verletzen würde. Es ist schon traumatisierend genug, dass er Sie sitzengelassen hat. Sie müssen sich seine verdrehte Logik nicht anhören, die Ihnen die Schuld zuschiebt.

- **Versuchen Sie nicht, ihn zum Bleiben zu überreden.** Er kann Sie jetzt nicht hören. Er kämpft zwanghaft, um von Ihnen wegzukommen. Stattdessen müssen Sie all Ihren neu entdeckten Einblick in den Wegläufer und all Ihre Stärke aufbringen und nichts zu tun. Rennen Sie ihm nicht hinterher. Ihm nachzulaufen, während er vor Ihnen wegläuft, wird nur an Ihrer Selbstachtung nagen. Es lässt Sie anhänglich und erbärmlich aussehen. Sie werden sich gedemütigt fühlen, was nur Ihre Verzweiflung nährt.

Selbst wenn es schwer fällt, ist es wichtig, diese Regeln zu befolgen:

- **Lassen Sie ihn gehen.** Sobald Sie begreifen, dass er weg ist, müssen Sie ihn ohnehin gehen lassen - egal, wie hart es ist und egal, wie unnatürlich es sich anfühlt. Sie müssen sich dazu zwingen, selbst wenn Ihr Herz damit nicht einverstanden ist.

- **Versuchen Sie nicht, vernünftig mit ihm zu reden.** Begreifen Sie, dass Sie sich in eine selbstzerstörerische, zermürbende und unterwürfige Position bringen, wenn Sie versuchen, vernünftig mit einem Wegläufer zu reden, der gerade dabei ist, wegzulaufen. Das würde nur seine Fehlerliste erweitern und dafür sorgen, dass er sich noch weiter von Ihnen entfernt.

Das alles bedeutet qualvolle, harte Arbeit, denn Sie waren schließlich mit ihm liiert. Er hatte jede Menge guter Eigenschaften. Es war so leidenschaftlich, Sie haben so gut zueinander gepasst! Es ist fast unvorstellbar, dass er dem allem aus dem Weg geht. Ehrlich gesagt ist es sehr schwer, den Schmerz auszuhalten, aber klammern Sie sich nicht länger an den Wegläufer. Er wird Sie nur wieder zurückweisen.

Elaine, eine andere Klientin von mir, konnte nicht fassen, als Carlos ihr mitteilte, dass er die Beziehung beenden wolle. Obwohl sie sich seit fast einem Jahr regelmäßig trafen, sagte er ihr, er „wolle einfach alleine sein". Sie meinte, diese überraschende Rückweisung nicht akzeptieren zu können, bevor sie nicht eine genauere Erklärung hätte. Daher weigerte sie sich, aus seinem Auto zu steigen, nachdem sie bei ihrem Haus angekommen waren. Genervt von ihrer Beharrlichkeit schrie er schließlich: „Wenn Du es wirklich wissen willst, du reizt mich einfach nicht mehr, ist das Grund genug?"

Jetzt war Elaine erst recht am Boden zerstört. Sie war so entmutigt und beschämt darüber, dass er tatsächlich gesagt hatte, sie nicht mehr anziehend zu finden, dass sie das Gefühl hatte, es keinen Augenblick länger aushalten zu können. Sie rief mich an, um einen Notfalltermin zur Beratung auszumachen.

Weil es sich so grausam und verletzend anfühlt, wenn der Wegläufer sich aus dem Staub macht, sollten Sie schleunigst damit anfangen, Ihre emotionalen Truppen um sich zu scharen. Sie werden so viele Leute wie nur möglich brauchen, um Ihnen zu helfen. Sie kommen am besten von ihm los, wenn Sie seinen Verlust beklagen und betrauern, selbst wenn Ihnen Ihr Instinkt sagt, dass er zurückkommt. Betrachten Sie sein Verschwinden als endgültig. Es kann schon sein, dass es nur ein vorübergehendes Ende ist, aber in Ihrem Kopf muss es ein endgültiges Ende sein.

Sie müssen Ihre ganze Selbstdisziplin aufbringen, um ihm nicht nachzulaufen. Rufen Sie jeden aus Ihrer emotionalen Truppe an. Bleiben Sie dabei, Ihre Gefühle zu zeigen (nicht ihm gegenüber). Heulen Sie. Verdreschen Sie ein Kopfkissen. Tun Sie alles, damit Sie sich nicht an ihn klammern. Beschäftigen Sie sich nicht zwanghaft damit, womit Sie ihn wohl dazu gebracht haben, Sie zu verlassen. Verschwenden Sie keine Energie damit! Ihre einzige Schuld besteht darin, dass Sie ihn lieben. Dummerweise wird Ihre Liebe zu ihm ihn weder heilen noch zurückbringen. Vielmehr ist es Ihre Liebe zu ihm und seine Liebe zu Ihnen, die sein unerträgliches, zerstörerisches und ambivalentes Verhalten auslöst.

Wird der Wegläufer zurückkommen?

Ja. Wenn Sie ihm nicht nachlaufen, tritt der Wegläufer oft wieder in Erscheinung. Sobald er merkt, dass Sie nicht mehr da sind, befürchtet er möglicherweise, Sie hätten Ihr Leben einfach weitergelebt. Aus Angst vor Bindung und Intimität kommen Wegläufer manchmal zurück, um lediglich ein lockeres Liebesverhältnis oder eine Freundschaft anzubieten, denn sie haben Angst vor einer echten, vollkommenen, verpflichtenden Beziehung.

Lassen Sie ihn Ihre gemeinsame Beziehung nicht niedermachen! Diese Art von ambivalentem Schachzug ist kränkend und erniedrigend. Sie müssen jetzt stark sein und bei dem bleiben, was Sie wirklich wollen und brauchen. Jetzt ist es an der Zeit, sich einzugestehen, dass Sie einen Anspruch auf eine vollkommene Beziehung haben. Versuchen Sie nicht, sich etwas vorzumachen, indem Sie glauben, Sie könnten einfach als seine gute Freundin oder als seine gelegentliche Sexpartnerin glücklich sein.

Bestehen Sie darauf, dass es entweder eine Beziehung sein muss oder gar nichts, wenn er wieder mit Ihnen zusammenkommen will. Sie werden an Ihrer Selbstdisziplin arbeiten müssen, damit Sie an Ihren Forderungen festhalten können, komme, was wolle.

Denken Sie daran, dass sich das ganze Drama wiederholen kann, wenn Sie sich dazu entschließen, mit Ihrem Wegläufer wieder eine Beziehung einzugehen, es sei denn, er klärt seine emotionalen Probleme. Eine Beziehung mit einem Wegläufer bedeutet harte Arbeit, weil er üblicherweise eine Menge an Gepäck hat, das er durcharbeiten sollte. Sie müssen sich entscheiden, ob es Ihre viele Zeit und Energie wert ist, sich um eine dauerhafte Beziehung mit ihm zu bemühen.

Nachdem Sheila ihre Gefühle zu Dan mit psychotherapeutischer Hilfe geklärt hatte, stellte sie fest, dass er zu unzuverlässig war. Er hatte sie furchtbar verletzt und sie glaubte, ihm nie wieder trauen zu können. Außerdem hatte Dan weder irgendeine Einsicht in seine Probleme, noch war ihm klar, dass seine Art mit Sheila umzugehen nicht in Ordnung war.

Sheila beschloss, Dan keine neue Chance zu geben. Sie fühlte sich stark genug, ihm zu sagen, dass sie kein Interesse mehr daran habe, mit ihm zusammen zu sein. Sie war froh, dass sie ihm nicht hinterher gekrochen ist, nachdem er verschwunden war und stattdessen an ihrer eigenen Heilung und ihrem Loslösungsprozess gearbeitet hatte.

2
Der Spielchentreiber

Er scheint Sie immer so interessant zu finden. Er stellt Ihnen Fragen über Ihr Leben und schaut Ihnen in die Augen, während er spricht. Sie haben sogar bemerkt, wie er Sie bei Gelegenheiten musterte, in denen Sie sich in Schale geworfen hatten. Sie können die Luft zwischen Ihnen beiden fast mit dem Messer schneiden.

Das einzige Problem ist, dass von seinem verführerischen Verhalten nichts jemals in die Tat umgesetzt wird. Das Flirten führt nirgendwo hin. Er bittet Sie nie um ein Rendezvous. Er ist frustrierend, verwirrend und treibt Sie zum Wahnsinn. Sie fragen sich, ob Ihre Sensoren kaputt sind. Nein, Sie interpretieren seine Signale richtig. Das Problem ist, Sie haben es mit einem entscheidungsunfähigen Mann zu tun, dem Spielchentreiber.

Wer ist der Mann, der Spielchen treibt?

Der Spielchentreiber ist ein großer Schwätzer mit nichts dahinter. Er scheint an Ihnen interessiert zu sein, schafft es aber nicht einmal zum ersten Date.

- Ein männlicher Arbeitskollege, der Sie in Ihrem Büro ständig anbaggert. In Dienstbesprechungen sitzen Sie beieinander, es kursieren schon die Gerüchte, Sie beide seien ein Paar. Er ist quasi Ihr „Bürogatte".

- Ein männlicher Experte (Abteilungsleiter, Berater, Lehrer oder Arzt), der sich besonders stark für Sie interessiert. Er scheut keine Mühen, Ihnen zu helfen. Gelegentlich werden Grenzen überschritten. Sie beide treffen sich und flirten an seinem Arbeitsplatz.

- Ein platonischer, männlicher Freund, der immer mit Ihnen flirtet, Sie aber nie einlädt. Normalerweise ist er mit keiner anderen liiert.

- Ein männlicher Online-Kumpel, der sich intensiv per Internet um Sie bemüht, Sie aber eigentlich nie persönlich kennen lernen will.

In all diesen Situationen steigert sich das kokette Geplänkel nie zu einer echten Romanze. Er macht Andeutungen und frotzelt, aber er scheint das Ganze nicht zum Abschluss bringen zu können. Emotional gesunde Männer heizen das Feuer nicht an, wenn es dann zu nichts führt. Wenn sie an etwas mehr interessiert sind, selbst wenn es sich dabei um etwas Verbotenes handelt, werden sie sehr bald irgendeine romantische oder sexuelle Begegnung in die Wege leiten. Sie verbleiben nicht in einem unbestimmten Schwebezustand wie der Spielchentreiber.

Shari, eine attraktive zweiunddreißigjährige Verkäuferin, begegnete Bob auf einer spirituellen Heiler-Tagung. Er war ein gut aussehender Reikimeister und Tarotkartenleger. Nachdem sie ein Gespräch angefangen hatten, stellten sie einige Gemeinsamkeiten fest und gingen an diesem Abend zusammen essen. Als sie auf das Thema Beziehung kamen, gab Bob zu erkennen, dass er mit einer Frau nicht körperlich intim werden wolle, weil das seine spirituelle Arbeit behindern würde. Er erklärte, Beziehungen seien sehr zeitaufwändig und dass seine Arbeit in seinem Leben die absolute Priorität haben solle. Trotz seines keuschen Gehabes konnte Shari nicht anders, als seine äußerst aufreizende Kleidung zu bemerken: enge Jeans und ein sexy T-Shirt, bei dem die oberen Knöpfe offen standen. Stolz stellte er seine muskulöse Brust zur Schau. Während des Essens schien er in Shari verliebt zu sein. Er stellte ihr persönliche Fragen und schaute ihr dabei tief in die Augen. Shari fühlte sich von Bob sehr angezogen und freute sich riesig, als er nach der Tagung begann, sie anzurufen. Im Gespräch am Telefon nannte Bob sie oft „Baby", so als ob sie seine Freundin oder seine Geliebte wäre. Wenn sie vorschlug, sich persönlich zu treffen, ließ er sich immer eine Erklärung einfallen, weshalb er sich nicht mit ihr treffen könne. Bob war ein ambivalenter Mann, der Shari zweideutige Botschaften schickte.

Was verursacht sein ambivalentes Verhalten?

Der Spielchentreiber wuchs wahrscheinlich mit einer Mutter auf, die kalt, distanziert und zurückweisend, vielleicht sogar verächtlich ihm gegenüber war. Möglicherweise ist er als Kind gefühlsmäßig und/oder körperlich missbraucht worden. Jemanden zu lieben erzeugt bei ihm nur Gefühle von Verrat und Schmerz. Hinter einer sicheren Abgrenzung oder einer Festung fühlt er sich sicher und weniger ängstlich.

Weil er aber auch nur ein Mensch ist, sehnt er sich trotz seiner Ängste auch nach Intimität. Er bewältigt die gleichzeitige Angst vor und die Sehnsucht nach Nähe, indem er eine Frau dazu bringt, seine Gefühle durchzumachen. Diesen Prozess kennt man als Projektion.

Projektion bedeutet, die eigenen Gefühle, Gedanken und Phantasien einer anderen Person unterzuschieben, weil sie für einen selbst unangenehm sind und/oder Angst erzeugen. Wenn also ein Spielchentreiber sich Ihnen gegenüber verführerisch und aufreizend gibt und seine Aufmerksamkeit Sie erregt, dann entspricht das dem, was er für Sie fühlt. Er hat Sie dazu gebracht, sich mit den Gefühlen herumzuschlagen, die er selbst vermeidet. Er verhält sich nicht den Botschaften entsprechend, die er Ihnen sendet, weil er mit seinen eigenen Gefühlen oft gar nicht in Kontakt ist (deswegen hat er sie auf Sie projiziert)! Er verwirrt Sie und Sie bekommen den Eindruck, er treibe Spielchen mit Ihnen.

Im Verlauf ihrer Telefongespräche fand Shari heraus, dass Bob als Kind sexuell missbraucht worden war. Es schien so, als fiele es ihm schwer, sich den Konflikten zu stellen, die sein sexuelles Verlangen hervorrief, weil sie traumatische Erinnerungen hervorriefen. Er versuchte, seine sexuellen Bedürfnisse nicht zu fühlen und lebte sie nur durch seine verführerische Kleidung aus und indem er Shari „Baby" nannte. Er schaffte es, in Shari Verlangen zu wecken, was auch sein erstes Gefühl ihr gegenüber gewesen war, dessen er sich entledigen wollte. Jetzt kämpfte sie mit seinen projizierten Gefühlen und ihrem eigenen Verlangen und der Enttäuschung darüber, dass sich die Freundschaft kein bisschen romantisch entwickelte.

Warum verhält er sich so?

Hier sind die wahren Gründe, warum manche Männer Spielchentreiber sind:

1. Nähe erschreckt ihn. Während der Wegläufer sich zwar annähern, aber eine Beziehung nicht aufrecht erhalten kann, kann ein Spielchentreiber nicht einmal diesen Grad an Intimität erreichen. Üblicherweise ist er Single und ungebunden, weil er Angst hat,

Nähe zu riskieren und sei es auch nur für kurze Zeit. Er ist in einem schrecklichen Dilemma, weil er sich nach Nähe sehnt und sie gleichzeitig verhindert. Weil er in puncto Intimität zwiespältig ist, schickt er Ihnen zweideutige Signale.

2. Er kämpft mit der Frage seiner sexuellen Identität. Möglicherweise ist er dabei, sich zu seiner Homosexualität zu bekennen. Er versucht, eine Beziehung mit einer Frau zu haben, aber sein Herz ist nicht wirklich dabei. Tatsächlich fühlt er sich in seinem tiefsten Inneren zu Männern hingezogen, ist aber nicht bereit, der Wahrheit ins Gesicht zusehen, daher auch die zweideutigen Botschaften. Dann gibt es auch Spielchentreiber, die sich ihrer Sexualität schämen. Sie sehnen sich nach einer Frau, haben aber Angst davor, ihr sexuelles Interesse zu zeigen. Diese Männer schlagen sich unter Umständen mit sexuellen Problemen wie vorzeitiger Ejakulation oder Impotenz herum.

3. Er verachtet Frauen. Der gefährlichste Typ Mann ist der, dem es Spaß macht, Frauen mit einer Beziehung zu ködern, sie aber an der Nase herumzuführen, indem er es nie soweit kommen lässt. Möglicherweise stammt diese Art von Ambivalenz aus einer Kindheit mit einer Mutter, die den Sohn entweder missbraucht hat oder die übermäßig verführerisch war. Sehr wahrscheinlich hat er sich in seiner Jugend ohnmächtig gefühlt. Das lebt er jetzt aus, indem er Ihnen das Gefühl gibt, hilflos und frustriert zu sein und zurückgewiesen zu werden, so wie er es wohl als Kind oder Jugendlicher erlebt hat.

4. Er ist mit einer anderen Frau liiert. Manche Männer sind wirklich an der Frau interessiert, bei der sie sich verführerisch geben, sind aber bereits mit einer anderen zusammen. Dieser Typ Mann leidet normalerweise nicht unter einer traumatischen Kindheit. Er ist ernsthaft in der Bredouille, ob er die Beziehung zu einer Frau weiterverfolgen sollte, obwohl er bereits eine andere hat. Unglücklicherweise bedeuten der Nervenkitzel und die verführerischen Begegnungen oft das Ende der Fahnenstange. Diese Situation kann für eine heftig interessierte Frau sehr enttäuschend und entmutigend sein, es sei denn, der Mann verlässt die Frau, mit der er bereits liiert ist.

Alle Spielchentreiber haben gemeinsam, dass sie zu ihren Gefühlen nicht offen und ehrlich stehen. Weil bei diesem Typ des entscheidungsunfähigen Mannes die Verbindung zwischen seinem Verhalten, seinen Gedanken und seinen Gefühlen fehlt, ist er sehr verwirrend und frustrierend.

Wie Sie mit einem Spielchentreiber umgehen

Um nicht verletzt zu werden, können Sie sich vor so einem Mann auf verschiedene Weisen schützen. Lesen Sie die folgende Auflistung durch und sehen Sie, wie Sie mit seinem zwiespältigen Verhalten umgehen können und dadurch weniger verwundbar werden.

Erfinden Sie keine Beziehung

Sobald Sie festgestellt haben, dass Ihr Mann ein Spielchentreiber ist, sollten Sie versuchen, seinen Worten nicht allzu viel Bedeutung beizumessen. Denken Sie immer daran, dass Taten mehr sagen als Worte. Geben Sie nichts auf sein Geschwafel, es sei denn, er handelt seinem Geflirte entsprechend.

Um sich zu schützen, ist es entscheidend, nicht zu viel emotionale Energie für einen Mann aufzubringen, mit dem Sie weder ausgehen noch eine Affäre haben. Sie müssen sich immer die Einschränkungen dieser Beziehung vor Augen halten. Das Ganze ist solange rein platonisch oder beruflich, bis es zu einer romantischen Begegnung oder zum Sex kommt, unabhängig davon, wie verführerisch er sich gibt. Hauptsache, Sie erfinden keine Beziehung! Sonst schaffen Sie selbst die Basis für eine tiefe Enttäuschung und Liebeskummer.

Vanessa begegnete Alan in einem Chatroom im Internet. Weil sie in unterschiedlichen Ecken des Landes wohnten, schickten Sie einander lange, innige E-Mails. Sie telefonierten nur zwei Mal miteinander. Vanessa dachte ununterbrochen an Alan und glaubte, endlich den Mann ihrer Träume gefunden zu haben. Dabei verleugnete sie die Tatsache, dass er ihr nie seine Festnetznummer gegeben hatte und selten an sein Handy ging. Sie fing an, ihn als ihren Freund auszugeben, wenn sie Bekannten von ihm erzählte. Völlig überraschend und für Vanessas unverständlich verschwand er nach zwei Monaten vollständig. Als er sich dann wieder bei ihr meldete, gab er zu, dass er verheiratet und zu seiner Frau zurück-gekehrt war. Obwohl Vanessa Spaß an der kurzen Beziehung mit Alan gehabt hatte, erkannte sie, dass es keine wirkliche, sondern eine erfundene Beziehung gewesen war.

Idealisieren Sie ihn nicht

Sehen Sie ihn so, wie er wirklich ist. Stellen Sie ihn nicht auf ein Podest und beten ihn an. Täuschen Sie sich nicht selbst. Selbst wenn er großartig, verständnisvoll, charismatisch, lustig, herzlich, erfolgreich und bekannt ist, irgendetwas stimmt nicht mit ihm. Einen Mann zu idealisieren kann die negativen Gefühle hervorra-gend verdecken, die Sie nicht wahrhaben wollen. Wenn Sie an dieser Idealisierung arbeiten, kommen Sie in Kontakt zu Ihren ne-gativen Gefühlen zu ihm, beispielsweise Ärger und Wut. Fühlen Sie sich nicht im Geringsten gekränkt, weil er nicht mit Ihnen aus-gehen oder Sex mit Ihnen haben will? Was ist mit Ihrer Enttäu-schung? Verwirrung? Sind Sie nicht sauer, weil er vielleicht Ihre Zeit vergeudet? Wenn Sie mit all Ihren Gefühlen, auch den unbe-quemen, in Kontakt sind, können Sie diese Situation besser lösen und treffen gesündere Entscheidungen.

Emily hatte gerade seit einer Woche in ihrem neuen Job als Re-zeptionistin angefangen, als Tony, ein außergewöhnlich attraktiver führender Werbemanager anfing, mit ihr zu flirten. Trotz seines täglichen verführerischen Gehabes regte er nie an, sich außerhalb der Arbeit zu treffen. Als es ihr zu dumm war, auf seinen ersten Schritt zu warten, lud Emily Tony zum Mittagessen ein. Er gab ihr einen Korb und erklärte, er hätte viel zu tun. Trotz ihrer Enttäu-schung kann Emily nicht aufhören, daran zu denken, wie gut er aussieht und wie charismatisch er ist. Wenn sie mit Männern aus-geht, die Interesse an ihr haben, vergleicht sie sie immer mit Tony. Weil Emily ihn idealisiert, kann sie keine wirkliche Beziehung mit einem Mann entwickeln, der ungebunden und kein Spielchentrei-ber wäre.

Verharren Sie nicht in der Situation

Warum halten Sie an einem Mann fest, der nicht in der Lage ist, mit Ihnen eine Beziehung oder zumindest eine Affäre zu ha-ben? Ist es, dass Sie die Hoffnung nicht verlieren, er würde sich

Ihnen zuliebe ändern? Versuchen Sie, tiefer zu blicken. Ist er etwa ein Ersatz für eine richtige Beziehung? Sind Sie zu faul oder zu ängstlich, einen Mann zu umwerben, der Ihnen mehr bieten kann? Brauchen Sie irgendeine Art von Drama, das die Leere in Ihrem Leben füllt? Stehen Sie auf schmerzliche, frustrierende Situationen? Warum wollen Sie sich mit so wenig zufrieden geben? Denken Sie nicht auch, Sie hätten ein Recht auf mehr?

Okay, möglicherweise bringt er einige positive Aspekte in Ihr Leben. Er schenkt Ihnen Aufmerksamkeit, bietet Ihnen Unterstützung an, fördert Ihre Karriere, gibt gute Ratschläge und bringt einige Aufregung in Ihr Leben. Denken Sie aber daran, dass es verheerenden Schaden an Ihrem Selbstwertgefühl anrichten kann, wenn Sie sich mit einem Mann anfreunden, der keine romantische Beziehung und nicht einmal eine Affäre will. Durch ihn können Sie sich unattraktiv, unerwünscht, ungeliebt und benachteiligt fühlen. Sich von jemandem angezogen zu fühlen, der Sie ständig frustriert und zurückweist, ist beschämend und selbstzerstörerisch. Wenn Sie also ein besseres Bild von sich selbst haben möchten, ist er keine Hilfe. Im Gegenteil: Durch ihn fühlen Sie sich schlechter.

Wie Sie die Reißleine ziehen

Nach reiflicher Überlegung haben Sie sich dazu durchgerungen, die Spielchen des Spielchentreibers nicht mehr mitzuspielen. Und was nun? Setzen Sie sich ein Limit. Entscheiden Sie, wie viel Zeit Sie der Beziehung noch geben wollen, bis sie sich in eine romantische Variante verändert. Ansonsten könnten Sie untätig darauf warten, dass seine Ambivalenz Ihr Leben bestimmt. Sobald Ihr Zeitlimit feststeht, können Sie mit den folgenden Maßnahmen die Initiative ergreifen:

- **Machen Sie den ersten Schritt.** Wenn Sie ein für allemal herausfinden möchten, ob er überhaupt in der Lage ist, Ihrer Verbindung eine andere Qualität zu geben, machen Sie selbst den ersten Schritt. Bitten Sie ihn, mit Ihnen auf einen Drink, zum Kaffee oder zum Essen zu gehen. Wenn er Sie abweist oder die Verabredung absagt, dann wissen Sie, dass mit ihm niemals etwas laufen wird. Er vergeudet Ihre Zeit und spielt eindeutig Spielchen. Spätestens jetzt wissen Sie Bescheid.

- **Konfrontieren Sie ihn.** Ein anderer Weg, auf den Punkt zu kommen, ist, ihn mit seinem koketten und verführerischen Gehabe zu konfrontieren. Allerdings riskieren Sie, dass er seine Gefühle und sein Verhalten leugnet. Wenn er seine Gefühle auf Sie projiziert, halten Sie an dem fest, was für Sie wahr und richtig ist. Schenken Sie ihm keinen Glauben, wenn er alles abstreitet. Lassen Sie seine Gefühle bei ihm. Lassen Sie nicht zu, dass er Sie erniedrigt. Bleiben Sie hart und schildern Sie ihm Ihren Eindruck von seinem verführerischen Benehmen, ob er sich dessen bewusst ist oder nicht.

Vorsicht: Diese Diskussion kann dazu führen, dass sich einer von Ihnen oder Sie beide zurückgewiesen fühlen oder verärgert. Sie kann die ganze Beziehung verderben oder sogar beenden. Seien Sie also vorsichtig mit dieser Konfrontation. Das Gute ist, Sie werden die Wahrheit herausfinden und das wird die Spiele beenden. So könnte er zugeben, dass er Sie attraktiv findet. Und das Beste – Sie wissen jetzt, woran Sie sind.

- **Beenden Sie es einfach.** Wenn Sie das Risiko nicht eingehen wollen, dass er Sie zurückweist und diesen unklaren Schwebezustand beenden wollen, beenden Sie es einfach. Betrachten Sie die ganze Verbindung mit ihm als Nullnummer und trennen Sie sich, sogar ohne Begründung.

Wie Sie von dem Spielchentreiber loskommen

Sie haben alles Ihnen Mögliche versucht, um Klarheit in die Angelegenheit zu bringen, aber er treibt noch immer seine Spielchen. Es ist endgültig an der Zeit, wegzugehen. Die folgenden Tipps sollen Ihnen helfen, wieder nach vorne zu blicken:

- **Schaffen Sie physische Distanz.** Schließen Sie bei der Arbeit Ihre Tür, wechseln Sie den Arzt, exmatrikulieren Sie sich, wechseln Sie eine Zeitlang Ihren Freundeskreis, Ihr Café, Ihre Bars, Ihre Diskotheken und so weiter.

- **Hören Sie auf, bei seinem verführerischen Spiel mitzumachen.** Denken Sie daran, es sind immer zwei nötig, um Tango zu tanzen und wer weiß? Vielleicht ist es die

Distanz, die er braucht, um letztendlich zu Sinnen zu kommen und zu merken, wie wichtig Sie für ihn sind.

- **Gestatten Sie sich, zu trauern.** Ihn gehen zu lassen wird ein Verlust für Sie sein, weil Sie sich ihm verbunden fühlten. Sie hatten Vorstellungen von einer gemeinsamen Zukunft und die gilt es jetzt zu betrauern. Vielleicht stellen Sie fest, dass es gar nicht so schmerzhaft wird, wie Sie gedacht haben, weil er nie wirklich Ihr Freund oder Liebhaber war. Das ist die gute Seite an dieser Beziehung, nämlich dass sie sich zu nichts entwickelt hat.

Rose, eine ehrgeizige Romanautorin, war Mitglied einer Autorengruppe, die von Stanley geleitet wurde. Er war ein bekannter Schreiblehrer, den sie sehr bewunderte. Rose stellte fest, dass Stanley ihr mehr Aufmerksamkeit als sonst jemandem in der Gruppe schenkte. Das gab ihr das Gefühl, etwas Besonderes zu sein. Eines Abends ging die Gruppe auf einen Drink in eine Bar und Stanley setzte sich in einem Separee direkt neben Rose. Er schaute ihr tief in die Augen und berührte immer wieder ihren Arm, wenn er mit ihr sprach. Am Ende des Abends umarmte er sie beim Abschied als einzige. In diesem Moment fühlte sie sich sehr zu ihm hingezogen und hoffte, er würde sie zu einem Treffen einladen. Als sie das nächste Mal zur Autorengruppe kam, war alles wie vorher. Er tat so, als sei an diesem Abend in der Bar nichts geschehen.

Rose kam zu einer Beratung zu mir, weil sie sich wegen Stanley anhaltend frustriert und enttäuscht fühlte. Wir sprachen darüber, wie schwierig es für sie war, in Stanley verknallt zu sein und dabei mit den zweideutigen Botschaften zurechtzukommen, die er ihr schickte. Weil sie auf Zurückweisung sehr empfindlich reagierte, entschied sie sich dazu, das Risiko einer Konfrontation gar nicht erst einzugehen. Sie wollte auch nicht selbst ein Treffen initiieren. Die ganze Situation beeinträchtigte allmählich ihre schriftstellerische Arbeit und ihren Alltag. Daher entschied Rose nach langer Überlegung, dass es das Beste für sie sei, die Gruppe zu verlassen. Sie dachte sich, dass Stanley ja ihre Telefonnummer hätte und er sie einfach anrufen oder einladen könnte, wenn er wirklich Interesse an ihr hätte.

Obwohl Rose nie wieder etwas von Stanley hörte, fühlte sie sich wesentlich besser, weil sie sich nicht mehr mit seiner Ambivalenz auseinandersetzen musste. Befreit von ihrer Frustration und ihrem Ärger über Stanley konnte sie sich auf ihren Roman konzentrieren und bald fertig schreiben.

Rose und andere Frauen, die ich wegen eines Spielchentreibers beraten habe, schworen mir, nie wieder einem Mann auf den Leim zu gehen, der gackert und keine Eier legt!

3
Der Fehlerfinder

Sue traf Don, einen Rohstoffhändler, auf einem kleinen Fest bei Freunden. Er sah zwar ganz gut aus, aber so richtig begeistert war sie nicht von ihm. Er schien ein netter Kerl zu sein, aber die Chemie stimmte nicht besonders. Als er sie zu einer Broadway-Vorstellung einlud, beschloss Sue, ihm eine Chance zu geben. Zu ihrer Überraschung unterhielten sie sich gut. Danach rief er immer mittwochs an und lud sie für den folgenden Samstagabend ein. Immer waren es mondäne, aber geschmackvolle Restaurants. Sie war sich sicher, er würde sich ernsthaft für sie interessieren, schließlich würde sich kein Mann so bemühen, wenn er nur ein Liebesabenteuer wollte. Bald lud er sie sogar sowohl für Freitag- als auch für Samstagabend ein.

Es schien, als würden ihre Treffen zu einer Beziehung führen. Also beschloss sie, sich gefühlsmäßig zu öffnen und auch eine sexuelle Beziehung zuzulassen. Doch beim zehnten Rendezvous eröffnete ihr Don, er sähe „keine gemeinsame Zukunft" und wolle sich nicht mehr mit ihr treffen. Er erklärte, dass „er zwar heiraten wolle, aber nicht sie." Sue war am Boden zerstört und schockiert, weil ihr Don anfangs gar nicht so gut gefallen hatte. Dann aber hatte sie versucht, das Ganze vernünftig zu sehen und ihm eine Chance gegeben. Wieso hatte sie ihn nur so falsch eingeschätzt und sich deshalb so verletzen lassen? Dummerweise war sie an einen Fehlerfinder geraten.

Wer ist der Fehlerfinder?

Riskieren Sie nicht, enttäuscht zu werden! Hier finden Sie eine Liste von Anzeichen, dass Sie einen Fehlerfinder vor sich haben. Wenn Ihr Kerl diese Merkmale aufweist, erklärt er das Ganze möglicherweise nach ein paar Treffen für beendet.

- Er ist ein Mann, der tatsächlich nach einer Beziehung sucht. Er sehnt sich wirklich nach der Ehe und es tut ihm Leid, dass er dieses Ziel wohl nicht erreicht.

- Er wirkt seriös und macht normalerweise einen guten ersten Eindruck. Sie können ihn überall hin mitnehmen, zu Weihnachtsfeiern, Hochzeiten und Familientreffen. Tatsächlich konnte er diese ausgezeichneten sozialen

Kompetenzen entwickeln, weil er sich so oft mit Frauen getroffen hat.

- Er scheint zu einer Beziehung fähig zu sein, weil er wirklich mehr Interesse daran zeigt, mit Ihnen irgendwo hinzugehen, anstatt einfach nur ein Abenteuer zu haben. Er bittet Sie ständig, mit ihm auszugehen, daher denken Sie, er wäre sehr interessiert an Ihnen.

Ironischerweise treffen sich viele Frauen auch dann mit einem Fehlerfinder, wenn sie nicht sonderlich verrückt nach ihm sind, weil er den Eindruck vermittelt, dass er es mit einer Beziehung und einer möglichen Ehe ernst meint.

Was verursacht sein ambivalentes Verhalten?

Das Hauptproblem des Fehlerfinders ist, dass er glaubt, Anrecht auf die „perfekte" Frau zu haben. Trotz seines Wunsches nach Liebe und Beziehungen, fühlt er sich seinem eigenen Anspruch gegenüber verpflichtet, nur mit der Frau zusammen zu sein, die ihm seiner Meinung nach zusteht. Lieber bleibt er allein, als mit einer Frau zu leben, die nicht seinen Erwartungen entspricht. Die Ironie und das Ärgerliche des Ganzen ist, dass er dabei unfähig ist, seine eigenen Unzulänglichkeiten zu erkennen. Selbst wenn er pleite oder unattraktiv ist, will er keine Beziehung mit einer Frau, die nicht seinem Ideal entspricht.

Manche Fehlerfinder haben völlig unrealistische Erwartungen an die Frau, die sie gerne als Freundin oder Frau hätten. Sie vergleichen tatsächlich mögliche Freundinnen mit Playboy-Modells, Filmsternchen und Phantasiefiguren. Oft sind sie in Frauen verknallt, die zwar in ihrem Umfeld, aber unerreichbar sind. Manchmal treffen sie sich mit mehr als einer Frau gleichzeitig. Das erhöht ihre Chance, die perfekte Frau zu treffen.

Sobald ein Fehlerfinder eine Frau findet, die seinen Erwartungen entspricht, findet er letztlich doch etwas Falsches an ihr. In anderen Worten, er wird die Frau immer abwerten, egal wie toll er sie anfangs fand und wie nahe sie seinem Ideal kam. Dann verhält er sich entscheidungsunfähig, entweder sabotiert er die mögliche Beziehung, indem er den Frauen seine „Abschiedsrede" hält oder indem er nie mehr als nur gelegentliche Treffen mit der Frau will.

Der Fehlerfinder ist oberflächlich und zu keiner reifen Liebe fähig. Er kann keine Frau so akzeptieren, wie sie ist, ihre Fehler und alles, was für eine lang anhaltende Beziehung oder eine Ehe notwendig ist. Wenn die Frau während der Beziehung ein persönliches Problem durchzustehen hat, bedeutet das für ihn eine schwierige Zeit. Obwohl er ein nettes Verhalten zeigt, ist er doch im Grunde genommen egozentrisch.

Die Abschiedsrede

Nachdem er Sie bereits im Geiste abgewertet hat, hält er Ihnen einen Vortrag mit einem der folgenden Themen:

- „Da wird keine Beziehung draus."
- „Ich sehe keine Zukunft für uns."
- „Du bist eine großartige Frau, aber ich kann mich anscheinend einfach nicht in dich verlieben."
- „Ich möchte verheiratet sein, aber ich möchte nicht dich heiraten."

Der Fehlerfinder kann sehr verletzend in seinem Bedürfnis sein, Sie loszuwerden. Er ist anders als der Wegläufer, der einfach verschwindet. Er wird Ihnen unverblümt sagen, wenn es vorbei ist. Deshalb ist es wichtig, zu wissen, woher seine Rede stammt und ihn nicht zu persönlich zu nehmen, obwohl das leichter gesagt ist als getan. Dora lernte Paul bei einem Ernährungsvortrag der Volkshochschule kennen. Bei ihren Gesprächen erfuhr sie, dass er am Chronischen Ermüdungssyndrom litt. Er stammte aus einer wohlhabenden Familie und konnte sich so trotz seiner körperlichen Einschränkung gut über Wasser halten. Er traf sich mit vielen Frauen, hatte aber nie eine längere Beziehung mit einer Frau. Obwohl sie wegen seiner physischen Behinderung besorgt war, schien er ein netter Kerl zu sein und sie war auf der ernsthaften Suche nach einem Freund. Ein paar Mal gingen Sie miteinander aus. Als Dora nichts mehr von ihm hörte, fürchtete sie, Paul würde es gesundheitlich schlechter gehen. Also rief sie ihn an. Paul erklärte ihr, dass er nicht wüsste, ob er mit ihr eine Beziehung haben wollte und dass er sich unterdessen mit einer anderen träfe. Fassungslos versuchte sie, mit ihm über seine Entscheidung zu sprechen, weil sie das Ganze nicht verstand. Dann besaß er die Frechheit, ihr zu sagen, dass er erst entscheiden müsse, ob er sie überhaupt wiedersehen wolle!

Warum verhält er sich so?

Hier sind die wahren Gründe, wieso Männer Fehler an Frauen suchen:

1. **Vielleicht hat er eine Mutter gehabt, die gefühlsmäßig oder körperlich nicht erreichbar war.** Das Traurige ist, dass er deshalb nicht die inneren Werte entwickeln konnte, um eine tiefe beständige Beziehung aufzubauen. Stattdessen gleicht er seinen Mangel an Zuwendung aus, indem er sich die ideale Frau ausmalt, die alle seine Bedürfnisse erfüllen wird. Nach dieser perfekten Frau sucht er ständig.

2. **Er ist mit seinen Ängsten vor Nähe nicht in Kontakt, daher gibt er der Frau und ihren Fehlern die Schuld daran, dass eine mögliche Beziehung ausläuft.** Seiner Angst vor Nähe entledigt er sich entweder dadurch, dass er eine ungebundene Frau zurückweist oder sich nicht zu mehr einlässt als zu gelegentlichen Treffen. Mit beiden Lösungen kann er die Gefühle umgehen, die eine Beziehung für ihn mit sich bringen würde.

3. **Er kann seine eigenen Beschränkungen oder Fehler nicht erkennen.** Wenn er diese Zusammenhänge verstehen würde, müsste er seine Ambivalenz nicht ausleben, in der er eine mögliche Beziehung beendet oder in einer verbleibt, die nirgendwohin führt.

Wie können Sie also wissen, ob Sie einen Fehlerfinder vor sich haben? Die folgenden Tipps geben Ihnen Anhaltspunkte.

Anzeichen für einen Fehlerfinder

Ihr Fehlerfinder kann eher als der Spielchentreiber eine Beziehung eingehen, aber letztlich verrät er sich selbst als unschlüssigen Mann, weil ihm der nächste Schritt nicht gelingt.

- **Er hatte wenig oder gar keine Beziehungen zu Frauen.** Obwohl er sich mit vielen Frauen trifft, scheint sich nie eine Beziehung zu entwickeln.

- **Er ist ein großer Experte darin, neue Frauen zu finden.** Er geht zu unendlich vielen Singleveranstaltungen, Clubs und Partnervermittlungen, immer auf der Suche nach seiner idealen Frau. Oft sind Fehlerfinder im Internet und treffen Frauen in Chatrooms und Partnerbörsen.

- **Häufig nutzt er Kontaktanzeigen.** Er gibt in Tageszeitungen, Zeitschriften und auf Internetseiten eigene Kontaktanzeigen auf und antwortet auf Annoncen von Frauen. Wenn er sich daraufhin mit einer Frau trifft, ist er oft enttäuscht, weil sie nicht seiner Phantasievorstellung entspricht. Seine eigene Attraktivität ist irrelevant, nur seine Erwartungen haben eine Bedeutung.

- **Man merkt ihm seinen Mangel an Erfahrung in Sachen Beziehung an**. Manchmal erscheint er naiv, wenn er über Beziehungen im Allgemeinen spricht.

- **Durch seine vielen Verabredungen mit Frauen kann er viele Geschichten erzählen.** Manchmal trifft er sich mit mehr als einer Frau zur gleichen Zeit. Für ihn ist das wie eine Wahrscheinlichkeitsrechnung, um die Trefferquote für seine perfekte Frau zu erhöhen.

- **Ihn zu treffen führt nie zu einer Beziehung.** Er möchte sich stets nur einmal die Woche oder noch seltener treffen. Er macht keine Anzeichen, dass er auf etwas Ernsteres hinaus möchte. Er möchte Sie weder an einem Feiertag treffen noch möchte er Sie seiner Familie oder seinen Freunden vorstellen.

Sherry traf Sam, nachdem er auf ihre Internetanzeige geantwortet hatte. Allein durch ihre E-Mails und ihre Telefonate merkte sie, dass er ein wandelndes Lexikon war, was das Kennenlernen neuer Frauen betraf. Es schien, als kenne er alle Single-Veranstaltungen der Stadt. Am Telefon unterhielt er sie stundenlang mit

Geschichten über seine Erfahrungen bei ersten Treffen. Ernsthafte, anhaltende Beziehungen erwähnte er kaum. Er sagte ihr, er hätte allein durch ihre Telefonate das Gefühl, eine sehr spezielle Verbindung zu ihr zu haben und dass er es nicht erwarten könne, sie zu treffen. Wegen ihres hektischen Arbeitsplans hatte sie nicht viel Zeit. Sam kam ihr zeitlich entgegen und Sherry beschloss, ein Treffen mit ihm zu wagen. Sie war ganz aufgeregt bei der Aussicht, einen Mann zu treffen, der so interessiert an ihr war und putzte sich fein heraus. Als Sam das Restaurant betrat, sah er enttäuscht aus, sobald ihm klar wurde, dass sie Sherry war. Sie unterhielten sich, aber er ging bald wieder. Eigentlich fand Sherry Sam nicht wirklich toll, aber sie wäre bereit gewesen, ihm eine Chance zu geben. Sie hörte nie wieder von ihm, aber noch Jahre danach sah sie seine Annoncen auf allen Kontaktbörsen im Internet.

Wie Sie mit dem Fehlerfinder umgehen

Wenn Sie auf seine Abschiedsrede reagieren...

- ...**brechen Sie nicht vor ihm zusammen!** Es macht nichts besser und Sie fühlen sich dann sogar noch schlechter. Rasten Sie aus, wenn Sie zu Hause sind oder rufen Sie Ihre Freundinnen an, aber zeigen Sie ihre Gefühle nicht in seiner Gegenwart. Verkneifen Sie sich einen dramatischen Auftritt. Der nützt weder Ihrer Selbstachtung noch der ganzen Situation.

- ...**bestätigen Sie ihn nicht darin, Sie abzuwerten, indem Sie sich zur Wehr setzen.** Sie sind prima so wie Sie sind. Es ist seine Ansicht und entspricht nicht unbedingt der Realität.

- ...**versuchen Sie ihn unter keinen Umständen von seiner Entscheidung abzubringen.** Zeigen Sie ihm, dass Sie jetzt ein hohes Selbstwertgefühl haben und seine Anerkennung nicht brauchen. Konzentrieren Sie all Ihre Energie darauf, gefühlsmäßig am Boden zu bleiben.

- ...**klammern Sie sich nicht an ihn und katzbuckeln Sie auch nicht.** Es erniedrigt Sie, wenn Sie einem Mann mit derart heftigen Intimitätsproblemen zeigen, welch starke

Wirkung er auf Sie hat. Wenn Sie vor ihm zu Kreuze kriechen, werden Sie es später bereuen.

Der Fehlerfinder hat das zwanghafte Bedürfnis, Sie dringend loszuwerden, also fügen Sie sich einfach in die Situation, auch wenn es schwer fällt. Betrauern Sie seinen Verlust, und wenn es nur vorübergehend ist. Wenn er sich nicht um psychologische Hilfe bemüht, ist er ein hoffnungsloser Fall. Das Wichtigste ist, das Ganze nicht persönlich zu nehmen. Noch einmal, es geht mehr um ihn als um Sie, sonst würde sein Verhalten mehr Sinn machen. Konzentrieren Sie sich jetzt also darauf, selbst heil zu werden und distanzieren Sie sich von ihm.

Wenn Sie merken, dass er sich nur treffen möchte und er keine Zeichen setzt, dass das Ganze zu einer Beziehung führt, dann gibt es einiges, was sie tun können, um die Situation zu ändern oder zu beenden.

Setzen Sie Grenzen

Überlegen Sie sich, wie lange Sie bereit sind, sich mit ihm zu treffen, ohne dass sich etwas tut. Sagen Sie ihm, was Sie sich von einer Beziehung wünschen. Werfen Sie einen Blick auf die folgende Liste von Anzeichen dafür, dass er für weitere Schritte bereit ist. Sobald Ihr „persönliches" Zeitlimit erreicht ist, ohne dass Sie irgendeines dieser Anzeichen bemerkt hätten, ist es an der Zeit, sich davon zu machen.

Das sind Anzeichen dafür, dass sich ein gelegentliches Treffen in eine Beziehung wandelt:

- Er will Sie öfter sehen.
- Er ruft Sie öfter unter der Woche an.
- Er stellt Sie seinen Freunden und seiner Familie vor.
- Er plant einen Urlaub mit Ihnen.

Konfrontieren Sie ihn

Finden Sie heraus, was seine Ziele sind und wie er sich eine gemeinsamen Zukunft vorstellt. Das erfordert Mut, weil Sie nicht wissen, wie er reagieren wird, aber Sie werden zumindest ein für allemal wissen, wo Sie stehen. Sie müssen sich nicht mit seiner

Ambivalenz herumärgern. Gibt er eine abweisende Antwort, reagieren Sie so wie bei seiner Abschiedsrede, die ich schon früher angesprochen habe. Es handelt sich dabei um ein und dasselbe.

Behalten Sie es für sich

Teilen Sie ihm Ihre geistige Deadline nicht mit. Wenn Sie keine Konfrontation riskieren wollen, weil Sie Angst davor haben, verletzt zu werden oder Ihnen das Risiko zu groß ist, dann behalten Sie Ihre Limits für sich, handeln aber trotzdem danach.

Denken Sie gut nach

Bevor Sie eine Konfrontation eingehen und bevor Sie sich Zeitlimits setzen, sollten Sie sich über folgendes klar werden:

- Was erwarten Sie von einer Beziehung mit ihm?
- Was wünschen Sie sich von einer Beziehung im Allgemeinen?
- Wie viel Zeit und Energie wollen Sie gefühlsmäßig in ihn investieren?

Achten Sie auf Ihre eigenen Bedürfnisse

Es kann sein, dass der Fehlerfinder auch dann nicht einlenkt, wenn Sie ihn nach seiner Abschiedsrede direkt konfrontieren. Das ist der Moment, in dem Sie über sich selbst nachdenken sollten:

- Fragen Sie sich selbst, wieso Sie mit einem Mann zusammen sein wollen, der nicht einmal weiß, ob er sich eine Zukunft oder eine Beziehung mit Ihnen wünscht. Wenn Sie seine Bedingungen akzeptieren, lässt Sie das verzweifelt aussehen. Wenn Sie gefühlsmäßig so nachgiebig sind, wirken Sie wie eine Frau, die keinen Mann verdient, der sich eine Beziehung oder eine gemeinsame Zukunft wünscht.

- Wenn er sagt, dass er an seinen Problemen arbeiten will, dann bleibt Ihnen als einzige Möglichkeit, ein bisschen Zeit zu investieren, um zu sehen, ob er zu seinem Wort steht und seine Angst vor Beziehungen besiegen kann. Aber ich denke, dass es ohne psychologische Hilfe wenig Hoffnung gibt.

Wenn das aber trotzdem Ihr Weg ist, dann bestimmen Sie die Zeit, die Sie für diesen entscheidungsunfähigen Mann aufbringen wollen und halten Sie Ihr Zeitlimit auch ein.

- Wenn Sie sich dazu entschließen, sich weiter mit ihm zu treffen (dabei aber begreifen, dass daraus keine Beziehung oder gemeinsame Zukunft wird), geht Ihre Selbstachtung vor die Hunde und sein ambivalentes Verhalten wird Sie in den Wahnsinn treiben.

- Wenn Sie keine Grenzen setzen, geben Sie ihm die Möglichkeit, seine Partnerschaftsprobleme weiter an Ihnen auszulassen. Und Sie wiederum werden Ihre eigene Vermeidungsstrategie in Sachen Beziehungen ausleben oder ihr ziemlich nahe kommen, solange Sie bei einem Mann bleiben, der kaum zu einer Beziehung fähig ist.

Maria und Bob waren Sozialarbeiter und wurden einander von Kollegen auf einer Versammlung vorgestellt. Anfangs wollte Bob unbedingt mit Maria ausgehen, aber sie war beunruhigt, weil er in seiner Vergangenheit sehr wenig Beziehungen gehabt hatte und in dem Ruf stand, er könne ein kleiner Playboy sein. Nachdem sie eine Menge Männer kennen gelernt hatte, die nur eine Affäre suchten, hoffte Maria, dass die Romanze mit Bob zu einer Beziehung mit Zukunft führen würde. Sie genoss es, mit ihm auszugehen, denn er lud sie in Konzerte und Museen ein, an denen sie beide Interesse hatten. Plötzlich begann Bob, sich zu distanzieren. Zuerst sagte er, er wäre über die Weihnachtsferien in Sachen Familie unterwegs und lud sie nicht dazu ein. Als sie am nächsten Abend ein Video anschauten, verkündete Bob, er würde sich noch mit anderen Frauen treffen. Er erklärte, dass er nach seiner ehemalige Studienkollegin verrückt gewesen wäre und sich daher wohl nicht in Maria verlieben könne. Maria ging niedergeschlagen und gekränkt nach Hause.

Eine Woche später rief Bob an und sagte, er habe wohl die falsche Entscheidung getroffen und erkannt, dass er ernsthafte Beziehungsprobleme hätte, an denen er arbeiten müsste. Er kündigte an, wieder in psychotherapeutische Behandlung zu gehen und bat Maria um eine neue Chance. Maria entschied, dass Bob das Risiko wert wäre, insbesondere weil er seine Probleme zugegeben hatte und zu einem Therapeuten ging. Außerdem war er sehr aufmerksam und liebevoll ihr gegenüber, wenn sie zusammen waren. Sie beschloss, ihm drei Monate Zeit zu geben, um zu sehen, ob er dann mehr von ihr wollte als nur mit ihr ausgehen. Als sie nach ein paar Monaten wieder Schwierigkeiten bekamen, gingen sie zu einem Paarberater, der ihnen von Bobs Therapeuten empfohlen worden war. Ein Jahr später heirateten sie.

Wie Sie in Marias Fall gesehen haben, sind manche zwiespältigen Männer dazu fähig, an sich zu arbeiten und eine Beziehung aufzubauen, selbst wenn sie als Fehlerfinder beginnen. In den folgenden Kapiteln werden Sie noch mehr ambivalente Männer kennenlernen, die diese Möglichkeit haben.

4
Der Liebesabenteurer

Mit ihm zu schlafen ist hinreißend. Er schaut Ihnen sehnsüchtig in die Augen, als suche er Ihre Seele. Manchmal sagt er Ihnen sogar, dass er Sie liebt. Es gibt nichts Vergleichbares. Dann vergehen zwei Wochen, bevor Sie auch nur wieder ein Wort von ihm hören! Keine Erklärung. Nur eine kurze Entschuldigung und das Ganze beginnt von vorne. Er sagt Ihnen, wie sehr er Sie vermisst. Er erklärt, er sei sehr beschäftigt gewesen, hätte aber immer an Sie gedacht. Anfangs können Sie ihm widerstehen, aber schon allein beim Klang seiner Stimme fühlen Sie sich wieder magisch von ihm angezogen. Ihre Sehnsucht siegt und Sie lassen ihn wieder in Ihr Bett.

Sie bleiben die ganze Nacht auf, reden und lachen - und natürlich ist der Sex phantastisch. Am nächsten Morgen lädt er sie zu einem Schlemmerfrühstück ein. Diesmal verbringen Sie den Nachmittag zusammen, gehen einkaufen und besuchen eine Matinee. Am Abend geht er, ohne zu sagen, wann Sie sich wiedersehen. Um nichts kaputt zu machen, üben Sie keinen Druck auf ihn aus. Sie erwarten bis spätestens morgen seinen Anruf in dem Glauben, dass Sie eine tolle Beziehung hätten. Der nächste Tag kommt, aber kein Anruf. Genauso wenig am Tag darauf. Zweieinhalb Wochen lang kein Wort, bis Sie plötzlich eine Nachricht von ihm auf Ihrem Anrufbeantworter haben. Er entschuldigt sich, weil er beschäftigt war, Sie aber vermisst und Sie sehen möchte. Passen Sie auf! Sie sind auf einen Liebesabenteurer gestoßen.

Die zwölf Merkmale eines Liebesabenteurers

Damit Sie keinen Zweifel haben, mit wem Sie es zu tun haben – hier sind die zwölf Merkmale des Liebesabenteurers. Er muss nicht alle haben, aber wahrscheinlich hat er die meisten. Er ist...

- impulsiv
- charmant
- ein großartiger Gesprächspartner
- sehr einnehmend
- verführerisch
- ein guter Zuhörer

- gut im Bett
- normalerweise mit einigen größeren psychologischen Mängeln behaftet
- sexuell sehr erfahren
- mysteriös und verschlossen
- oberflächlich herzlich
- kontaktfreudig

Janet ist Fred in einem Nachtclub begegnet. Er war bezaubernd, sexy und ein großartiger Tänzer. Obwohl One-Night-Stands nicht ihr Ding waren, war sie von Fred so angetan, dass sie ihn am Ende des Abends in ihr Appartement einlud. Der Sex war jenseits all ihrer Vorstellungen. Es war wie im Film. Am nächsten Morgen gingen sie in die Kneipe um die Ecke und unterhielten sich stundenlang bei Belgischen Waffeln und unzähligen Tassen Kaffee.

Aufgekratzt erzählte sie all ihren Freundinnen von ihm. Als eine Woche verging und sie nichts von ihm hörte, war Janet so enttäuscht, dass sie kaum mehr arbeiten konnte. Sie fing an, sich mit der Tatsache abzufinden, dass es ein One-Night-Stand gewesen war. Am späten Dienstagabend rief Fred genau in dem Moment an, als sie gerade zu Bett gehen wollte und lud sich selbst zu ihr ein. Er erklärte ihr, er wäre so beschäftigt gewesen, dass er keine Gelegenheit gehabt hätte, irgendjemanden anzurufen. Janet entschied sich dafür, das Risiko einzugehen, sich nochmals mit ihm zu treffen. Wieder verbrachten sie eine zauberhafte Nacht, liebten sich leidenschaftlich und unterhielten sich großartig. Als er am nächsten Morgen ging, versprach er, in ein paar Tagen anzurufen. Wieder hörte sie nichts von ihm. Dieses Mal hatte er ihr seine Telefonnummer gegeben, also rief sie bei ihm an. Da war aber nur eine automatische Bandansage, was sie misstrauisch machte. Janet hinterließ trotzdem eine Nachricht.

Ein paar Tage später rief er zurück. Wieder erwähnte er nichts davon, das Wochenende zusammen zu verbringen, aber er wollte an diesem Abend bei ihr sein. Janet konnte nicht widerstehen und ließ ihn vorbeikommen. Kurz vor dem Einschlafen sagte ihr Fred, es sei der wunderbarste Sex gewesen, den er je gehabt hätte. Als sie wieder nichts von ihm hörte, konnte sie das nicht verstehen. Wenn er den Sex doch so toll fand, warum kam er dann nicht öfter? Frustriert und gedemütigt suchte sie mich zu einer Beratung auf. Ich erklärte ihr, Fred sei ein echter Liebesabenteurer.

Was ist ein Liebesabenteurer?

Ein Liebesabenteurer ist ein Kerl, der sich für eine Nacht, einen Nachmittag oder ein Wochenende intensiv mit Ihnen beschäftigt und dann komplett verschwindet. Er kommt aus heiterem Himmel zurück, um die nächste transzendentale Erfahrung mit der emotionalen und sexuellen Verschmelzung von Körper und Geist zu machen.

Wer auf einen Liebesabenteurer trifft, fühlt immer eine tiefe Verbindung - nicht nur beim Sex, sondern auch wegen der guten Gespräche und dem Spaß, den man miteinander hat. Es fühlt sich wie eine echte Beziehung an, fast so, als seien Sie Seelenverwandte. Sie können sich nicht vorstellen, dass dies nur ein kurzes Liebesabenteurer ist – bestimmt will er mehr. Manchmal sagt er Ihnen, dass er noch nie zuvor so empfunden hat, sogar, dass er Sie liebt.

Er agiert seine Ambivalenz aus, indem sich die magischen Treffen nie zu einer Beziehung entwickeln. Anders als beim Fehlerfinder gibt es bei den Treffen keine Struktur und nichts Offizielles und im Unterschied zum Wegläufer gibt es keine richtige Beziehung, vor der er davonläuft. Schlussendlich hat er einfach eine Affäre. Er genießt die Beziehung, wann immer er Lust darauf hat und Sie sind sein Liebling der Woche, des Monats oder des Jahres.

Was macht den Liebesabenteurer so aufregend?

Ein Liebesabenteurer weiß, wie er Frauen für sich begeistert. Er erkennt ihre Schwachstellen und geht darauf ein. Diese Charaktereigenschaften bildete er als Junge aus, um herauszufinden, was seine Mutter wollte, damit er ihre Liebe, ihre Anerkennung und ihre Aufmerksamkeit erlangen konnte. Er verfeinerte diese Qualitäten und weiß daher, wie er mit Frauen umgeht, damit sie sich in seiner Gegenwart einzigartig fühlen. Das alles macht ihn unwiderstehlich:

- Es ist toll, mit ihm herumzuhängen, denn er kann Spaß machen oder für körperliches Vergnügen sorgen. Er ist charismatisch, charmant und kann auch einmal jemanden zu etwas überreden. Er ist nicht auf den Mund gefallen und wenn es sein muss, kann er auch gut zuhören.

- Er ist unberechenbar und bestimmt nicht langweilig. Sie wissen nie, wann er plötzlich auftaucht oder was er als Nächstes tun wird. Weil er geheimnisvoll und schwer zu fassen ist, neigt man schnell dazu, ihn zu idealisieren und die eigenen romantischen Phantasien auf ihn zu projizieren.

- Er bemüht sich sehr um Sie, so dass Sie sich umschwärmt und begehrt vorkommen. Wenn Sie bei ihm sind, scheint er Sie wichtig zu nehmen und selbst wenn alles nur eine Nacht oder ein Wochenende dauert, fühlt es sich wie eine bedeutende Beziehung an.

Mary begegnete Tom im Waschsalon, während sie nebeneinander standen und Handtücher zusammenlegten. Nachdem sie sich ein paar Mal getroffen hatten, merkte Mary, dass sie seine Gesellschaft schätzte, weil er ihr echte Aufmerksamkeit schenkte. Er gab ihr Ratschläge zu Problemen, die sie mit Kollegen hatte. Er war außerdem ein liebevoller und sanfter Liebhaber, was sie bei einem Mann sehr mochte. Aber sie trafen sich selten mit großen Abständen dazwischen. Er verabredete sich nie im Voraus mit ihr, sondern wollte sich immer spontan treffen. Er redete nur ungenau über seine Arbeit und darüber, wie er seine Zeit verbrachte. Mary war erschüttert, als Tom wegen Insiderhandels an der Aktienbörse eingesperrt wurde. Es war ihr peinlich zuzugeben, aber sie war erleichtert, als sie erkannte, dass sein ausweichendes und geheimnisvolles Verhalten offenbar mehr mit seinem gesetzwidrigen Leben als mit ihr zu tun hatte.

Was hat es mit dem Liebesabenteurer auf sich?

Die Kehrseite des aufregenden Liebesabenteurers ist, dass er Sie letztendlich immer enttäuschen wird. Er ist unzuverlässig und oft auch hinterlistig. Er hat Schwierigkeiten damit, in Anspruch genommen zu werden und Grenzen gesetzt zu bekommen. Wenn

Sie ihn fragen, was er vorhat, wenn er nicht bei Ihnen ist, wird er wahrscheinlich abwehrend oder ausweichend antworten oder sogar lügen. Seine Ambivalenz entsteht hauptsächlich durch seine heftigen positiven und negativen Gefühle gegenüber Frauen. Wenn Sie zusammen sind, fährt er total auf Sie ab. Deswegen ist er auch so leidenschaftlich und so gut im Bett. Paradoxerweise ängstigt ihn großartiger Sex eigentlich. Er fühlt sich von Ihnen umgarnt und verschlungen. Er sehnt sich wie Sie nach diesem transzendenten Gefühl der Verschmelzung, hat aber panische Angst davor, sich selbst zu verlieren. Deswegen distanziert er sich und verschwindet nach solch einer heftigen Begegnung. Aber normalerweise kommt er zurück, sobald seine Angst vor Nähe sich aufgelöst hat.

Weil er keine wirkliche Beziehung mit Ihnen hat, idealisiert er Sie, wenn er mit Ihnen zusammen ist (genauso, wie Sie ihn idealisieren). Er projiziert seine Vorstellung davon, wie er Sie gerne hätte, auf Sie. Wenn er sich die Zeit nehmen würde, Sie richtig kennenzulernen, müsste er sich mit dem Frust und den Enttäuschungen auseinandersetzen, die in richtigen Beziehungen einfach vorkommen. Wenn Sie gelegentlich Wünsche äußern, was vorkommt, wenn Menschen gemeinsame Beziehungen entwickeln, kann es sein, dass Sie ihn nie wieder sehen. Wenn Sie keine Ansprüche stellen, wird alles zu seinen Bedingungen ablaufen. Bei einem Liebesabenteurer ist es schwierig, die eigenen Bedürfnisse auszusprechen, ohne, dass das böse Ende folgt. Deswegen ist es fast unmöglich, mit ihm eine Beziehung zu haben.

Helen lernte Harry durch eine Kontaktanzeige kennen. Er sagte ihr, dass er nie so eine wunderbare Frau wie sie getroffen habe und dass sie all die Eigenschaften hätte, die er sich bei einer Frau wünschte. Das irritierte Helen, denn er wollte nur ab und zu mit ihr zusammen sein, obwohl sie sich schon drei Monate kannten. Um mehr über ihn herauszufinden, fragte sie ihn gerade heraus, wie er seine Zeit verbrachte, wenn er nicht bei ihr war. Er sagte, er wäre ein freier Mann und hätte keine Lust, seine privaten Angelegenheiten zu erörtern. Helen fühlte sich durch seine Abfuhr verletzt und beschloss, nichts Persönliches mehr zu fragen. So konnte sich ihre Beziehung nicht vertiefen.

Wie wurde er so?

Es ist wie beim Wegläufer: Wenn sich der Liebesabenteurer distanziert, löst er sich von Ihnen und von sämtlichen Gefühlen, die er für Sie entwickelt hat. Das ist einer der Gründe, weshalb Sie nichts mehr von ihm hören. Er löscht Sie aus seinem Denken, als gäbe es Sie nicht. Dadurch muss er sich nicht mit seinen Gefühlen von Bedürftigkeit und Abhängigkeit herumschlagen, die diese tolle Begegnung mit sich gebracht hat. Dummerweise gehen manche Liebesabenteurer mit anderen Frauen aus – auch ein Weg, sich zu lösen. Andere Liebesabenteurer machen einfach ihr eigenes Ding – stürzen sich in Arbeit, gehen mit ihren Kumpels aus, schauen zuhause Sport, überfressen sich, rackern sich stundenlang im Fitnessstudio ab, versuchen sich mit schnellem Geld und Glücksspiel, geraten in illegale Geschäfte, trinken oder nehmen Drogen, gehen aus, um neue Frauen zu treffen und so weiter und so fort. Sie werden niemals erfahren, was er mit seiner Zeit macht, wenn Sie ihn nicht danach fragen. Das heißt aber nicht, dass Sie eine direkte aufrichtige Antwort bekommen.

Dass er dieses Gefühl von Bedürftigkeit so hasst, ist ein Resultat aus seiner Kindheit. Er hatte wahrscheinlich eine aufregende, aber enttäuschende zwiegespaltene Mutter, gegen die er Ärger und Groll hegt. Sie war wohl manchmal liebevoll für ihn da, aber dann wieder zurückhaltend und abweisend. Vielleicht hatte sie seelische Probleme, eine kaputte Beziehung mit einem Mann, Suchtprobleme oder sie war einfach erschöpft von einem stressigen Leben.

Als Erwachsener wiederholt der Liebesabenteurer mit Frauen, was er selbst erlebt hat. Er begeistert Sie und macht Ihnen Hoffnung auf eine Beziehung - wie man einen Esel mit einer Karotte am Ende einer Stange lockt - nur um Sie dann sitzenzulassen. Auf diese Weise werden Sie dazu verdonnert, das zu fühlen, wovor er seit seiner Kindheit davonlaufen will. Wäre er mehr in Kontakt mit diesen Gefühlen, hätte er es nicht nötig, sie so mit Ihnen auszuleben.

Ein Liebesabenteurer projiziert seine Bedürftigkeit auf Sie, indem er Sie dazu bringt, sich bedürftig nach ihm zu fühlen, weil er sich distanziert hat. Er ist gierig nach Gefühlen und nach Sex. Wenn er Sie aus heiterem Himmel anruft, dann will er seine gefühlsmäßigen und seine sexuellen Bedürfnisse befriedigen.

Dann aber projiziert er seine Gier auf Sie, indem er glaubt, Sie seien gierig und wollten ihm seine Freiheit nehmen, weil Sie ja Ansprüche äußern oder sich eine ganz normale Beziehung wünschen.

Der Liebesabenteurer ist psychologisch schlechter dran als der Wegläufer, weil der zumindest für eine gewisse Zeit zu einer Beziehung fähig ist. Der Liebesabenteurer ist nicht einmal zu einer kurzzeitigen Beziehung fähig. Er kann eine tiefe, intime sexuelle Einbindung und eine andauernde Liebe nicht aushalten. Und weil es da draußen ja so viele Frauen gibt, die ihn so nehmen, wie er ist (zumindest vorübergehend), schafft er es, seine sexuellen und einen Teil seiner gefühlsmäßigen Bedürfnisse zu befriedigen, ohne sich zu ändern oder an sich zu arbeiten.

Nachdem Tom seine Strafe wegen des Börsendeliktes abgesessen hatte, kam er über Drinks in einer Kneipe wieder mit Mary zusammen und sie gerieten in eine tiefgründige Diskussion. Er vertraute ihr an, dass man ihn im Alter von zwei Jahren von seiner Mutter weggenommen hatte, weil sie an einer ernsthaften bipolaren Störung litt und unfähig war, sich um ihn zu kümmern. Er erinnerte sich daran, dass sie ihn viel in die Arme genommen hatte, dann aber auch für eine ganze Nacht verschwand. Offenbar ging sie in Bars, um Männer zu treffen und nahm sie sogar mit nach Hause. Tom gestand Mary auch, dass er es einige Male mit dem Heiraten probiert hätte, dass die Ehen aber nur kurzlebig gewesen wären. Jetzt befürchtete er, dass dieses frühe Trauma, seine Mutter zu verlieren, schuld an seiner Unfähigkeit war, sich wirklich an eine Frau zu binden.

Wie Sie mit dem Liebesabenteurer umgehen

Ihn in Liebe und Verständnis zu hüllen, hilft nichts beim Liebesabenteurer. Sie müssen ihm die Stirn bieten, sonst überrennt er Sie und macht Sie zum bequemen Objekt seiner Befriedigung. Hier sind einige Vorschläge, wie Sie mit dem Liebesabenteurer umgehen sollten.

Sind Sie die Einzige?

Wenn Sie Ihren Liebesabenteurer weniger als einmal pro Woche treffen, sind Sie wahrscheinlich nicht die einzige Frau in seinem Leben. Sie haben das Recht, ihn danach zu fragen. Wenn Sie keine monogame Beziehung mit einem Mann haben, sollten Sie herausfinden, ob er geschützten Sex praktiziert. Wenn er ausweicht und um den Brei herumredet, sollten Sie sich überlegen, ob Sie mit einem Mann zusammen sein wollen, der nicht bereit ist, Ihnen diese wichtige Information zu geben. Es ist selbstzerstörerisch, nicht zu wissen, ob dieser Mann geschützten Sex hat. Das zu leugnen kommt heutzutage einem Selbstmordversuch gleich.

Janet, die Fred in einem Nachtclub getroffen hatte, fragte ihn, ob es da noch andere Frauen in seinem Leben gäbe. Zuerst antwortete er ausweichend, dann gab er zu, dass er sich mit noch zwei anderen Frauen träfe. Er sagte, dass er geschützten Sex mit ihnen hätte, was Janet ihm glaubte, weil er mit ihr auch immer Kondome benutzte.

Sieht er eine gemeinsame Zukunft?

Wenn ein paar Monate vergangen sind, können Sie ihn fragen, wie er sich die Entwicklung mit Ihnen vorstellt. Anstatt sich mit Ihren Freundinnen in die Frage hineinzusteigern, warum er so selten anruft, können Sie ihn danach fragen, wie seine Gedanken und Phantasien über Ihre gemeinsame Zukunft aussehen. Sie riskieren es, verletzt zu werden, aber schließlich wissen Sie dann, wo Sie stehen.

Janet fragte Fred, ob er sich jemals eine monogame Beziehung mit ihr vorstellen könne. Er sagte, er hätte sie sehr gerne, wüsste aber nicht, ob er mit ihr oder irgendeiner anderen in naher Zukunft eine ausschließliche Beziehung haben wolle.

Äußern Sie Ihre Meinung

Vergewissern Sie sich, dass er genau weiß, was Sie von ihm brauchen, wollen und erwarten. Wenn Sie es ihm nicht sagen, wird er nie von selbst darauf kommen. Hier sind einige Beispiele:

- Sagen Sie ihm, dass er sich mit Ihnen im Voraus verabreden soll und nicht nach Lust und Laune hereinschneien.
- Sagen Sie ihm, dass Sie nicht nur Sex mit ihm haben

möchten, sondern auch unter Leute gehen wollen (Restaurants, Museen, Filme, Verabredungen).

Janet sagte Fred, dass er sie vorher anrufen müsse, wenn er sich mit ihr treffen wolle, anstatt sich von nun auf jetzt mit ihr zu verabreden. Außerdem wollte sie mehr miteinander unternehmen, als nur in ihrem Appartement herumhängen. Fred erklärte, dass er gerne spontan sei, aber ihre Gesellschaft genießen würde und er nichts dagegen hätte, etwas gemeinsam zu unternehmen.

Die wahre Welt

Übernehmen Sie nicht seine Realität als die Ihre! Nur weil er die Dinge so und so sieht, müssen Sie nicht seiner Meinung sein oder seine Sicht übernehmen. Gehen Sie bei Ihren Wünschen keine Kompromisse ein. Zum Beispiel:

- Bleiben Sie Ihren Gefühlen und Ansichten über eine monogame Beziehung treu.
- Lassen Sie sich nicht von seiner möglicherweise verdrehten Meinung über Beziehungen und das Leben niederwalzen.

Fred versuchte Janet zu erklären, warum es eine gute Idee wäre, sich mit vielen Leuten gleichzeitig zu treffen. Er versuchte, ihr beizubringen, dass sie nicht eifersüchtig sein müssten, wenn einer von ihnen sich auch mit anderen träfe, wenn sie wirklich aufeinander stehen würden. Janet ließ nicht locker und sagte, dass sie anderer Meinung sei und dass es normal wäre, sich eine ausschließliche Beziehung zu wünschen. Ihr kam es natürlich vor, einen Mann nur für sich zu wollen. Letztlich blieb sie ihrem eigenen Glaubenssystem treu.

Die Grenzen der Liebe

Wenn Sie dem Liebesabenteurer Grenzen setzen, kann es sein, dass er verschwindet. Bei manchen dieser Männer heißt es „entweder mein Weg oder die Autobahn". Wenn das der Fall ist, müssen Sie sich entscheiden, ob Sie mit einem Mann zusammen sein wollen, bei dem alles nur nach seinem Kopf geht. Seien Sie sich der Tatsache bewusst, dass Männer, die keine Grenzen akzeptieren, üblicherweise auch keine gesunde Partnerschaft leben können. Fred sagte, dass er nicht wüsste, ob er Janets Wünsche nachkommen könne. Er erklärte, er könne es nicht leiden, wenn ihm jemand anderes vorschreiben würde, was er zu tun hätte oder wie er sein Leben leben solle.

Wie es weitergeht

Wenn sich innerhalb von drei Monaten keine normale Beziehung entwickelt, wird sie es wohl nie tun. Wenn Sie nach drei Monaten immer noch auf eine normale Beziehung mit dem Liebesabenteurer warten, verschwenden Sie wahrscheinlich Ihre Zeit und Ihre Energie. Sehen Sie ein, dass diese Beziehung lediglich eine Abfolge kurzer Liebesabenteuer bleiben wird.

Da es Fred nicht möglich war, Janet zu sagen, dass er die beiden anderen Frauen nicht mehr treffen und sich für sie entscheiden würde, beschloss sie an der Dreimonatsgrenze, ihre Beziehung mit ihm zu beenden. Fred versuchte weiterhin, sie davon zu überzeugen, dass so wie es war, alles in Ordnung wäre. Janet blieb dabei und sagte ihm, dass es vorbei wäre. Ein paar Mal versuchte er, sie anzurufen, sah aber nach wie vor keinen Grund, sich zu ändern. Sie vermisste die schönen Zeiten, die sie zusammen gehabt hatten, aber sie hatte fest vor, einen Mann zu finden, der sich eine ausschließliche Beziehung mit Zukunft wünschte. Ein Jahr später lernte sie George kennen und innerhalb von sechs Monaten verlobten sie sich.

Wie formulieren Sie Ihre Grenzen?

Hier sind einige Fragen, die Sie sich selbst stellen sollten, damit Sie dem Liebesabenteurer klarere Grenzen setzen können.

- Sie sollten herausfinden, warum Sie mit ihm zusammen sein wollen. Wiederholen Sie etwas aus einer früheren Beziehung?
- Was reizt Sie an diesen Momenten vollkommener Verschmelzung?
- Warum sind Sie ständig verfügbar?

- Wieso erfüllen Sie augenblicklich seine Ansprüche?

- Was ängstigt Sie daran, Grenzen zu setzen und „nein" zu sagen?

- Versuchen Sie, neue Männer kennenzulernen oder leben Sie Ihr Leben, während Sie auf seinen nächsten Anruf warten? Oder verschwenden Sie Ihre Zeit und malen Sie sich Phantasien mit ihm aus?

- Sie müssen herausfinden, wieso Ihnen Charme so wichtig ist im Gegensatz zu anderen Eigenschaften wie Anstand, Lebensziele, Beständigkeit und die Zukunft.

Welche Frau hält den Liebesabenteurer aus?

Nicht jede Frau hat die Ausdauer und die Anpassungsfähigkeit, mit dem ziellosen Hin und Her des Liebesabenteurers klarzukommen. Aber das müssen Sie auch nicht können! Hier sind einige Eigenschaften der Frauen, die um ihn kämpfen können.

- Sie muss aushalten können, dass es andere Frauen neben ihr gibt.

- Sie muss ihm zugestehen, sein eigenes Ding zu machen, egal wie lange es dauert und ohne zu wissen, was er tut.

- Sie hat nur ein geringes Selbstwertgefühl und meint, sie hätte kein Anrecht auf einen beziehungsfähigen Mann.

- Sie hat selbstzerstörerische Bedürfnisse und kann gefühlsmäßige Qualen und Leiden ertragen.

- Sie ist nicht wirklich so verrückt nach ihm. So können die Bedürfnisse zweier Menschen befriedigt werden, die sich beide eine große Distanz wünschen.

- Ihr macht es nichts aus, wenn ihr Partner mit illegalen Geschäften zu tun hat.

- Ihr macht es nichts aus, mit einem Mann zusammen zu sein, der manchmal ohne Arbeit ist und den sie gelegentlich (oder die ganze Zeit) finanziell unterstützt.

- Für sie ist es nicht schlimm, dass ihre Bedürfnisse nicht sonderlich ernst genommen werden.

5
Der Ewige Junggeselle

Martha traf Reade, einen erfolgreichen Englischprofessor. Er hatte all das, was sie bei einem potentiellen Partner suchte. Er war süß, ein gewandter Gesprächspartner und es machte Spaß, mit ihm zusammen zu sein. Außerdem war er genauso alt wie sie, achtunddreißig Jahre. Sie waren beinahe sechs Monate zusammen, als Reade Martha mitteilte, dass er nie mit einer Frau zusammen gelebt hätte und auch nie heiraten wolle. Er erklärte ihr, dass Ehen praktisch nie funktionieren und er sich auch nicht die Mühe machen wolle, es zu versuchen. Martha traf sich weiter mit ihm, weil er trotz dieser Worte ein guter Partner war. Sie glaubte, über die Ehe könne sie sich später Gedanken machen. Insgeheim hoffte sie, dass die schöne Zeit, die sie miteinander hatten, seine Zukunftspläne ändern würden. Ein weiteres Jahr ging vorbei und Reade teilte ihr mit, dass er noch immer nicht die Absicht hätte, jemals zu heiraten.

Martha traf das sehr, weil sie mittlerweile fast vierzig Jahre alt war und sich ein Kind wünschte. Sie hatte keine Lust, alleinerziehende Mutter zu werden. Als sie die Angelegenheit besprachen, sagte Reade, dass es in seinem Leben einfach kein wichtiges Ziel wäre, Kinder zu haben. Martha war am Boden zerstört, weil sie jetzt mit Reade Schluss machen müsste, wenn sie jemals heiraten und Kinder haben wollte. Obwohl sie Reade liebte, bereute sie jetzt, soviel Zeit mit ihm verbracht zu haben. Hätte Sie doch nur hingehört, als er ihr anfangs sagte, dass er nicht heiraten wolle! Sie kam wegen einer Beratung zu mir, weil ihr eine schwere Zeit bevorstand, um über ihn hinwegzukommen. Ich erklärte Martha, dass sie sich mit einem Ewigen Junggesellen eingelassen hatte.

Wer ist der Ewige Junggeselle?

Der Ewige Junggeselle ist der emotional Gesündeste von den in diesem Buch beschriebenen Typen, denn er ist zu einer Langzeitbeziehung fähig. Aber er lebt seine Ambivalenz aus, indem er sich trotz seiner Zuneigung zu Ihnen nicht auf eine Ehe einlassen will.

Obwohl er im Grunde genommen ein anständiger Kerl ist, frustriert der Ewige Junggeselle. Wenn Ihr Ziel die Ehe ist, wird die Beziehung zu ihm letztlich ein schlimmes Ende nehmen. Der Ewige Junggeselle ist normalerweise ein recht guter Partner und man verliebt sich leicht in ihn. Er ist weder böswillig noch beleidigend, aber er kann eben Ihre tiefe Sehnsucht nach Beständigkeit und Familie nicht befriedigen.

Von ihm loszukommen ist besonders schwer, weil er Ihnen gefühlsmäßig und materiell möglicherweise viel gegeben hat. Unglücklicherweise kann es der Beziehung schaden, wenn Sie zu lange an dem Ewigen Junggesellen festhalten, in der Hoffnung, er würde sich letztlich doch für Sie entscheiden. Das kann zu einem schrecklichen Ende führen, obwohl das niemals seine Absicht war.

Wie erkennt man einen Ewigen Junggesellen?

Wenn Sie beunruhigt sind, ob Sie wohl auf einen Ewigen Junggesellen gestoßen sind, sollten Sie auf die folgenden klassischen Anzeichen achten:

- **Normalerweise war er nie verheiratet.** Ein wichtiges Zeichen ist das besonders dann, wenn er schon über vierzig ist. Manche Ewige Junggesellen haben noch nicht einmal jemals mit einer Frau zusammengelebt. Gelegentlich leben sie noch zu Hause bei ihren Eltern.

- **Er ist mit Hobbys und eigenen Interessen beschäftigt.** Achten Sie auf Dinge, die ihm übertrieben wichtig sind wie Autos, Kleidung, extravagante Ferien, endlose Stunden im Fitnessstudio, teure elektronische Ausrüstung und so weiter. Könnten Sie sich vorstellen, dass er einen Teil dieser Freuden opfern könnte, um mehr Zeit und Engagement für eine Ehe oder eine Familie aufzubringen?

- **Er erwähnt niemals Kinder oder eine Familie.** Der Ewige Junggeselle redet nie davon, dass er sich Kinder wünscht und zeigt auch kein ersichtliches Bedürfnis, Vater zu werden. Er ist einfach an dem Gesamtthema Familie nicht sonderlich interessiert.

- **Er hat die Geisteshaltung „Typ Junggeselle".** Er hat die Lebensweise eines Junggesellen und ist damit zufrieden. Sein Denken ist sehr ichbezogen, über andere denkt er weniger nach.

- **Er erwähnt keine gemeinsame Zukunft mit Ihnen.** Wenn er über die Zukunft redet, kommen Sie dabei nicht vor. In den seltenen Fällen, in denen er von einer möglichen Phantasiefrau redet, ist sie normalerweise unklar beschrieben, wie eine Cartoonfigur. Er zeigt kein Interesse daran, sein Leben mit einem anderen Menschen zu teilen.

- **Er teilt keine Informationen.** Sie werden nie etwas über sein Geld, seinen Besitz, seine Investitionen, seine Familienverhältnisse und so weiter von ihm hören, selbst wenn Sie schon eine Weile zusammen sind. Sie müssen ihm die Informationen regelrecht aus der Nase ziehen. Selbst wenn er entgegenkommend ist, wird er oft abwehrend reagieren.

- **Er ist unverbindlich.** Ihm fällt es schwer, sich auf Dinge wie Veranstaltungen, Ausgehen und Urlaub festzulegen, alles Dinge, die im Voraus geplant werden müssen. Wenn Sie so ein Thema aufbringen, wird er ganz still werden oder er wird zumindest nicht in Begeisterung ausbrechen.

- **Sie lernen seine Familie nicht kennen.** Er lädt Sie in den Ferien nicht dazu ein, seine Eltern oder seine Familie kennenzulernen. Wenn Sie ihn darauf hinweisen, wird er Ihnen eine Ausrede liefern, wieso das keine gute Idee ist.

- **Sie lernen seine Freunde nicht kennen**. Er hält Ihre Beziehung getrennt von seinem Freundeskreis. Er erwähnt andere Leute in seinem Leben, aber er hat keine große Eile damit, Sie miteinander bekannt zu machen.

Wie der Ewige Junggeselle tickt

Ewige Junggeselle hat kein Problem damit, eine Beziehung einzugehen und auszugestalten – er will einfach nicht heiraten. Wenn das Thema Ehe bei der Frau aufkommt, mit der er liiert ist, bietet er Erklärungen an, die er sich selbst zurechtgelegt hat, um sein Verhalten zu begründen und seine eigenen Gefühle von Schuld und/oder Angst abzuwehren. In anderen Worten – er verteidigt sein Ewiges Junggesellentum. Wenn eine seiner Erklärungen nicht ausreichend überzeugt, weicht er auf die nächste aus. Im Folgenden sind Gründe dafür aufgeführt, wieso der Ewige

Junggeselle nicht heiraten will, obwohl er Sie Ihnen nicht bei jeder Diskussion über das Thema unterbreiten wird:

- **Er fürchtet die hohe Scheidungsrate.** Oft ist sein beliebtestes Argument, dass die Scheidungsrate sehr hoch ist, was tatsächlich auch so ist. Fast sechzig Prozent aller Ehen enden in einer Scheidung. Er will einfach das Risiko von gefühlsmäßigem und finanziellem Ruin nicht eingehen, das eine Scheidung mit sich bringen würde.

- **Er möchte sich auch mit anderen Frauen treffen können.** Er will sich selbst nicht völlig vor anderen Frauen wegsperren. Er glaubt, seine Traumfrau könnte schon an der nächsten Ecke auftauchen. Und er will die Gelegenheit am Schopf packen dürfen, wenn sie sich dann bietet. Er will ständig mit einem Fuß außerhalb der Tür stehen.

- **Er will keine finanziellen Pflichten.** Er mag sich mit Frau und Kindern nicht finanziell belasten. Selbst wenn Sie einen Beruf ausüben, müsste er einspringen, wenn Sie aus irgendeinem Grund nicht mehr arbeiten könnten. Und wenn es miteinander nicht klappen würde, müsste er Unterhalt und Alimente zahlen, was ihn ebenfalls zögern lässt, das Risiko auf sich zu nehmen.

- **Er mag niemandem gegenüber Rechenschaft ablegen.** Es ist nun mal so – wenn Sie heiraten und Familie haben, dann müssen Sie Kompromisse eingehen. Der Ewige Junggeselle will sein eigener Herr sein und niemandem gegenüber rechenschaftspflichtig sein.

- **Er kocht gerne sein eigenes Süppchen.** Er ist sehr unabhängig und will kommen und gehen können, wie es ihm passt. Für ihn ist es wichtig, seine eigene Zeit mit seinen eigenen Dingen zu verbringen. Das Thema Einsamkeit gibt es nicht.

- **Er will seinen eigenen Bereich haben.** Er teilt nicht gerne. Er mag es nicht, wenn irgendwer seine Privatsphäre mit seinem Krempel in Unordnung bringt.

- **Er wurde in früheren Beziehungen verletzt.** Er würde jetzt gerne auf Nummer Sicher gehen indem er sich nicht völlig einlässt, weil er in früheren Beziehungen sehr verletzt wurde.

- **Er wünscht sich ausschließlich romantische Situationen.** Er liebt das Aufregende der Romantik, die Verführung und das Werben, aber er will nicht die tägliche Routine einer Ehe, von der befürchtet, sie könne langweilig sein. Bis zu einem gewissen Grad kann er die Stetigkeit einer Beziehung aber aushalten.

- **Er möchte gerne mehr über sich selbst erfahren oder sein eigenes Ding machen.** Er will seine Zeit und sein Geld dafür verwenden, etwas über sich selbst zu erfahren, seinen Hobbys nachzugehen, zu reisen und seinen Horizont zu erweitern. Er will all diese Energie weder für die Ehe noch für eine Familie aufbringen.

- **Er ist mit seiner Arbeit verheiratet.** Manche Ewige Junggesellen wollen alle ihre Energie in ihren Beruf investieren. Sie arbeiten pro Woche eine Million Stunden und lieben jede Minute davon, ganz zu schweigen von dem Geld, das sie verdienen.

- **Er will einen „Liebeskompromiss".** Obwohl der Ewige Junggeselle nicht heiraten will, möchte er doch tief in seinem Innersten, was jeder Mensch verlangt und wonach sich jeder sehnt – Intimität. Also geht er mit seinem Leben einen Kompromiss ein. Er begibt sich in romantische Situationen, in denen er seine gefühlsmäßigen und seine sexuellen Bedürfnisse befriedigen kann. Allerdings begibt er sich nur in Beziehungen mit Frauen, bei denen er weiß, dass nichts daraus wird. Daher ist es bei ihm üblich, dass er sich mit Frauen einlässt, die nicht frei sind (die verheiratet, mit einem anderen Mann oder einer anderen Frau liiert sind, mit ihrem Beruf verheiratet, drogenabhängig). Unglücklicherweise gerät er wegen seiner Ambivalenz auch an Frauen, die Single sind. Oft lässt er diese Frau nicht wissen, dass er nicht heiraten will, denn wenn er ihr diese Information im Voraus gäbe, würde sie sich gar nicht erst mit ihm einlassen.

- **Er wertet Sie ab**. Wenn er mit seiner Ambivalenz wirklich schwer zu kämpfen hat, wertet er Sie möglicherweise sich selbst gegenüber ab, um zu begründen, warum er nicht heiratet. Seine Neigung, jemanden abzuwerten, ist nicht so heftig und so verdreht wie bei dem Wegläufer, aber er wird über Ihre Fehler mehr nachdenken und sie mehr gewichten als ein Mann, der die Ehe als Lebensziel ernst nimmt.

Was verursacht das Verhalten des Ewigen Junggesellen?

Wie viele ambivalente Männer hat wahrscheinlich auch der Ewige Junggeselle in seiner Vergangenheit etwas erlebt, dass seine Angst vor Nähe begründet.

- Vielleicht hatte er eine Mutter, die ihn zu sehr eingenommen hat. Weil er sich von ihr erdrückt fühlte, hat er jetzt Angst davor, von der Frau, die er liebt, eingesponnen zu werden. Er muss die Beziehung zu seiner Mutter klären, um sich gefühlsmäßig von ihr abzugrenzen und sich dann auch ganz auf eine Frau einlassen zu können.

- Falls sich seine Eltern während seiner Kindheit scheiden ließen, hat er möglicherweise große Angst davor, dass er dieses Trauma noch einmal durchleben muss. Daher könnte sein Unwille zum Heiraten stammen, obwohl er sich doch nach einer Beziehung sehnt.

- Es kann sein, dass er Angst davor hat, verletzbar und gefühlsmäßig abhängig zu werden, was durch eine Heirat ja auch passieren kann. Wenn er Single bleibt, muss er sich mit solchen Sorgen nicht auseinandersetzen.

- Manchmal, sagt Sigmund Freud, ist eine Zigarre einfach eine Zigarre. Vielleicht genießt er sein Leben als Single. Er hat Geld, einen guten Job oder eine große Karriere und Kontakt zu vielen Frauen. Heutzutage muss es nicht notwendigerweise bedeuten, dass mit jemandem etwas nicht stimmt, nur weil er Single bleiben will. Er ist einfach glücklich so wie er ist und möchte sein Junggesellendasein nicht aufgeben, egal wie stark seine Gefühle für Sie auch sein mögen.

Wie geht man mit dem Ewigen Junggesellen um?

Es kann anstrengend sein, mit ihm umzugehen, aber wenn Sie energisch und bereit sind, können Sie seine Einstellungen verändern.

Fechten Sie seine Begründungen an

Ich schlage Ihnen vor, dass Sie nur einmal ausführlich mit ihm diskutieren und dabei Punkt für Punkt seine Rechtfertigungen durchgehen. Seien Sie vorbereitet. Bleiben Sie nicht passiv. Widersprechen Sie (Beispiele: Das Leben birgt nun einmal Risiken, manche verheirateten Leute sind glücklich, vierzig Prozent aller Ehen funktionieren, ein Familienleben ist trotz aller Widrigkeiten gut)! Geben Sie alles, weil Sie seine Begründungen nicht noch einmal durchkauen werden!

Sprechen Sie von sich

Ihre Träume und Ihr Ziel, zu heiraten und eine Familie zu haben, sind nicht unbegründet. Der Ewige Junggeselle hat genug Grips, Ihre Bedürfnisse und Ihren Wunsch zu heiraten, zu verstehen. Für ihn ist es einfach schwer, Ihnen in diesem Punkt entgegenzukommen, weil er eigene Aufgaben und Überzeugungen hat. Seien Sie ganz offen und legen Sie ihm alles dar. Sie müssen sich nicht dafür schämen, wer Sie sind und was Sie wollen.

Der Angstfaktor

Der einzige Grund für den Ewigen Junggesellen, aus seinem Wohlfühlbereich herauszutreten, ist die Angst, Sie zu verlieren. Allerdings riskieren auch Sie, ihn zu verlieren, wenn Sie ihn vor eine Wahl stellen. Manche Ewige Junggesellen würden eher die Frau aufgeben, die sie lieben, als ihr momentanes angenehmes Leben zu opfern oder sich mit ihren eigenen Problemen in Bezug auf Intimität auseinanderzusetzen, um sich dann ändern zu müssen.

Setzen Sie ihm ein Zeitlimit

Wenn Sie nun schon fast ein Jahr mit einem Ewigen Junggesellen zusammen sind und noch immer läuten die Hochzeitsglocken nicht und auch von einer gemeinsamen Zukunft ist nicht die Rede, dann sollten Sie sich überlegen, ob Sie ihm nicht ein Zeitlimit setzen sollten!

Sagen Sie ihm, dass Sie mehr wollen als Ihre jetzige Beziehung, dass Sie sich eine gemeinsame Zukunft wünschen. Sie wollen nicht noch weiter herumziehen. Sagen Sie ihm, dass Sie eine gewisse Zeit warten werden. Wenn Sie dann bis zu diesem Termin nicht verlobt sind, würden Sie ihn verlassen.

Denken Sie daran, dass es eine Grenze ist, kein Ultimatum. Sie wollen einfach nicht noch mehr Zeit in einen Mann investieren, der Sie nicht heiraten will und an diesem Punkt müssen Sie Ihre Zeit und Ihre Energie zusammennehmen, um nach einem anderen zu suchen, der sich dasselbe Leben wünscht wie Sie. Das sind Sie sich selbst schuldig, um Ihre langfristigen Bedürfnisse zu befriedigen.

Es wird Ihnen schwer fallen, ein Limit zu setzen, weil Sie sich auch daran halten müssen, auch wenn Ihnen angst und bange wird. Wenn Sie nicht bei dem bleiben, was Sie ankündigen, verlieren Sie dem Ewigen Junggesellen gegenüber Ihre Glaubwürdigkeit und bleiben in derselben Situation stecken, die nirgendwo hinführt und sich nicht verändert.

Hier sind einige Ratschläge, die Ihnen helfen können, nicht unnötig viel Zeit mit dem Ewigen Junggesellen zu verbringen.

- **Hören Sie ihm zu.** Wenn Sie im Anfangsstadium einer Beziehung sind und er sagt, dass er nicht heiraten möchte – nehmen Sie es ernst! Wenn Sie ihm Ihr Limit setzen und er weiterhin nicht heiraten will, hören Sie ihm auch dann zu. In beiden Fällen müssen Sie sich darüber im Klaren sein, dass Sie mit Ihrer Zeit spielen, wenn Sie sich weiterhin mit ihm treffen wollen. Das ist in diesem Moment Ihre eigene, wohl überlegte Entscheidung, also sehen Sie sich nicht als Opfer, wenn die Dinge dann nicht so laufen wie erträumt.

- **Manipulieren Sie ihn nicht!** Wenn Sie mit seiner Entscheidung nicht glücklich sind, machen Sie ihm keine hysterische Szene. Versuchen Sie nicht, ihn hinters Licht zu führen, indem Sie sagen, Sie seien schwanger. Sehen Sie ihn so, wie er ist und akzeptieren Sie, was er für sich wünscht.

- **Versuchen Sie nicht, ihn zu ändern.** Setzen Sie sich ein einziges Mal mit ihm über seine Begründungen auseinander – und fertig. Akzeptieren Sie, dass Sie beide in diesem Punkt verschiedener Meinung sind. Hören Sie sich seine Meinung an, auch wenn Sie eine andere haben.

- **Seien Sie dankbar.** Wenn er Ihnen sagt, dass er sein Junggesellenleben nicht aufgeben will, dann seien Sie froh, dass ihm klar ist, dass die Ehe nicht das Beste für ihn ist und er mit Sicherheit einen lausigen Ehemann abgeben würde. Dann ist es besser, sich jetzt zu trennen, bevor Sie offiziell verbunden oder sogar Kinder betroffen sind.

Greta, eine heiratswillige 33-jährige Frau, suchte mich auf nachdem sie mit Grady zusammenkam. Sie erklärte mir, dass sie es zermürbend fand, sich mit Männern zu treffen. Es war ihr peinlich, wenn sie merkte, dass einige Männer, mit denen sie sich auf eine Kontaktanzeige hin verabredet hatte, bei den Treffen von ihr enttäuscht waren.

Schließlich stellte ihr ein Kollege Grady vor. Er erwies sich als hingebungsvoller Freund. Er unternahm tolle Sachen mit ihr und sie sahen sich jedes Wochenende. Er hatte ein paar Fehler, die Greta ein wenig Sorgen bereiteten, aber sie merkte, dass sie ihn liebte und sich den Rest ihres Lebens mit ihm zusammen vorstellen konnte.

Ein Jahr verging und noch immer erwähnte er weder eine Heirat noch eine gemeinsame Zukunft. Zudem hatte Grady noch eine Menge anderer Anzeichen eines Ewigen Junggesellen. Er war auf sich selbst konzentriert, erwähnte nie eine Familie, hatte die Lebensart eines Junggesellen und gab von sich selbst nichts preis.

Alle Schwestern und Verwandten von Greta waren verheiratet und das wünschte sie sich auch für sich. Nach einer ganzen Anzahl von Sitzungen und Erwägungen beschloss Greta, Grady ein Zeitlimit zu setzen. An diesem Wochenende erklärte sie ihm, dass sie viel Zeit und Energie in ihre Beziehung eingebracht hätte und dass sie nun gerne wüsste, wohin das Ganze führen sollte. Er sagte ihr, dass er sie liebte, dass er aber nicht sicher wäre, ob er heiraten wolle. Sie erwiderte, dass sie nicht noch jahrelang so weitermachen wolle und bis zu den Weihnachtsfeiern eine klare Aussage von ihm bräuchte. Zu diesem Zeitpunkt waren sie eineinhalb Jahre zusammen gewesen. Er hörte ihr zwar zu, zeigte aber keine sonderliche Reaktion. Über Wochen sprach keiner mehr über das Thema „Zeitlimit", obwohl das Erntedankfest vor der Tür stand. Am Weihnachtsabend beschenkte Grady Greta mit einem diamantbesetzten Verlobungsring. Sie legten einen Termin fest und heirateten im darauf folgenden Juni.

Ich muss zugeben, so wie bei Greta funktioniert das mit dem Zeitlimit nicht immer. Ich kannte Frauen, die ein Zeitlimit setzten und schon war der Kerl verschwunden. Entscheidend ist, dass diese Vorschläge nicht in Stein gemeißelt sind. Sie müssen das tun, was Sie für sich und Ihre Situation als das Beste erachten. Jeder Mann ist anders und wird seine eigenen individuellen Entscheidungen treffen. Auch Sie müssen sich bei Ihrer Wahl gut fühlen. Auf lange Sicht werden Sie möglicherweise besser dran sein, wenn Sie zu sich selbst stehen und bereit sind, ihn für das, was Sie wollen, zu verlieren. Denn wenn Sie bei ihm bleiben und er Sie letztlich doch nicht heiratet (wenn Heiraten das ist, was Sie wollen), werden Sie wahrscheinlich nachtragend und ärgerlich werden, was schließlich in jedem Fall die Beziehung zerstört.

6
Der Internet-Lover

Tanya war begeistert, als sie auf ihre Kontaktanzeige im Internet viele Antworten von Männern bekam. Die Mail von Dave war anders. Sie war herzlich, romantisch und süß. Außerdem schickte er ein Foto von sich mit seinem Sohn in Disneyland. Tanya war gerade dreiundvierzig geworden und unsicher, ob sie noch ein eigenes Kind haben wollte. Deshalb war es ein interessanter Gedanke, einen Stiefsohn zu bekommen. Besonders glücklich war sie darüber, dass Dave ein bisschen wie John Travolta aussah.

Am nächsten Tag antwortete sie ihm und war überrascht, als er gleich wieder von sich hören ließ. Er erzählte, er sei geschieden und hätte einen eigenen Landschaftspflegebetrieb. Von Minute zu Minute klang Dave mehr wie ihr Traummann. Sie war außer sich vor Freude, als sie am nächsten Tag online ging und er ihr wieder geschrieben hatte. Sie fingen an, zu chatten und verstanden sich sofort. Sie fand es witzig, dass das Ganze wie ein Date war, auch wenn keiner die Stimme des anderen hören konnte. Die beiden machten für den nächsten Abend ein zweites Internet-Date aus.

Tanya konnte es kaum erwarten, von der Arbeit nach Hause zu kommen und den Computer einzuschalten. Als es acht Uhr wurde, sank ihr das Herz in die Hose, weil Daves Name nicht auf der Liste ihrer „Freunde online" auftauchte. Sie wollte sich gerade abmelden, als er sich zu ihrer großen Erleichterung zuschaltete. Wieder unterhielten sie sich großartig. Sie glaubte, jetzt würde er sie nach ihrer Telefonnummer fragen, aber stattdessen sagte er nur, dass er aufhören müsse. Seine letzten Worte waren, dass er am nächsten Abend wieder online wäre und dann meldete er sich ab. Sie fand es komisch, dass er nicht telefonieren wollte, vermutete aber, das sei im Internet wohl so üblich. Als sie am nächsten Abend chatteten, sagte sie Dave, dass sie ihn gerne sprechen würde. Tanya war erleichtert, als er nach ihrer Nummer fragte und ihr versprach, am nächsten Abend anzurufen. Sie hörte nie wieder von ihm und tatsächlich traf sie ihn auch nie wieder im Internet. Tanya war einem zwiespältigen Internet-Lover in die Arme gelaufen!

Wer ist der ambivalente Internet-Lover?

Er ist ein Teil des schief gelaufenen Informationszeitalters! Dieser ambivalente Mann versteckt sich hinter dem Computerbildschirm, um Beziehungen und Nähe zu vermeiden. Er kann jedermann sein. Sein einziger Weg, eine Beziehung zu jemandem aufzubauen, ist in seinem Haus oder seiner Wohnung Worte in die Tastatur zu tippen. Vielleicht hat er sogar Angst davor, mit Ihnen zu telefonieren. Wenn er der ist, der er zu sein behauptet und nicht sogar ein Psychopath, der eine andere Identität vorgibt, leidet er möglicherweise an vielen Problemen. Aber das werden Sie nie in Erfahrung bringen, weil Sie ihn nie sehen oder mit ihm sprechen werden.

Cindy traf Mel in einem Chatroom für Autoren. Sein Online-Profil zeigte, dass sie einiges gemeinsam hatten. Sie liebten beide das Schreiben, die Kunst, Filme, Bücher und Poesie. Auf dem Papier schien er ein Seelenverwandter zu sein. Bemüht, ihren möglichen Traummann kennenzulernen, machte Cindy Andeutungen, ob sie sich nicht treffen könnten. Immer, wenn Sie einen Termin ausgemacht hatten, sagte Mel mit der Erklärung ab, dass etwas dazwischengekommen sei. Schließlich teilte Cindy ihm ganz offen mit, dass sie sich jetzt entweder treffen oder aber ihre Korrespondenz beenden müssten. Schließlich gingen sie zusammen essen. Cindy erschrak, als sie sah, dass er kein bisschen wie auf seinem Bild aussah und auch nicht so, wie er sich äußerlich beschrieben hatte. Sie vermutete, dass die Angst davor, dass seine Lügengeschichten auffliegen könnten, der Grund war, weshalb er sich beim Thema Treffen so ambivalent verhalten hatte.

Wie Sie verhindern, dass Ihnen der ambivalente Internet-Lover die Zeit stiehlt

Ambivalente Internet-Lover haben keinerlei Fähigkeiten, eine reale Beziehung zu führen. Hier sind die Anzeichen, nach denen Sie Ausschau halten sollten, damit Sie keine wertvolle Zeit vergeuden.

- **Machen Sie es real!** Mailen oder messagen Sie nicht öfter als zweimal mit einem Mann, ohne dass er Ihnen seine Telefonnummer gibt. Wenn er Sie nach dem zweiten Online-Kontakt weder sehen noch mit Ihnen telefonieren will, heißt das, aufpassen, hier läuft etwas falsch. Wahrscheinlich ist er ein ambivalenter Internet-Lover. Ein Mann, der ernsthaft eine

Frau kennenlernen will, wird schnell die Telefonnummern austauschen und sich so bald wie möglich treffen wollen.

- **Wählen Sie seine Telefonnummer, um zu sehen, ob es ihn wirklich gibt.** Anstatt Tage damit zu verschwenden, von einer erblühenden Beziehung zu träumen, kontrollieren Sie, ob er unter dieser Nummer eingetragen ist oder ob er ein Intenet-Lover ist, der mit Ihnen Psychospielchen treibt.

- **Wenn er Sie nicht anruft, ist das ein schlechtes Zeichen.** Wenn er Sie nicht anruft, nachdem Sie bedeutsame, romantische und verführerische Mails oder Messages ausgetauscht haben, ist es ihm sicherlich nicht ernst mit einer Partnerschaft. Eher ist es so, dass er Psychospielchen am Computer treibt. Die meisten Männer, die sich eine Beziehung wünschen, werden Sie nach Ihrem Online-Kontakt anrufen. Wenn er das Versteckspiel gleich von Anfang an spielt, ist das ein Zeichen dafür, dass er ein Internet-Lover ist.

- **Geben Sie acht, wenn Sie ihn oft im Internet finden.** Wenn Sie mit einem Mann korrespondieren oder sich sogar mit ihm treffen, der viel online ist, seien Sie auf der Hut. Es kann sein, dass er wie mit Ihnen auch mit anderen Frauen online Kontakt hat. Manchmal haben diese zwiespältigen Internet-Lover mehrere Cyber-Freundinnen. Sie können mit Frauen auf der ganzen Welt flirten – und es gibt nichts Schlimmeres als einen Internet-Schürzenjäger.

- **Lassen Sie sich nicht von einer Phantasie verführen.** Wenn Sie gerade eine schwere Zeit durchmachen (eine Trennung, Scheidung, Probleme im Job), seien Sie vorsichtig. In so einer Zeit sind Sie verletzbar und Sie könnten anfälliger für Phantasien über einen Mann sein, den Sie nicht wirklich kennen und den Sie weder gesehen noch mit ihm gesprochen haben. Selbst wenn Sie sich nach Liebe und Aufmerksamkeit sehnen, versuchen Sie, den Online-Kontakt in den Offline-Modus zu wechseln, damit das Ganze real wird und keine Phantasie.

- **Nehmen Sie ihn aus der Liste Ihrer „Freunde online".** Wenn Sie seinen Namen auf dieser Liste sehen, fühlen Sie sich vielleicht verpflichtet, ihm zu antworten, was das ganze Spiel am Laufen hält. Wenn Sie seinen Namen nicht sehen, werden Sie immerhin eher versuchen, das Ganze zu einem realen Kontakt zu machen, der eventuell zu einer realen Beziehung führen könnte. Sonst bleibt es nur eine Internet-Phantasie.

• **Haben Sie keinen Cyber-Sex!** Egal wie einsam und verletzlich Sie sich fühlen, haben Sie nie Internet-Sex mit einem Mann, den Sie nicht kennen! Wenn er Ihr Liebhaber ist, geht es mich nichts an. Aber seien Sie vorsichtig, wenn es ein Mann ist, den Sie nur aus dem Internet kennen. Bevor Sie sich nicht getroffen haben, wissen Sie nicht wirklich, wer er ist. Nach all dem, was Sie wissen, muss es sich noch nicht einmal um einen Mann oder um einen Erwachsenen handeln. Obwohl es aufregend erscheint und Sie von Ihren Problemen ablenkt, machen Sie das nicht mit. Frauen, die mit einem Mann Cyber-Sex hatten, den sie nur per Internet kannten, haben sich danach entwürdigt gefühlt und es sehr bereut.

Er ist definitiv ein ambivalenter Internet-Lover! Was mache ich nun?

Der ambivalente Internet-Lover ist in Sachen Beziehung reine Zeitverschwendung. Mit ihm geht gar nichts. Alles, was er will, ist flirten und verführerische Psychospielchen treiben. Manche suchen hauptsächlich sogar nur Internetsex. In Wirklichkeit strebt er keine reale Beziehung an. Und das Schlimmste ist, dass Sie nicht wissen, mit wem oder mit was Sie es zu tun haben. Wenn Sie an einen zwiespältigen Internet-Lover geraten sind...

• **beenden Sie den Online-Kontakt.** Mailen Sie ihm nicht mehr. Wenn Sie weiter mit ihm kommunizieren, unterstützen Sie noch das ambivalente Online-Spiel. Achten Sie darauf, keine Energie mehr an Ihren Internet-Lover zu verschwenden oder online mit ihm abzuhängen.

• **antworten Sie nicht auf seine SMS.** Wenn er Sie im Chat kontaktieren will, antworten Sie nicht. Sonst bestärken Sie diese imaginäre Beziehung, die schnell nirgendwohin führt.

- **versuchen Sie es mit einer anderen Kontaktbörse im Internet.** Wenn es möglich ist, machen Sie eine Pause auf der Site, auf der Sie ihn kennengelernt haben. Denn es wird Ihnen möglicherweise schwerer fallen, ihn zu vergessen, wenn Sie dort sein Bild sehen. Versuchen Sie also, zu einer anderen Plattform zu wechseln, auf der Sie nicht mehr an ihn erinnert werden.

Weiter hinten in diesem Buch empfehle ich Frauen, Online-Kontaktbörsen zu nutzen, um Männer kennenzulernen. Ich habe viele Frauen getroffen, die durch diese Portale Männer kennengelernt haben, mit denen sie jetzt liiert sind oder die sie sogar geheiratet haben. Aber seien Sie immer auf der Hut vor zwiespältigen Männern, die diese Plattformen dazu nutzen, Frauen zu treffen, um Spielchen mit Ihnen zu treiben, zu flirten und um ihre Feindseligkeit und ihre Ambivalenz auszuleben, anstatt eine ernsthafte, gesunde und dauerhafte Beziehung zu einer Frau anzustreben.

Lyn ging es eine ganze Zeit lang recht schlecht, weil sie eine alleinerziehende Mutter mit zwei Kindern im Vorschulalter ist. Sie war außer sich vor Freude, als sie von ihrer Mutter zum Geburtstag einen Computer geschenkt bekam. Begeistert von dem Gedanken, Männer im Internet kennenzulernen, lernte sie schnell, mit dem PC umzugehen. Sie stellte ihre Partnerschaftsanzeige in drei Kontaktbörsen ein. Sie bekam viele Antworten, war aber speziell an Artie interessiert, einem gutaussehenden verwitweten Feuerwehrmann mit zwei eigenen Kindern. Sie schrieb ihm eine E-Mail und freute sich, dass sie binnen einer Stunde wieder von ihm hörte. Sie schrieben sich hin und her und schließlich telefonierten sie miteinander. Obwohl er nur zwanzig Meilen entfernt wohnte, schien es ihm nie möglich zu sein, sich mit ihr zu treffen. Weil sie in meiner Selbsthilfegruppe war, konnte Lyn sich schon denken, dass sie einen zwiespältigen Internet-Lover erwischt hatte. Entmutigt fing sie noch einmal von vorne an und beantwortete noch ein paar andere E-Mail-Resonanzen auf ihre Anzeige. Viele dieser Kerle spielten wieder Internetspielchen mit ihr, sie mailten oder simsten, bekamen aber nie ein reales Treffen auf die Reihe. Dann las sie Charlies Brief. Er war lustig und romantisch. Schnell antwortete sie ihm. Schon nach einem E-Mail fragte er sie, ob er sie anrufen dürfe. Am gleichen Abend telefonierten sie und er lud sie für den folgenden Samstagabend zum Essen ein. Sie verstanden sich gut und innerhalb eines Monats zogen sie zusammen. Wann auch immer sich irgendeine Frau bei Lyn beklagt, dass sie keine Männer kennenlernt, macht sie immer den Vorschlag, sie solle es doch im Internet versuchen.

7
Warum fallen Sie immer wieder auf ambivalente Männer herein?

Sie sind eine kluge Frau. Bei Ihren Freundinnen und anderen Frauen haben Sie immer den vollen Durchblick, aber wenn es um Sie selbst geht, sehen Sie manchmal den Wald vor Bäumen nicht. Die richtige Antwort kann Ihnen direkt ins Gesicht springen, aber Sie wissen es einfach nicht! Wenn es um den Beruf geht, um die Kinder, um das Leben im Allgemeinen, bekommen Sie es auf die Reihe. Wieso sind Sie bei der Auswahl Ihrer Männer so neben der Spur? Die folgenden Begründungen machen Ihnen verständlicher, warum Sie sich immer wieder in ambivalente Männer verlieben.

Ihnen graut davor, allein zu sein

Die Angst vor dem Alleinsein lässt Sie auch dann bei einem Mann bleiben, wenn die Beziehung aussichtslos ist. Klingt das nach Ihnen? Sie bleiben lieber bei einem Mann, der Sie verletzt oder betrügt, als dass Sie sich dem Alleinsein stellen. Ihre Zeit mit sich selbst zu verbringen und auf den Mann zu warten, der zu einer gesunden Beziehung fähig ist, sehen Sie nicht einmal als eine Möglichkeit an. Wer auch immer im Moment da ist, um Ihre Leere zu füllen, genügt auch.

Ihr Grauen und Ihr Schmerz sind manchmal so tief, dass Ihnen die Demütigung und der seelische Schmerz durch diesen Mann, der nur einen Teil von sich hergibt und der sich nicht an Sie binden will, lieber ist als mit sich allein zu sein. Der einzige Weg, aus diesem Teufelskreis auszubrechen, ist, Ihr Selbstwertgefühl aufzubauen, damit Sie es ertragen, alleine zu sein.

Vielleicht stimmt etwas nicht bei Ihrer Vorauswahl

Sie sollten sich einmal überlegen, nach welchen Kriterien Sie am Anfang einen Mann aussuchen. Was eine Frau an einem Mann anziehend findet, den sie zum ersten Mal trifft, kann ihren Blick dafür, ob ein Mann zu einer andauernden, stabilen Beziehung fähig ist, trüben. Hier sind zwei Verhaltensweisen beschrieben, die stark dazu beitragen, dass eine Frau sich in einen zwiespältigen Mann verliebt.

1. **Achten Sie mehr auf seine äußere Erscheinung und seine oberflächlichen Eigenschaften als auf seinen Charakter?** Sie

wissen, dass er nicht sonderlich gut für eine Beziehung geeignet ist, aber Sie sind von seinem entwaffnenden Charme und seiner verführerischen Kraft bezaubert und vergessen darüber seinen Charakter. Vielleicht geht Ihnen ein erstklassiger Mann durch die Lappen, der einen großartigen Freund oder Ehemann abgeben würde, nur weil Sie so auf das Äußere eines Mannes konzentriert sind anstatt auf seinen Reifegrad zu achten und auf seine Ehetauglichkeit.

Frauen unterhalten sich darüber, wie Männer sie zum Objekt machen, aber Frauen können genauso gut Männer objektivieren, indem sie geistige Baupläne davon machen, wie ein Mann auszusehen hat, bevor sie es auch nur in Betracht ziehen, mit ihm auszugehen. Frauen begrenzen sich selbst darin, potentielle Ehemänner zu finden, weil sie zu sehr auf die Verpackung achten. Dieser Ansatz kann Ihre Chancen auf einen Mann verringern, der zu einer anhaltenden und gesunden Liebe fähig ist.

Zum Beispiel gibt Celia offen zu, dass sie sich nur mit Männern treffen will, die noch alle Haare haben und die mindestens 1,78 m groß sind (sie selbst ist 1,60 m groß). Sie trifft sich mit vielen Männern, aber wenn ein Mann ihre Kriterien nicht erfüllt, streicht sie ihn sofort von ihrer Liste möglicher Partner. Aber sie ist oft bedrückt, weil sie allein und kein Teil eines Paares ist.

2. Teilen Sie Männer in zwei Kategorien auf: sexy und aufregend kontra intelligent aber langweilig? Ihnen fällt es schwer, einzusehen, dass es auch Männer gibt, die eine Mischung aus beiden Typen sind und nicht notwendigerweise der eine oder der andere Typ. Männer, die das Potential für eine solide und gesunde Partnerschaft haben, wimmeln Sie sofort ab, weil sie Ihnen nicht aufregend oder cool genug sind. Sie stecken Männer lieber in Schubladen, als dass Sie sie als ganze Menschen betrachten. Ihnen geht es mehr darum, dass ein Mann Sie antörnt, anstatt darum, ob er Sie unterstützt und ob er für eine Langzeitbeziehung geeignet ist. Langeweile ist für Sie ein schlimmeres Schicksal als der Tod.

Beverly wollte unbedingt heiraten, aber sie ließ sich nur mit Männern ein, die sie sexy fand und am Ende war sie immer enttäuscht. Alle Männer, die sich eine Langzeitbeziehung wünschten, waren ihr zu langweilig und zu spießig. Sie waren einfach nicht so modisch und so hip wie die sexy Typen. Oft weinte sie sich in den

Schlaf, weil sie sich so sehr eine Beziehung wünschte. Trotzdem schwor sie, nicht einmal einen Augenblick mit einem Spießer zu verbringen und oft tröstete sie sich selbst mit Schokoladeneis.

Diese beiden Verhaltens- und Denkweisen machen Sie anfällig für ambivalente Männer. In späteren Kapiteln werde ich Tipps geben, wie Sie an diesem Verhalten arbeiten können, wenn Sie das möchten.

Ihre Prioritäten unterscheiden sich von denen anderer Frauen

Frauen, die sich in ambivalente Männer verlieben, haben oft andere Vorlieben als Frauen, denen das nicht passiert. Viele Frauen, die an ambivalente Männer geraten, haben mehr Interesse an einer kurzfristigen Befriedigung. Ihnen fällt es schwer, die Enttäuschung, die Geduld und die Einsamkeit auszuhalten, um auf den Mann zu warten, der Single und für eine Langzeitbeziehung geeignet ist. Sie ziehen alles an gefühlsmäßiger, sexueller oder materieller Erfüllung aus ihren Beziehungen, auch wenn sie wissen, dass es weder Hoffnung auf eine Heirat noch auf eine Familie gibt. Wenn sich eine Frau für einen zwiespältigen Mann entscheidet, dann kann es sein, dass sie sich einredet, es sei nur eine Affäre. Oder dass sie „jeden Tag so schwer arbeitet, dass sie das Vergnügen verdient, selbst wenn es keine Zukunft hat." Ihr tut es nicht leid um die Zeit, die sie mit ihm verbringt, obwohl die Aussichten für eine dauerhafte Beziehung schlecht sind.

Zum Beispiel war Eileen dazu bereit, sich auf eine geheime Affäre mit einem verheirateten Mann einzulassen, der mit ihr Urlaub auf exotischen Inseln machte, obwohl sie wusste, dass es mit ihm keine Zukunft geben würde. Für sie war es in Ordnung, weil sie eine großartige Zeit hatte, neue Länder kennenlernte und sich neue Dinge anschaffen konnte, die für sie alleine zu teuer gewesen wären. Doch dann war sie unglücklich, wenn sie Ferien und Geburtstage allein verbrachte, während er mit seiner Frau und seinen Kindern unterwegs war. Sie setzte ihre Hoffnungen und Träume von einer Ehe aufs Spiel und gab sich mit den Krümeln anstatt dem ganzen Laib zufrieden.

Frauen, die nicht so anfällig für ambivalente Männer sind, richten ihren Blick viel mehr auf das langfristige Ziel „Ehe". Außer, dass sie sich einen Mann wünschen, den sie lieben können und der sie liebt, ist ihr starker Wunsch nach der Ehe auch noch durch einige andere Motive begründet:

- Der Wunsch, sich der Gesellschaft anzugleichen und Teil eines Paares zu sein (das Singledasein ist nach wie vor die Minderheit und nicht die Norm).
- Der Wunsch nach einem Ehemann oder Partner, um ihn bei geschäftlichen oder gesellschaftlichen Verpflichtungen dabeizuhaben.
- Der Wunsch, die Familie zufrieden zu stellen.
- Der Wunsch, die berufliche Laufbahn anzukurbeln (das Ansehen könnte durch eine Ehe gewinnen).
- Der Wunsch, nicht allein zu sein.
- Der Wunsch, dass die Leute wissen, dass man geliebt und sogar zur Frau genommen wird.

In dem Moment, in dem das Heiraten erste Priorität hat, wird die unmittelbare Genugtuung, mit einem Mann von großartiger Ausstrahlung, aber ohne jegliche Bindungsfähigkeit liiert zu sein, auf der Strecke bleiben. Indem Sie also Ihre Prioritäten ändern, kann sich auch Ihr Wunschbild von dem Mann ändern, mit dem Sie zusammenkommen wollen.

Stella traf sich mit Joe, der gerade wegen eines Wirtschaftsdelikts aus dem Gefängnis entlassen worden war. Er war attraktiv und charismatisch, hatte aber keinen Hochschulabschluss und somit auch keine Aussichten auf eine große Karriere. Stella hingegen war Harvard-Absolventin und verdiente ein sechsstelliges Gehalt als Finanzierungsspezialistin. Sie hatten nicht wirklich viel Gemeinsames, aber Joe war der Kracher und Stella liebte es, mit ihm tanzen und auf Partys zu gehen. Als sie an Erntedank nach Hause ging, war sie eifersüchtig auf ihre Freunde, die Ehemänner und Kinder mit zu ihren Familientreffen bringen konnten. Und sie fragte sich, wieso sie noch immer so viel Zeit mit einem Mann verbrachte, von dem sie wusste, dass er keine Absicht hatte, jemals zu heiraten. Als ihr klar wurde, dass Heiraten ein wichtiges Ziel für sie war, änderten sich ihre Vorlieben und somit auch die Männer, die sie traf.

Sie haben kein Anspruchsdenken

Sie können sämtliche Beziehungsvorschriften von allen Beziehungsexperten dieser Welt befolgen, bis Sie schwarz werden, aber solange Sie sich nicht dazu berechtigt fühlen, ein sorgsames, liebevolles und beständiges Verhalten zu erwarten, laufen Sie immer wieder Gefahr, einen zwiespältigen Mann zu erwischen. Selbst wenn Sie versuchen, sich in der vorgeschriebenen Weise zu verhalten, solange Ihnen Ihre Ansprüche nicht bewusst sind, werden Ihre Angst und Ihre Selbstzweifel sich wieder melden und Sie werden sich dabei wiederfinden, wie Sie die Schwindeleien des zwiespältigen Mannes erdulden.

Falls Sie je Ellen Fein und Sherrie Schneider in einem Fernsehinterview gesehen haben (sie schrieben das Buch: The Rules: Time-Tested Secrets for Capturing the Heart of Mr. Right, Warner Books, 1995), sahen Sie deutlich ein starkes Anspruchsdenken. Sie scheinen es Wert zu sein und zu verdienen, einen Mann zu bekommen, der bei ihnen sein will und sie respektvoll und achtsam behandelt. Dementsprechend fällt es ihnen leicht, ihre „Regeln" zu predigen.

Glauben Sie, Sie haben einen Mann verdient, der Sie jedes Wochenende sehen will? Der Sie heiraten will, nachdem Sie etwa ein Jahr zusammen sind? Der beständig ist und Sie nicht fallen lässt? Frauen, die in glücklichen befriedigenden Beziehungen und Ehen leben, haben eher das Gefühl, sie wären zu der Liebe und der Beziehung, die sie bekommen, berechtigt – und zwar so sehr, dass sie sich mit weniger nicht zufrieden geben würden.

Wie Ihre Eltern Sie beeinflussten

Unsere Sensoren lassen uns Männer aussuchen, die uns an unsere Eltern erinnern. Wenn Sie aus einer schlecht funktionierenden Familie stammen, werden Sie wahrscheinlich von gestörten Partnern angezogen. Es könnte für Sie schwierig sein, gleich zu erkennen, ob ein Mann Probleme hat oder ausfallend werden kann. Es kann sein, dass Sie (bewusst oder unbewusst) Männer suchen, die Sie genauso behandeln wie Ihre Eltern, weil Sie nach dem Vertrauten suchen. Das Unbekannte (eine ausgeglichene, beständige, gesunde, erwiderte Liebe) ist Ihnen fremd.

Mütter

Die Beziehung einer Frau zu ihrer Mutter hat einen großen Einfluss auf ihre Männerwahl und die Art der Beziehung, die sie mit Ihnen hat. Es kann sein, dass Sie aufgrund folgender Umstände eine gewisse Tendenz dazu haben, an ambivalente Männer zu geraten:

- **Ihre Mutter war ambivalent.** Sie war gefühlsmäßig mit Ihnen verbunden und plötzlich ging sie auf Abstand und schien desinteressiert oder beschwor sogar eine Auseinandersetzung herauf.

- **Ihre Mutter ließ sich immer auf ambivalente Männer ein.** Ihre Mutter ist Ihr Vorbild. Wenn es also deren Werdegang war, an ambivalente Männer zu geraten (zu denen auch Ihr Vater gehören kann), dann haben Sie dieses Verhalten von ihr gelernt.

- **Sie stehen mit Ihrer Mutter in Konkurrenz** (ob Sie es glauben oder nicht, Mütter können mit ihren Töchtern wetteifern). Sie haben Angst davor, sie in den Schatten zu stellen, wenn Sie es zu einer erfolgreichen Partnerschaft bringen, was bedeuten würde, dass sie wütend wird und Sie zurückweist oder verlässt.

- **Ihre Mutter hatte grauenhafte Beziehungen zu Männern, die durch Entbehrungen und Schmerzen gekennzeichnet waren**. Sie haben Angst, dass Sie sich schuldig fühlen, wenn Sie eine erfolgreiche Beziehung haben, weil Sie dann mehr haben als sie. Deshalb suchen Sie sich ambivalente Männer aus, damit Sie vor jeglichem Erfolg sicher sind.

- **Ihre Mutter hat Sie gefühlsmäßig oder körperlich missbraucht.** Sie sind Beziehungen voller Schmerz und Chaos gewöhnt. Sie können missbräuchliches Verhalten von Männern ertragen, weil es Ihnen vertraut ist.

Angelinas Mutter hatte sich ihr gegenüber von frühester Kindheit an komplett ambivalent verhalten. Da ihr Vater sich kurz nach ihrer Geburt aus dem Staub gemacht hatte, musste sie ihre Mutter völlig alleine aufziehen. Sie nahm an Angelinas Leben nur gelegentlich ernsthaften Anteil. Manchmal betreute sie ihre Hausaufgaben. Dann kippte der Schalter urplötzlich um und sie hatte absolut kein Interesse mehr an Angelina und es kümmerte sie überhaupt nicht mehr, was sich in deren Leben abspielte. Ihre Mutter hatte viele Männergeschichten und wenn sie mal keinen Freund hatte, widmete sie Angelina mehr Aufmerksamkeit. Aber sobald sie einen Mann hatte, machte sie eine 180 Grad Wendung und kümmerte sich kaum mehr um Angelina. Als Angelina älter wurde, wurden die Frauen oft zu Konkurrentinnen. Ihre Mutter machte häufig kritische Bemerkungen über Angelinas Kleidung und ihre Figur. Als Angelina anfing, sich mit jungen Männern zu treffen, hackte ihre Mutter immer auf ihren Freunden herum, so dass Angelina sich beschämt und kritisiert fühlte.

Angelina machte sich keine ernsthaften Gedanken über das eigenartige Verhalten ihrer Mutter, bis sie merkte, dass sie auch ständig an Männer geriet, die sie immer verließen. Es schien, als seien sie ganz verrückt nach ihr, verlören dann das Interesse nur um es sich dann wieder anders zu überlegen und wieder Interesse zu zeigen. Angelina fragte sich, wieso gerade sie solche wirren Typen anzog. Als sie zu meiner Frauengruppe stieß, erinnerte sie sich an das ambivalente Verhalten ihrer Mutter ihr gegenüber. Sie begriff, dass die Männer, mit denen sie zusammen kam, Kopien ihrer Mutter waren.

Denken Sie daran, dass Sie diese alte, gestörte Beziehung aufgeben müssen, die Sie vielleicht während Ihrer Kindheit zu Ihrer Mutter hatten, wenn Sie sich einen ungebundenen Mann wünschen, der zu einer fest verbundenen, liebevollen Partnerschaft mit Ihnen fähig ist. Wenn Sie die schlecht funktionierende Beziehung zu einem Mann loslassen, lassen Sie auf eine Art auch Ihre Mutter los.

Obwohl Angelina klar war, dass ihre Mutter nicht wirklich eine gute Mutter war, war sie trotzdem innig mit ihr verbunden. Als sie aufwuchs, hatte sie keine Brüder oder Schwestern, so dass sie nur einander hatten. Daher musste sie sich gefühlsmäßig wirklich von

ihrer Mutter lösen, um von zwiespältigen Männern wegzukommen. Das ist jedoch ein schweres Stück Arbeit und oft leichter gesagt als getan. Für Angelina hat sich der Aufwand gelohnt, weil
sie danach mit Ian zusammenkam, der viel achtsamer und gefühl-
voller war.

Väter

Freud, der Vater der Psychologie, schrieb in seinem Buch „*Das
Unbehagen in der Kultur*": „Ich kann mir kein Bedürfnis in der
Kindheit vorstellen, dass so stark ist wie das Bedürfnis nach dem
Schutz des Vaters." Wenn Sie gefühlsmäßig oder körperlich von
Ihrem Vater abgewiesen oder fallen gelassen wurden, dann ist es
sehr wahrscheinlich, dass Sie mit den Männern, die Sie sich für
eine Partnerschaft aussuchen und mit den Beziehungen, die Sie
mit ihnen aufbauen, Probleme haben werden.

Wenn Sie darüber hinaus irgendetwas aus der folgenden Liste
mit Ihrem Vater erlebt haben, entwickelten Sie möglicherweise
eine Tendenz zu zwiespältigen Männern.

- **Ihr Vater hat sich Ihnen gegenüber zwiegespalten
  verhalten.** Er mag Ihnen gelegentlich Wärme und Nähe
  gegeben und sich dann zurückgezogen haben.

- Ihr Vater war Ihrer Mutter gegenüber ambivalent und das
  haben Sie beobachtet und gelernt. Jetzt denken Sie, dass sich
  alle Männer so Frauen gegenüber verhalten.

- **Ihr Vater war gefühlsmäßig nic**ht erreichbar, weil er mit
  seiner Arbeit beschäftigt war. Dadurch haben Sie sich
  zurückgewiesen und verlassen gefühlt.

- **Ihr Vater hat Sie und Ihre Familie tatsächlich verlassen.**
  Es kann sein, dass Sie sich Männer aussuchen, die
  unzuverlässig sind und Sie letztendlich verlassen, weil Sie
  glauben, dass kein Mann bei Ihnen bleiben wird, wenn schon
  Ihr Vater nicht bei Ihnen bleiben wollte, als Sie ein Kind
  waren.

- **Ihr Vater war in Ihrer Kindheit oder Jugend oft abweisend zu Ihnen.** Er hat sich weder besonders für Sie
  interessiert noch genügend Zeit mit Ihnen verbracht. Sie

werden sich wahrscheinlich ambivalente Männer aussuchen, die gelegentlich zurückweisend sind oder die nur eine begrenzte Zeit mit Ihnen verbringen.

- **Ihr Vater hat Sie körperlich oder seelisch misshandelt.** Heute sind Sie anfällig für misshandelnde oder missbrauchende Männer, weil Sie an dieses Verhalten gewöhnt sind. Frauen, die keinen missbrauchendenVater hatten, laufen in der Regel vor solchen Männern davon.

- **Wenn sich Ihr Vater Ihnen gegenüber auf irgendeine Art kokett oder verführerisch gegeben hat** (ohne tatsächlich etwas sexuell auszuleben), fühlen Sie sich vielleicht zu Männern hingezogen, die immer einen sexuellen Unterton haben. Vielleicht empfinden Sie Männer, die bodenständig und nicht kokett sind, nicht als aufreizend genug.

- **Wenn Ihr Vater Sie sexuell missbraucht hat,** haben Sie eventuell die Neigung, Männer auszuwählen, die völlig gestört und unfähig sind, auf eine reife, gesunde Art zu lieben. Wenn Sie sexuell missbraucht wurden, ist eine Psychotherapie der beste Weg, sich davon zu erholen.

Hört sich eine von diesen Beschreibungen nach Ihrem Vater an? Sich Männer auszusuchen, die nicht wie Ihr lieber alter Vater sind, würde bedeuten, sich gefühlsmäßig von ihm abzugrenzen. Denn es fällt schwer, seine ursprüngliche Liebe (der Vater) und die gewohnten Familienbeziehungen loszulassen, selbst wenn sie nicht funktionierten.

Lindsay hatte eine großartige Beziehung zu ihrem Vater, bis sie elf wurde und sich ihre Eltern scheiden ließen. Ihre Vater machte Überstunden, um sein eigenes Appartement, Alimente und den Unterhalt für das Kind zu zahlen. Bei all den Stunden, die er im Büro schuftete und in seiner eigenen Wohnung sein Leben lebte, hatte Lindsay kaum Gelegenheit, ihn zu sehen. Wenn er sie an Sonntagen irgendwohin mitnahm, gerieten sie oft in Streit, was vorher nie passiert war. Dann fing er etwas mit einer Frau an, die er bald darauf heiratete. Sheila, diese neue Frau, wurde schnell schwanger und bevor sich Lindsay versah, hatte sie eine Stiefschwester. Ihr Vater hatte immer weniger Zeit für sie und so wurden sie sich immer fremder. Lindsay erinnert sich daran, dass sie sich durch das Desinteresse des Vaters zurückgewiesen fühlte, dass es ihr aber zu peinlich war, irgendetwas zu sagen. Sie glaubte, dass wenn er sie lieben würde, ihn man nicht daran erinnern müsste, seine Zeit mit ihr zu verbringen.

Sobald Lindsay älter wurde und anfing, sich mit Männern zu treffen, suchte sie sich nur die aus, die nie genug Zeit für sie hatten. Entweder hatten sie noch eine andere Freundin oder waren beruflich sehr eingespannt. Als sie einen Therapeuten aufsuchte, wurde ihr gesagt, dass sie die Beziehung mit ihrem Vater wiederholte, indem sie sich mit Männern einließ, die in Wirklichkeit unerreichbar waren.

Der Drang, ein Trauma zu wiederholen, ist oft stärker als der Wunsch nach einer gesunden, erwiderten Liebe. Der berühmte englische Psychoanalytiker W. R. D. Fairbairn fand heraus, dass Kinder, die von ihren Eltern missbraucht worden waren und in ein Kinderheim gebracht wurden, lieber wieder zu ihren missbräuchlichen Eltern gegangen wären als in der Sicherheit des Kinderheimes zu bleiben.

Wenn Sie also damit vertraut sind, von Familienangehörigen schlecht (oder gut) behandelt zu werden, zieht es Sie normalerweise zu der gleichen Behandlung. Die sind Sie gewohnt und sie ist Ihnen angenehm. Je mehr psychologische Literatur Sie lesen, desto mehr können Sie erkennen, wie verlockend das Vertraute ist – egal, wie schmerzhaft es auch sein mag.

Freud schrieb ebenfalls über den Wiederholungszwang. Er erklärte, dass wir alle das Bedürfnis haben, die Vergangenheit zu wiederholen und dabei zu versuchen, Probleme unserer Kindheit ins Lot zu bekommen. Unglücklicherweise können wir die erwachsenen Kopien unserer Eltern (die Männer, die wir auswählen) nicht festhalten. Das Beste, das wir tun können, ist zu versuchen, gesündere Männer zu finden, die uns dabei helfen, einen Teil der uns bereits zugefügten Schäden zu heilen.

Wie andere Familienangehörige Sie beeinflussten

Obwohl Ihre Eltern einen großen Einfluss auf Ihre Vorliebe für beziehungsunfähige Männer hatten, haben auch andere Familienmitglieder ihre Bedeutung. Ihre Geschwister und andere Mutterfiguren (Tanten und Großmütter) können in Ihren Beziehungen als Erwachsene eine große Rolle spielen.

Brüder

Wie sich Ihr Bruder in der Zeit, in der Sie aufwuchsen, verhalten hat, kann einen enormen Einfluss auf Ihre spätere Männerauswahl haben. Wenn Sie von ihm beschämt oder herabgesetzt wurden, weil er sich über Sie lustig gemacht oder Sie gefühlsmäßig, körperlich oder sexuell missbraucht hat, sind Sie möglicherweise dafür empfänglich, dieses Benehmen von Männern, mit denen Sie zusammen sind, weiter zu ertragen. In anderen Worten, wenn Sie als Schwester schikaniert wurden, werden Sie unter Umständen weiterhin von Männern schikaniert.

Wenn Sie sich immer wieder in ambivalente Männer verlieben, aber liebevolle unterstützende Eltern hatten, dann sollten Sie vielleicht mal einen Blick darauf werfen, wie Ihr Bruder Sie behandelt hat. Auch berichten Frauen, dass Ihnen ein gutes Verhältnis zu Ihren Brüdern in ihrer Kindheit dazu verholfen hat, in ihrem Erwachsenenleben mit gesünderen Männern zusammenzukommen. Die starke Gegenwart eines Bruders kann Frauen in ihrem Glauben bestärken, dass es da draußen Männer gibt, die zu gesunder Liebe und Beziehungen fähig sind.

Lola hatte einen Bruder, der immer für sie da war. Obwohl ihre Eltern ernsthafte Alkoholprobleme hatten, wussten beide immer, dass sie einander hatten. Selbst heute, wenn Lola durch ihre Männerprobleme entmutigt ist, weiß sie, dass es ihr wieder besser geht, sobald sie ihren „alten Bruder" anruft und seine Stimme hört. Ihre Gespräche muntern sie immer wieder auf und geben ihr die Kraft, weiter ihr Glück zu versuchen, weil sie weiß, dass es da draußen ein paar „gute Kerle" gibt, insbesondere weil ihr Bruder einer davon ist.

Schwestern

Frauen, deren Schwestern sie in irgendeiner Weise missbraucht haben, können traumatisiert und verwundet zurückbleiben. Als Folge davon geraten sie vielleicht an gestörte Männer, weil sie die Nähe zu einer Angehörigen gewohnt sind, die scheußlich zu ihnen war.

Vielleicht hat Ihre Schwester eine der folgenden Verhaltensweisen gezeigt, die noch heute Einfluss auf Sie haben könnte:

- Sie war körperlich übergriffig (hat Sie an den Haaren gezogen, gestoßen, geschlagen oder geohrfeigt)
- Sie hat auf Ihnen herumgehackt, insbesondere wenn Sie jünger waren
- Sie hat Sie ständig ignoriert
- Sie hat Sie sexuell missbraucht
- Sie hat Sie immer zurückgewiesen
- Sie hat immer die Aufmerksamkeit Ihrer Eltern in Anspruch genommen

Jedes Mal, wenn Joan auch nur an ihre Schwester Hannah denkt, bekommt sie Magenkrämpfe. Als sie das erste Mal zu mir kam, erzählte sie mir, dass ihre Schwester an seelischen Problemen gelitten habe, solange Joan zurückdenken konnte. Während sie heranwuchsen, fing Hannah manchmal an, Joan zu verfluchen und zu beleidigen. Manchmal zog sie sogar an ihren Haaren. Joan hoffte, dass es nie wieder passieren würde, aber Hannah wurde manchmal wie verrückt und griff sie plötzlich körperlich an. Schließlich stellte man bei Hannah die Persönlichkeitsstörung Borderline fest. Obwohl Joan heute völlig klar ist, wie sehr ihre Schwester gelitten hatte, begann sie sich langsam zu fragen, ob nicht einige ihrer Fehlgriffe bei Männern das Resultat dieser Kindheit mit Hannah war, in der sie sich nie ganz sicher fühlte. Das Verhalten ihrer beiden letzten Freunde war manchmal genauso unberechenbar wie das ihrer Schwester. Sie fühlte sich mit keinem von beiden jemals ganz sicher und wartete immer auf die nächste böse Überraschung.

Tanten

Tanten können wie zweite Mütter sein. Ich verbringe viel Zeit mit meiner elfjährigen Nichte und ich sage ihr immer, wie wundervoll, wie talentiert und wie hübsch sie ist. Ich weiß, dass meine Liebe und meine Bestätigung ihr bereits helfen, Selbstvertrauen und Selbstbewusstsein aufzubauen und zu stärken. Ich möchte, dass sie sich ihrer Ansprüche bewusst ist, wenn sie anfängt, sich mit Jungens zu treffen.

Ich habe auch von anderen Frauen gehört, dass ihre Tanten auf eine Art und Weise für sie da waren, wie es die Mutter nicht war und dass sie einen positiven Einfluss auf ihr Selbstbewusstsein hatten und letztlich auch auf die Auswahl ihrer Männer und die Art, wie sie mit ihnen eine Beziehung leben. Denken Sie an die weiblichen Familienangehörigen Ihrer Vergangenheit. Hatten Sie Tanten, die für Sie da waren? Selbst wenn sie nichts Weltbewegendes gemacht haben, kann es sein, dass allein ihre Gegenwart einen gewissen Einfluss gehabt hat, wenn sie nett zu Ihnen waren, sanft, umsorgend, verständig und mütterlich. Wenn sie Sie so behandelt haben, als seien Sie unwichtig oder Sie in irgendeiner Art kritisiert haben, hatte das möglicherweise genauso einen Einfluss auf Ihr Selbstbewusstsein. Auch wie Ihre Tanten mit Männern umgingen, kann Ihnen als Vorbild gedient haben. Haben Sie irgendwelche Erinnerungen daran, wie Ihre Tanten mit Ihren Onkeln oder Ihrem Vater auskamen (sofern er ihr Bruder war)?

Großmütter

Es gibt nichts besseres als eine großartige Oma, um das Durcheinander zu bereinigen, dass eine ambivalente oder gestörte Mutter hinterlassen hat. Großmütter können wie zweite Mütter sein. Wenn Sie Ihre Großmutter und deren Beziehungen betrachten, verstehen Sie vielleicht die Beziehungen Ihrer Mutter besser und vielleicht sogar Ihre eigenen. Manchmal können Omas sogar die besseren Mütter sein, weil sie Erfahrung darin haben, Kinder aufzuziehen und gleichzeitig den gefühlsmäßigen Abstand, nicht Ihre Mutter zu sein. Denken Sie also bitte, wie bei Ihren Tanten, über das Verhalten Ihrer Großmütter nach. Haben Sie irgendwelche Erinnerungen daran, ob sie freundlich zu Ihnen war, gemein, umsorgend, kritisch, liebevoll oder beleidigend? Haben einige dieser Verhaltensweisen einen Einfluss auf Ihr Selbstbewusstsein oder Ihr Selbstbild als erwachsene Frau heute?

Welche Art von Vorbild war Ihre Großmutter bezüglich ihrer Beziehungen zu Männern? Hatte sie ein gute stabile Ehe oder war sie mit zwiespältigen Männern zusammen? Waren diese Männer treulos und unfähig dazu, verheiratet oder mit ihr zusammen zu bleiben oder waren sie zuverlässig? Ist Ihnen aufgefallen, dass Ihre Oma diese Arten von Beziehungen wiederholt hat? Wiederholen Sie diese Art von Beziehungen? Manchmal können die Themen, die Frauen mit Männern haben, generationsübergreifend sein.

Wie Ihre Jugend Sie beeinflusst hat

Denken Sie zurück an Ihre Teenagerzeit. Gab es irgendetwas, das Sie traumatisiert hat? Hatten Sie Dates? Welche Erfahrungen haben Sie mit Jungs gemacht? Die Antworten auf diese Fragen können Ihnen Hinweise darauf geben, wieso Sie an ambivalente Männer geraten. Ihre Erfahrungen als Jugendliche können außerdem eine Auswirkung auf Ihre Beziehung zu Männern im Erwachsenenalter haben. Falls Sie während Ihrer Jugend traumatisiert wurden, kann das bei der Wahl Ihrer Männer und Ihrer Beziehungen immer noch eine Rolle spielen. Werfen Sie einen Blick auf die folgenden Thematiken und schauen Sie, ob etwas davon Sie noch heute beeinflusst.

Schulwechsel

Die Schule oder Hochschule zu wechseln kann für jeden Teenager eine besonders traumatische Erfahrung sein. Wenn Sie wegen einer Scheidung oder eines Umzugs die Schule wechseln mussten, kann es sein, dass Sie Schwierigkeiten hatten, neu anzufangen und neue Freunde zu finden. Daraufhin fühlten Sie sich wahrscheinlich isoliert und von den Klassenkameraden abgewiesen, die ihrerseits alle anderen kannten und bereits Cliquen gebildet hatten. Das kann dazu geführt haben, dass Sie sich als Teenager gesellschaftlich unzulänglich vorkamen, so wie Sie sich heute als erwachsene Frau Männern gegenüber wenig selbstsicher fühlen.

Sie wurden in der Schule von anderen Mädchen schikaniert

Viele Studien haben bewiesen, was für einen großen Einfluss es auf Teenager haben kann, von anderen Mädchen schikaniert zu werden. Sie können dieses Trauma bis in Ihr Erwachsenenalter mitschleppen. Es zerstört das Selbstbewusstsein, wenn ein Mädchen gehänselt und eingeschüchtert wird. Es mag sein, dass Sie sich auf folgende Arten traumatisiert fühlten und beeinflusst wurden:

- Im Beisammensein mit Jungs hatten Sie wenig Selbstbewusstsein.
- Sie hatten nicht genug gefühlsmäßige Kraft übrig, um auch nur daran zu denken, sich mit Jungs zu treffen.
- Vielleicht hatten Sie sogar Angst davor, sich mit Jungen aus Ihrer Schule zu treffen, weil Sie die Vergeltung der anderen Mädchen fürchteten.

Diese Szenarien haben vielleicht Traumata hervorgerufen, die Ihre Entwicklung in Bezug auf romantische Treffen und Jungs beeinflusst haben. Vielleicht haben Sie noch heute als Erwachsene das gleiche geringe Selbstwertgefühl wie damals.

Sie hatten ein ernsthaftes Gewichtsproblem

Viele Frauen, mit denen ich gearbeitet habe, erzählten, dass sie ein ernsthaftes Gewichtsproblem hatten, was ihr soziales Leben an der Schule beeinträchtigte. Einige dieser Frauen tragen dieses Bild von sich selbst noch heute mit sich, obwohl sie zur Zeit nicht mit ihrem Gewicht zu kämpfen haben. Trisha hatte während ihrer ganzen Schulzeit Kleidergröße 50. Weil sie sich nur selten mit Jungs traf, aß sie immer mehr, um zu vergessen, wie einsam sie war und wie zurückgewiesen sie sich fühlte. Es war ein Teufelskreis. Als sie ihren Schulabschluss hatte, schloss sie sich den Weight Watchers an und verlor über 45 Kilogramm. Jetzt hat sie Kleidergröße 36. Wie viel Aufmerksamkeit sie heute auch von Männern bekommt, sie sieht sich selbst noch immer als den übergewichtigen Teenager, an dem männliche Teenager kein Interesse hatten. Wenn sie einen Mann kennenlernt, der sie anziehend findet, fühlt sie sich so dankbar für seine Aufmerksamkeit, dass sie sich verzweifelt an ihn hängt, egal wie er sie behandelt. Trisha musste zur psychologischen Beratung, um von ihrer alten Erinnerung eines einsamen sechzehnjährigen Ichs loszukommen und sich selbst als die bezaubernde achtundzwanzigjährige Frau zu sehen, die sie ist und die auch alle anderen sehen. Sobald sich ihr Selbstbewusstsein veränderte, wurde auch die Art ihrer Beziehungen zu Männern gesünder.

Sie erlitten einen schrecklichen Verlust

Das Leben im Chaos einer Scheidung oder der Tod eines direkten Familienangehörigen kann bei einem Teenager dazu führen, dass er sich verraten und verlassen vorkommt. Wenn Sie das Trauma eines enormen Verlustes erlitten haben, kann das Ihre Teenagerzeit und Ihre Beziehungen zu jungen Männern beeinflusst haben. Dieses Trauma, das Sie als Teenager erlitten haben, kann Sie auch noch als Erwachsene sowohl bei der Auswahl Ihrer Männer als auch bei Ihrer Art, mit Ihnen umzugehen, beeinflussen.

Zum Beispiel starb Ritas Mutter, als Rita fünf Jahre alt war. Obwohl sie und ihr Vater gut zurechtkamen, merkte sie immer, dass irgendetwas in ihrem Leben fehlte. Als sie in ihren Zwanzigern anfing, sich mit jungen Männern zu treffen, hatte sie immer Angst davor, dass ihre Freunde einfach verschwinden würden. Aus dieser Angst heraus klammerte sie oft sehr und zeigte sich als Frau mit geringem Selbstvertrauen. Nach einer Menge an Seelenforschung wurde ihr klar, dass der frühe Verlust ihrer Mutter ihr verzweifeltes Verhalten auslöste.

Wie stressige Lebensumstände Sie heutzutage beeinflussen

All die im folgenden aufgezählten Situationen können eine Frau so verzweifelt nach gefühlsmäßiger Fürsorge und nach Nähe machen, dass sie schier unmöglich auf einen Mann warten kann, der gefühlsmäßig mit ihr verbunden, seelisch gesund und zuverlässig ist. Schauen Sie sich die Beispiele genau an. Stimmen von diesen Umständen einige mit Ihren Beziehungsmustern überein?

Finanzielle Probleme

Jede Situation, in der Sie finanziell nicht in der Lage sind, sich selbst zu ernähren, kann Sie wesentlich anspruchsloser machen und bereitwilliger, schlechtes Benehmen zu erdulden. Vielleicht haben Sie vor kurzem Ihren Job verloren und können Ihre Rechnungen nicht bezahlen. Vielleicht hat Ihr Mann Sie verlassen und Sie bekommen keinen Unterhalt für die Kinder und keine Alimente. Zudem fehlt Ihnen die Bildung oder das Geschick, Ihre finanzielle Situation zu verbessern.

Wenn Sie sehr große Geldnöte haben, kann der Druck dieser Situation dazu führen, dass Sie sich hilfsbedürftig fühlen und das ambivalente Verhalten eines Mannes tolerieren. Sie sind so damit beschäftigt, an Ihr Überleben zu denken, dass Ihnen die Näheprobleme eines Mannes und sein launisches Benehmen belanglos erscheinen.

Für die Kinder da sein müssen

Sie sind eine alleinerziehende Mutter, die versucht, ihre Kinder zu versorgen. Das Bedürfnis, mit ihnen zusammen zu sein und zu wissen, dass sie gut aufgehoben sind, hat Vorrang vor Beziehungen. In diesem Fall wird Ihnen ein Mann lieber sein, der einfach zu Ihnen nach Hause kommt, um mit Ihnen Zeit zu verbringen und Sie keinen Babysitter suchen oder die Kinder am Abend allein lassen müssen.

Weil Single-Mütter soviel Stress damit haben, sich um ihre Kinder zu sorgen, Ihr Leben zu managen, sich mit ihren Exmännern herumzuärgern, die Rechnungen zu bezahlen und einfach die Stellung zu halten, ist in ihrem Leben das ambivalente Verhalten eines Mannes nicht Thema Nummer Eins. Sie werden nicht allzu oft Gelegenheit haben, auszugehen, deshalb ist es für sie bequemer, wenn ein ambivalenter Mann ab und zu hereinschneit. Weil sie diese kurze Auszeit von ihrem Leben genießt, die ihr der ambivalente Mann bietet, scheint ihr jede noch so kleine Aufmerksamkeit besser zu sein als nichts. Deswegen kommt sie besser mit einem gleichgültigen und unbeständigen Verhalten klar oder vielleicht ist es auch kein Problem für sie, dass es mit diesem Mann keine Zukunft gibt.

Gesundheitliche Probleme

Wenn Sie an einer chronischen Krankheit leiden, verdienen Sie einen Mann, der viel Verständnis für Ihre Einschränkungen aufbringt. Frauen, die an chronischen Schmerzen oder chronischen

Erkrankungen leiden, haben möglicherweise ein geringes Selbstbewusstsein, weil sie denken, dass sie aufgrund ihrer körperlichen Einschränkungen geringere Aussichten haben, einen Mann zu bekommen und zu halten. Manche Frauen mit gesundheitlichen Problemen sind vielleicht darin begabter, mit dem unmöglichsten Verhalten eines Mannes klar zu kommen, weil es für sie schwieriger ist, passende Männer zu treffen. Sie sind dankbar, wenn er sich nur mit ihnen trifft, trotz seiner schlechten Eigenschaften und seiner Fehler.

Jo Anns Rückenprobleme wurden so groß, dass sie arbeitsunfähig wurde. Sie traf Nick in einer Bar, in die sie ihre Freunde an ihrem Geburtstag mitschleppten. Nick saß auf dem Stuhl direkt neben ihr. Sie begannen ein Gespräch und verstanden sich sofort gut. Als sie von ihrer Arbeitslosigkeit erzählte und dass sie in ihren körperlichen Aktivitäten sehr eingeschränkt wäre, war sie erleichtert, dass ihm das überhaupt nichts ausmachte. Sie fingen an, sich zu treffen, aber nach ein paar Monaten benahm er sich sehr ambivalent. Er rief nicht mehr regelmäßig an und vergaß Verabredungen. Normalerweise hätte sie dieses Verhalten nicht geduldet, aber sie war so froh über seine Gesellschaft, dass sie sein verletzendes Benehmen übersah. Sie beschloss, seine Possen zu erdulden, bis es ihr besser gehen würde. Sie sagte sich, dass sie nicht in der Lage wäre, sich nach einem anderen Mann umzusehen, solange sie diese heftigen Schmerzen hatte.

Selbst wenn Sie mit chronischen Schmerzen oder Krankheit zu kämpfen haben, müssen Sie keinen Mann erdulden, der Ihnen und Ihren Bedürfnissen respektlos gegenübertritt. Da draußen gibt es Männer, die mit ihren eigenen Beschränkungen zu kämpfen und die die gefühlsmäßige Reife und Fähigkeit haben, die Einschränkungen einer Frau ganz zu verstehen. Sie sind besser dran, wenn Sie alleine sind und sich Ihren Bedarf an Geselligkeit anderweitig decken (Kinder, Freunde, Kollegen), als wenn Sie bei einem Mann bleiben, der Sie schlecht behandelt.

Katastrophenartige Probleme

Die jüngsten Weltgeschehnisse machen die Möglichkeiten katastrophenartiger Probleme immer wahrscheinlicher. Der Verlust einer Wohnung oder eines Hauses, ein Terrorangriff oder der Verlust von Angehörigen kann Gefühle von Einsamkeit und Verzweiflung hervorrufen, die Sie vielleicht Trost suchend in die Arme eines zwiespältigen Mannes treiben, vielleicht zu einem, den Sie vor langer Zeit abgeschoben haben.

Obwohl sich das dramatisch anhört, haben viele meiner Klientinnen, die in New York City leben, in der Zeit nach dem 9.11. Männer aus ihrer Vergangenheit angerufen, von denen sie geschworen hatten, nie wieder mit ihnen zu reden (sie hatten auch schon jahrelang keinen Kontakt mehr). Die Tatsache, dass sie ambivalente Männer kontaktierten, war vorübergehend ohne Bedeutung. In dieser Zeit war das Bedürfnis, Anschluss zu finden, so stark, dass einzig und allein zählte, sich mit jemand Vertrautem in Verbindung zu setzen. Im Vergleich dazu war alles andere uninteressant. Manche Frauen waren zu traumatisiert, um zu sehen, dass sie es in ein paar Monaten bereuen würden, sich bei zwiespältigen Männern aus ihrer Vergangenheit gemeldet zu haben.

Die Suche nach Trost ist in Zeiten von Sorgen und Tragödien normal. Trotzdem ist es gesünder, den Trost bei Freunden zu suchen, in der Familie und bei Menschen, die Sie gern haben. Wenn Sie den Drang haben, einen zwiespältigen Mann aus Ihrer Vergangenheit anzurufen, müssen Sie auch dazu bereit sein, die ernsten gefühlsmäßigen Folgen auf sich zu nehmen, die unter dem Strich auftreten können. Geben Sie sich ein paar Tage Zeit und denken Sie über Ihre Situation nach, bevor Sie zum Hörer greifen. Wenn einige Tage vergangen sind, haben sie die Chance zu erkennen, dass Sie genug emotionale Stärke besitzen, um nicht in ein mögliches Hornissennest zu stechen.

Machen Sie sich selbst stark!

Passen irgendwelche der oben aufgeführten Thematiken zu Ihrer Situation mit einem zwiespältigen Mann? Wenn Sie sich nicht erkennen und weiterhin den zwiespältigen Männern die Schuld geben, machen Sie sich selbst etwas vor. Sie sind kein Opfer! Es kann ja sein, dass Sie sich wegen dieser Problematiken verletzlicher fühlen als andere Frauen, aber das bedeutet nicht, dass Sie weniger Ansprüche auf eine vertrauens- und liebevolle Partnerschaft mit einem Mann haben dürfen.

Wenn Sie alle Verantwortung auf den zwiespältigen Mann abwälzen, stärken Sie ihm den Rücken. Denken Sie daran, dass der ambivalente Mann nicht Ihr besseres Ich ist. Er ist einfach nur ein Mann mit Problemen, manchmal sogar mit zutiefst pathologischen.

Anstatt die Opferrolle zu spielen, sollten Sie dieses Buch dazu benutzen, Ihre Situation zu erkennen und sich stark zu machen. Wenn Sie mit einem zwiespältigen Mann zusammen sind, dann seien Sie lieber aus dem Rennen als bedürftig und verzweifelt. Hier sind einige Möglichkeiten aufgezeigt, wie Sie jetzt damit beginnen können, sich selbst zu stärken:

- Versuchen Sie aus den stressigen Lebensumständen auszubrechen, die Sie so anfällig für ambivalente Männer machen.

- Sehen Sie zu, dass Sie Ihr Selbstbewusstsein stärken, damit Sie für ambivalente Männer weniger anfällig werden.

- Hören Sie auf, sich als Opfer zu sehen! Übernehmen Sie die Verantwortung für Ihre Bereitschaft, das Benehmen eines zwiespältigen Mannes zu akzeptieren.

- Lesen Sie dieses Buch weiter.

- Beobachten Sie Frauen (sowohl alleinstehende als auch verheiratete), die nicht für das Verhalten ambivalenter Männer empfänglich sind. Schauen Sie, wie sie zurechtkommen und versuchen Sie, deren Handeln in Ihr eigenes Leben einfließen zu lassen.

- Versuchen Sie sich ein Leben ohne den Stress vorzustellen, den das wirre Verhalten des zwiespältigen Mannes mit sich bringt, während Sie sich mit Ihren momentanen Lebensumständen abmühen.

- Strecken Sie möglichst nicht die Hand nach Ihrem zwiespältigen Mann aus, sobald Sie sich unsicher fühlen oder in Ihre nächste Krise geraten. Versuchen Sie stattdessen, das Ganze allein zu meistern. Lernen Sie das Gefühl kennen, einen seelischen Raum zu haben, frei von Ihrem zwiespältigen Mann. Versuchen Sie, ihn nicht zu kontaktieren! Das wird eine großartige Übung für Ihre Seele!

- Verinnerlichen Sie andere, neue Rollenbilder statt derer, die Sie seit Ihrer Kindheit haben. Lesen Sie Bücher und Artikel und schauen Sie sich Filme über Frauen an, die die unterschiedlichsten Lebensumstände gemeistert haben ohne auf einen Mann angewiesen zu sein.

- Lesen Sie verschiedene Bücher, die Sie in positiver Weise stärken und weiterbilden: Selbsthilfebücher, Memoiren, spirituelle Bücher.

- Schreiben Sie zehn positive Affirmationen über sich selbst auf und wiederholen Sie diese jeden Tag.

- Visualisieren Sie sich in einer glücklichen gesunden Beziehung mit einem Mann, der sich nicht ambivalent gibt, der sich seiner Liebe zu Ihnen sicher ist und der Sie nicht enttäuscht und betrügt. Sehen Sie es, fühlen Sie es, schmecken Sie es!

- Visualisieren Sie, wie Sie eigenständig mit stressigen Umständen fertig werden. Stellen Sie sich selbst als starke, unabhängige Frau vor (die Sie ja sind, selbst wenn Sie es noch nicht wissen). Sehen Sie es, fühlen Sie es, schmecken Sie es!

8
Warum bleiben Sie bei zwiespältigen Männern?

Obwohl manche Frauen sich in ambivalente Männer verlieben, bleiben nicht alle in ihrer Nähe, um ihr unentschlossenes, provokatives und ambivalentes Verhalten zu ertragen. Aber warum bleiben einige Frauen bei ihnen, egal, wie schlimm die Dinge laufen? Durch die Leitung mehrerer Workshops und private Sitzungen mit Patienten habe ich erkannt, dass Frauen, die sich in Beziehungen mit zwiespältigen Männern vergraben, besondere Verhaltens- und Denkmuster haben. Lesen Sie dieses Kapitel durch und schauen Sie, ob Sie sich mit einem der zehn beschriebenen Verhaltensmerkmale oder Denkprozesse identifizieren können. Wenn Sie sich in manchen davon finden, könnten Sie in Gefahr sein, an einem entscheidungsunfähigen Mann hängenzubleiben.

Magisches Denken

Unter magischem Denken versteht man: Durchhalten und darauf hoffen und warten, dass sich ein Mann wie durch ein Wunder ändert, egal wie oft er Sie enttäuscht. Es ist das häufigste aller Verhaltensmuster von Frauen, denen es sehr schwer fällt, von einem entscheidungsunfähigen Mann loszukommen.

Wenn Sie sich auf das magische Denken hereinfallen, sind Sie unrealistisch optimistisch und täuschen sich selbst über sein ambivalentes Verhalten hinweg, weil Sie nicht wahrhaben wollen, dass er ein völlig hoffnungsloser Fall ist. Sich einzugestehen, dass eine Beziehung nicht funktioniert, bedeutet, sie beenden zu müssen. Wenn Sie sich aber selbst immer wieder einreden, dass ein Mann sich ändern wird, schieben Sie den Schmerz um das Wissen weg, dass die Dinge nicht gut laufen. Mit dem magischen Denken können Sie dem gefürchteten Verlust aus dem Weg gehen und die Möglichkeit, Ihren entscheidungsunfähigen zu Mann verlassen, verwerfen.

Zum Beispiel haben Sie einen Freund, der Ihnen sagt, er sei noch nicht bereit zur Ehe und der immer noch bei seiner Mutter lebt. Ein Jahr später zeigt er immer noch keine klaren Anzeichen dafür, dass er bereit ist, zu heiraten. Sie verlieren nicht die Hoffnung, dass er sich auf wundersame Weise ändert. Bevor Sie sich versehen, sind zwei weitere Jahre vergangen, Sie sind immer noch mit ihm zusammen, er lebt noch immer bei seiner Mutter und Sie sind immer noch nicht verheiratet. Oder Sie hören manchmal tagelang nichts von ihm und an den Wochenenden sehen Sie ihn nie. Anstatt einzusehen, dass er sich nicht binden kann oder dass er sich mit anderen Frauen trifft, ziehen Sie es vor, sein unmögliches Verhalten zu ignorieren und reden sich ein, dass er sich bestimmt ändern und Sie zum Schluss doch noch heiraten wird.

Diese Art, mit seinem Verhalten umzugehen, kann irgendwann einmal dazu führen, dass Sie bereuen, Jahre Ihres Lebens für einen Mann vergeudet zu haben, der sich trotz ihre heimlichen Erwartungen kein Stück geändert hat. Aber Sie verleugnen das und reden sich überzeugend ein, dass Ihr Mann eine komplette Kehrtwendung machen wird. Das funktioniert in der Regel nicht so. Sie bekommen, was Sie schon haben! Die einzige Chance, dass dieser Mann sich ändert, ist, wenn er sich in eine ernsthafte, psychotherapeutische Behandlung begibt und durchhält. Selbst dann wird es schwer sein, sich zu ändern. Sehen Sie doch einfach, wie schwer es schon für Sie ist, sich zu ändern.

Hohe Schmerztoleranz

Ertragen Sie eine noch so schlechte Behandlung von einem Mann, Hauptsache, er gibt Ihnen überhaupt etwas, selbst wenn es nur Krümel sind? Nehmen Sie hin, dass er mit Blick auf Verpflichtungen und Heirat Zeit schindet und ertragen Sie die Frustration und seine Zurückweisung, ohne auf den Tisch zu hauen und ihm zu sagen, dass er Leine ziehen soll? Wenn dem so ist, setzen Sie sich wahrscheinlich unnötigen seelischen Schmerzen aus.

Zum Beispiel tolerieren manche Frauen tatenlos, dass ein Mann sie verlässt oder sich neben ihr sogar noch mit anderen Frauen trifft, anstatt für sich selbst einzustehen und ihm Grenzen zu setzen. Wenn Sie sich mit so einem Verhalten abfinden, haben Sie möglicherweise Probleme mit Ihrem Selbstwertgefühl. Für eine Frau mit einem starken Selbstbild wäre so ein Schmerz unerträglich und sie würde stattdessen fortgehen oder den Mann damit konfrontieren, egal ob sie ihn oder die Beziehung dadurch möglicherweise verlieren würde.

Sie geben sich selbst die Schuld an der Zurückweisung, nicht dem Mann

Merken Sie, wie Sie Ihren Ärger lieber gegen sich selbst richten anstatt seine Kritik und seine Zurückweisung zu sehen, genauso wie seine Rechtfertigungen für seine eigene Unfähigkeit zu einer bedeutsamen Langzeitbeziehung? Er glaubt, dass es Ihr Fehler ist, dass die Beziehung nicht andauern kann (und es an all dem liegt, das er an Ihnen kritisiert), anstatt dass er die Verantwortung für seine eigene Angst vor einer Beziehung oder einer Bindung übernimmt. Und Sie glauben ihm das!

Sie wissen, dass er Dinge getan hat, nur um Sie so zu provozieren, dass Sie ihn verlassen (er hat Sie betrogen oder er bekam einen Wutanfall und ging). Anstatt dass Sie dieses Benehmen als sein Problem ansehen (als seine Unfähigkeit zu einer beständigen, gesunden funktionierenden Partnerschaft), machen Sie sich damit verrückt und fragen sich, wie Sie ihn wohl provoziert haben. Sie machen sich darüber Gedanken, ob er vielleicht bei Ihnen geblieben wäre, wenn Sie sorgsamer und freundlicher gewesen wären und mehr auf seine Gefühle geachtet hätten. Hätten Sie ihm doch nur mehr Freude gemacht! Wenn Sie weiter sich selbst die Schuld geben, bleiben Sie mit Männern zusammen, die zu einer gesunden Langzeitbeziehung nicht fähig sind. Denn Sie können die Männer nicht als diejenigen erkennen, die sie wirklich sind und welche Beziehungsprobleme sie haben.

Ihnen fällt es schwer, seine gefühlsmäßigen Einschränkungen zu erkennen und zu akzeptieren

Sie sind mehr auf Ihre Phantasie konzentriert, wie Sie ihn gerne hätten als auf die Wirklichkeit und wer er wirklich ist. Sie sind zum Beispiel schockiert, wenn er zu einem Trinkgelage geht, obwohl er Ihnen gesagt hat, dass er Alkoholiker ist. Oder er sagt Ihnen, dass er an einer bipolaren Störung leidet und manisch depressiv ist, aber Sie kehren seine Krankheit unter den Teppich, weil er sich meistens normal verhält. Dennoch reagieren Sie hysterisch und verblüfft, wenn er in einer manischen Phase Ihre Kreditkarten bis zum Anschlag plündert.

Es ist wichtig, dass Sie ihn realistisch sehen, egal wie stark Ihre

Gefühle für ihn auch sind. Sie bekommen, was Sie sehen! Wenn Sie seine Probleme und Einschränkungen großzügig übersehen, wird Sie das später nur wieder einholen. Es wird Ihnen helfen, Ihr Urteilsvermögen zu schärfen, wenn Sie mit weit geöffneten Augen in eine Beziehung gehen.

Sie vergeben ihm zu leicht und entschuldigen sein verletzendes Benehmen

Es ist schwer zu widerstehen, wenn er Sie um Vergebung bittet, nachdem er Ihnen immer wieder das Herz gebrochen hat. Sie fühlen sich durch seine Entschuldigung für seine furchtbaren Fehler geliebt und bestätigt, nachdem er Sie wiederholt verletzt oder abgewiesen hat. Es ist wichtig, sich folgendes in Erinnerung zu rufen: Ein Mann, für den es typisch ist, dass er Sie immer wieder verlässt (oder Sie dazu bringt, ihn zu verlassen) und dann reumütig zurückkommt und Sie um Verzeihung bittet, lebt wahrscheinlich zwanghaft ein tief verwurzeltes psychologisches Problem aus, für das man jahrelange Psychotherapie bräuchte, um es zu überwinden. Das Entscheidende ist, dass Sie damit aufhören, mit seinem Hin und Her zufrieden zu sein, weil es Sie gefühlsmäßig auslaugt und sehr zeitaufwändig ist, mit derselben Person immer wieder Schluss zu machen und wieder etwas anzufangen. Lassen Sie ihn gehen und suchen Sie sich einen Mann, der gefühlsmäßig stabiler und weniger geschädigt ist.

Sie sind leichtgläubig

Er belügt Sie immer wieder und trotzdem glauben Sie alles, was er Ihnen erzählt. Sie verlieren nie die Hoffnung, dass er Ihnen dieses Mal die Wahrheit sagt und Sie nehmen alles, was er sagt, für bare Münze, selbst wenn Sie intuitiv wissen, dass er Sie möglicherweise zum Narren hält. Sie fürchten sich davor, ihn mit der Wahrheit zu konfrontieren, weil Sie Angst haben, dass er Sie verlässt, wenn Sie bei seinen Lügengeschichten nicht mitspielen. Sie haben außerdem Angst, dass es Ihnen nicht mehr möglich wäre, mit ihm zusammenzubleiben, wenn Sie jemals die Wahrheit über ihn erfahren würden. Sie lassen zu, dass er Sie besänftigt und dann können Sie beide so tun, als sei alles in Ordnung.

Sandy beispielsweise war mit einem Mann zusammen, der sagte, er würde bei seiner Großmutter wohnen. Sie sah ihn nie am Wochenende und er ging nie ans Telefon. Obwohl sie es verdächtig fand, dass das Telefon nur eine automatische Ansage hatte und dass er wahrscheinlich mit einer Frau zusammenlebte, die nicht seine Oma war, wollte sie der Wahrheit nicht ins Gesicht sehen, sondern lieber seine Geschichte glauben. Letztendlich fand sie heraus, dass er tatsächlich verheiratet war und sie kam sich albern vor und war sauer auf sich selbst, weil sie nicht auf ihr Bauchgefühl gehört hatte.

Sie tolerieren Chaos und Unberechenbarkeit, selbst wenn es Ihnen Unannehmlichkeiten bereitet

Sie erleben eine tolle Zeit mit ihm und dann verschwindet er. Er ruft einen Streit hervor, rauscht wutentbrannt davon und kommt trotz Ihrer verzweifelten Anrufe einen Monat lang nicht zurück. Er steckt immer in einer Krise (Drogen, finanzielle Probleme, juristische Probleme). Sie können sich nicht auf ihn verlassen. Irgendwie schaffen Sie es, sein unbeständiges Verhalten und sein chaotisches Leben auszuhalten, obwohl sein gefühlsmäßiges Durcheinander Ihr Leben belastet. Indem Sie sein Verhalten rechtfertigen und verleugnen, können Sie den Schmerz aushalten, wenn er sich immer wieder von Ihnen trennt.

Josephine beispielsweise begann, sich mit Billy zu treffen, einem Kerl mit einem tollen Charakter. Allerdings wusste sie nie, wann sie etwas von ihm hören würde. Sie gingen miteinander aus, dann übernachtete er bei ihr und blieb zwei Tage lang. Dann schien er wie vom Erdboden verschluckt zu sein. Dann rief er sie wieder an und zog fast zu ihr in die Wohnung, um sie wieder zu verlassen. Letzte Woche sagte er Josephine, er würde auf Besuch bei ihr vorbeikommen. Sie putzte ihre Wohnung und war ganz aufgeregt wegen seines Besuchs, weil sie ihn eine Weile nicht gesehen hatte. Billy tauchte nicht auf. Josephine konnte ihm rasch verzeihen, als er sich entschuldigte. Sie sprach ihn auf sein unberechenbares Verhalten an, aber er tat es achselzuckend ab und erklärte ihr, dass er geschäftlich viel zu tun hätte. Sie sah ihn weiterhin nur sporadisch und hielt weiterhin zu ihm. Obwohl es Josephine furchtbar ärgerte, schien sie auch in der Lage zu sein, auf ihrem

Groll sitzenzubleiben und sich weiter mit ihm zu treffen, als sei nichts geschehen.

Verfügbare Männer machen Ihnen Angst

Sie haben häufig Schwierigkeiten, mit Männern umzugehen und ihre Denkweise zu verstehen. Sie warten ängstlich auf seinen Anruf, nachdem Sie mit einem Mann ausgegangen sind oder Sex mit ihm hatten. Sie reagieren überempfindlich auf Ablehnung und haben Angst, verlassen zu werden. Sobald Sie mit einem Mann Sex hatten, kann es sein, dass Sie zwanghaft werden, selbst wenn er etwas schwer zu fassen oder unbeständig ist. Sie haben Angst vor einer Beziehung mit einem verfügbaren Mann, weil der Einsatz zu hoch ist. Sie neigen dazu, schleunigst Sex mit Männern zu haben, um Ihre Angst vor gefühlsmäßiger Nähe loszuwerden. Ihnen graut davor, dass ein Mann Sie wirklich gut kennenlernt, weil Sie sich dann verletzbarer fühlen, obwohl Sie sich ja sonst in noch viel riskantere Situationen begeben.

Sie laufen Männern hinterher, selbst wenn Sie wissen, dass sie kein Interesse haben

Sie investieren all Ihre Energie in einen Schwarm, in der Hoffnung, dass er letztendlich doch Ihre Gefühle erwidert. Sie verbringen eine Menge Zeit damit, Ihren Freunden von ihm zu erzählen und alles, was er sagt oder tut als ein mögliches Anzeichen dafür anzusehen, dass er Interesse für Sie entwickelt. Dies ist eine Art, alleine und ungebunden zu bleiben, weil die Wahrscheinlichkeit gering ist, dass sich so eine ernsthafte Beziehung verwirklicht. Die Herausforderung, seine Liebe zu gewinnen, ist Ihnen wichtiger als eine wirkliche Beziehung, denn sonst würden Sie sich einen anderen Mann aussuchen, der erreichbarer ist und Ihre Gefühle erwidert.

Ihnen fällt es schwer, von früheren Beziehungen wegzukommen

Sie idealisieren Ihren Ex und glauben, dass Sie nie wieder so einen wunderbaren Mann kennenlernen werden. Neue Männer werden schnell als unbrauchbar verworfen, sobald Sie sie mit Ihrem Ex vergleichen. Sie verwenden Ihre gesamte Energie darauf, über Ihren Ex nachzudenken und sich wegen ihm verrückt zu machen, anstatt zu versuchen, einen neuen Mann zu treffen, der erreichbar ist und Ihre Bedürfnisse erfüllt.

Wenn Sie auch nur eines dieser zehn Verhaltensmuster aufweisen, macht Sie das empfänglicher für ambivalente Männer. Sie kommen auch schwerer von ihnen los, sobald Sie erst einmal verliebt sind. Hoffentlich hat Ihnen diese Erörterung zu der Erkenntnis verholfen, dass Sie an Ihrem Denken arbeiten sollten, um aus dieser Falle herauszukommen, die Sie sich selbst gestellt haben. Ich gratuliere Ihnen, denn der erste Schritt, um sich zu ändern, ist Selbsterkenntnis. In weiteren Kapiteln werde ich Ihnen helfen, jegliche selbstzerstörerischen Verhaltensweisen und Denkmuster auszumerzen, die vielleicht dazu beitragen, dass Sie immer wieder an ambivalente Männer geraten.

9
Unio Mystica:
Wenn Sie nach einem
entscheidungsunfähigen Mann
sexuell süchtig sind

Sex ist sehr mächtig. Das kann sowohl gut als auch gefährlich sein. Mit Sex kann man ekstatische Gefühle erfahren, sich vermehren, sich binden, der Liebe Ausdruck geben, aber auch jemanden verletzen oder herabsetzen. Sex ist ein großartiger Ersatz für emotionale Nähe. Manchmal ist es für einen Mann die einzige Möglichkeit, die Nähe einer Frau zuzulassen, indem er mit ihr schläft. Mit Sex kann man auch Gefühlen von Verletzung, Verlust, Depression, Leere und Traurigkeit entfliehen. Ironischerweise ist Sex auch manchmal ein Weg, Ihre Wut und Ihren Ärger über einen Liebhaber auszudrücken.

Sex bringt uns mit all unseren ursprünglichen Gefühlen in Berührung, von dem Moment an, als wir winzige Babys waren, die von unseren Müttern oder Pflegerinnen gehalten und ernährt wurden - unseren ersten Lieben. Sex umfasst alle Sinne: riechen, sehen, hören, schmecken und berühren. Vom schmusen und füttern eines Babys einmal abgesehen, ist Sex wohl die intensivste körperliche Nähe, die ein Mensch mit einem anderen Menschen erfahren kann.

Was bedeutet Unio Mystica?

„Unio Mystica" heißt „mystische Vereinigung". Im Zusammenhang mit Sex bedeutet Unio Mystia eine derart intensive Leidenschaft, dass sich die Grenze zwischen den Liebenden auflöst. Es ist eine sehr starke sexuelle Ekstase, die zwei Menschen vereinigt. Jede Frau, die einmal die Unio Mystca mit einem Mann erlebt hat, der sie sexuell verzaubern konnte, wird Ihnen sagen, dass es nichts Vergleichbares gibt: keine Drogen, kein Erfolg, gar nichts.

Wenn sich etwas dermaßen wunderbar und bedeutungsvoll anfühlt und so bedeutend ist, kommt es einem wie Folter vor, wenn es einem weggenommen wird. Allein den körperlichen Kontakt und die physische Gegenwart eines Mannes zu verlieren, kann genügen, einer Frau den Rest zu geben. Selbst wenn Sie seelisch völlig gesund sind und Sie eine großartige Kindheit hatten, werden Sie einen großen Verlust empfinden, wenn ein Mann verschwunden ist, mit dem Sie Sex hatten. Es ist nur natürlich, dass Sie sich schrecklich fühlen und wieder mit ihm zusammen sein wollen. Sie möchten, dass der Schmerz gelindert wird, der Schmerz darüber, dass Sie ihn und die gemeinsame körperliche Nähe verloren haben. Allerdings gibt es Frauen, die von dem Mann, mit dem sie Sex hatten, nicht wegkommen können, egal, wie sehr sie sich bemühen und selbst dann, wenn der Mann selbstverliebt und gemein ist. Ihnen fällt es enorm schwer, den Verlust ihrer entscheidungsunfähigen Männer zu beklagen und zu betrauern und dann weiter voran zu gehen. Stellen Sie sich zum Beispiel vor, Sie hätten umwerfend heißen Sex mit einem Mann, auf den Sie unglaublich scharf sind. Danach verschwindet dieser Mann still und leise und Sie wissen nicht, wann oder ob Sie ihn wiedersehen werden. Wenn Sie ihn danach fragen, sagt er, dass er Sie anrufen werde. Jetzt sollten sich all Ihre Alarmlampen einschalten, weil Sie einen entscheidungsunfähigen Mann vor sich haben. Würden Sie nach so einem Typen sexuell süchtig werden? Viele Frauen tun das.

Ich habe auf meiner Homepage ein schwarzes Brett, auf dem Frauen ihre dringlichsten Gefühle, Gedanken und Fragen zu entscheidungsunfähigen Männern einstellen können. Es überrascht wenig, dass viele der Einträge von Frauen stammen, die süchtig nach dem großartigen Sex mit ihrem entscheidungsunfähigen Mann sind. Einer dieser Einträge lautet: „Wie kommt es, dass ich nach einmal Sex mit einem entscheidungsunfähigen Mann an seinem Haken hänge?" Wenn ich diese Einträge lese, erkenne ich ein gemeinsames Thema – sobald Sie einmal Sex hatten, löst sich Ihr Denkvermögen in Luft auf. Es scheint, als ob Ihr Hirn den Körper verlassen würde, sobald Ihre Vagina im Spiel ist. Sie kommen in einen tranceähnlichen Zustand und ziemlich viele sagen: „Ich habe mit ihm geschlafen, ich fühlte mich großartig. Das ist der Mensch, der mir bestimmt ist und ich werde zusehen, dass das auch funktioniert, egal wie und ob er es will oder nicht. Selbst wenn wir nicht zusammen passen, er mich wie Dreck behandelt und sagt, dass er keine gemeinsame Zukunft sieht, alles, was ich wissen muss, ist dass wir großartigen Sex haben und die Chemie stimmt."

Wie macht der ambivalente Mann Sie süchtig?

Bevor wir herausarbeiten, wieso Frauen immer wieder süchtig nach entscheidungsunfähigen Männern werden, lassen Sie uns zuerst einen Blick auf diesen Typ Mann werfen, der selbst die Beste von uns für seinen sexuellen Charme anfällig macht.

Nicht-ambivalente Männer, die sich eine dauerhafte Beziehung wünschen, gehen diese entweder ein oder eben nicht. Wenn sie glauben, der Sex war gut, dann kommen sie wieder und wollen mehr davon. Sie gehen nicht das Risiko ein, Sie zu verlieren, indem Sie zeitweise verschwinden. Aber ambivalente Männer sind anders. Sie nähern sich auf eine erotische Art, was Frauen fesselt. Bestimmt sind es nicht ihre großartigen sexuellen Techniken, weil Frauen manchmal berichten, sie seien nicht einmal gut im Bett! Meistens ist es auch nicht so, dass sie gut bestückt wären oder besonders gut aussehen würden. Oft sind sie nicht einmal attraktiv.

Meist liegt es an der unbewussten Fähigkeit des entscheidungsunfähigen Mannes eine Dynamik zu erzeugen, indem er Distanz einnimmt und dann zu Ihnen zurückkommt. Er weiß, wie er verschwinden oder sich fernhalten kann. Wenn der Punkt fast erreicht ist, an dem Sie völlig das Interesse an ihm verlieren könnten, erscheint er wieder, nur, um Sie erneut zu enttäuschen. Er weiß intuitiv, dass sein Wert um so höher steigt, je länger und je traumatisierender sein Verschwinden oder sein Desinteresse ist. Letztendlich weiß er, wie er das verletzte verzweifelte Mädchen in Ihnen, das nach Liebe und Nähe hungert, begeistern kann, nur um Sie immer wieder zu enttäuschen und tiefe Gefühle von Schmerz und Verlassensein hervorzurufen. Bei diesem Spiel schwebt immer die Gefahr der Zurückweisung und des Verlustes über der gemeinsamen sexuellen Verbindung.

Warum tut er das?

Ist er Frauen gegenüber feindselig? Manchmal ist das mit ein Grund, aber oft ist es Selbstschutz gepaart mit einem vertrauten Ablauf. Liebe zu verlieren und Liebe wiederzugewinnen – dieser Zyklus wurde ihm von einem oder beiden Elternteilen aufgehalst, als er noch ein kleiner Junge war. Etwas anderes kennt er nicht.

Indem er Sie verlässt, kann er die schmerzlichen Erfahrungen seiner Kindheit überwinden, die er mit Gefühlen wie verlassen und verletzt zu werden in Verbindung bringt. Jetzt, als erwachsener Mann, opfert er die Liebe, nach der er sich in seinem tiefsten Inneren sehnt, dem Vergnügen und der gefühlsmäßigen Sicherheit, ständig die Frau zurückzuweisen, mit der er zusammen ist. Das Resultat ist, dass er lieber Katz und Maus spielt, als zu riskieren, aufrichtig und ernsthaft eine Frau zu lieben.

Vincent, ein vierunddreißigjähriger, auffallend gutaussehender Autohändler, fand es schier unmöglich, eine Beziehung mit einer Frau auszuhalten. Er litt an Einsamkeit und Depressionen, obwohl es viele Menschen in seinem Leben gab. Er berichtete, dass seine Mutter an bipolaren Störungen gelitten hat und oft zu depressiv oder zu überdreht war, sich um ihn und seinen Bruder zu kümmern, als er noch ein kleiner Junge war. Als Vincent sechs Jahre alt war, beschloss sein Vater, dass er und sein kleiner Bruder ständig bei seiner ledigen Tante wohnen sollten, die keine Kinder hatte.

Als Vincent ins Teenageralter kam, merkte er, was für eine enorme sexuelle Anziehungskraft er mit seinem Hollywood-Look und seinem jungenhaften Charme hatte. Er fing an, sich mit Frauen zu treffen und wurde sexuell sehr aktiv. Während seiner Erwachsenenzeit hatte er viele Beziehungen zu Frauen und war sogar einmal verheiratet, wurde aber schnell wieder geschieden.

Er erklärte, sobald er entschieden hatte, dass er eine Frau mag, würde er sie so lange erbarmungslos verfolgen, bis sie sein Interesse erwidern würde. Diese Jagd machte ihm Spaß, aber sobald die Frau irgendwie fordernd oder hilfsbedürftig wurde, spürte er einen unwiderstehlichen Drang, von ihr loszukommen. Er wusste nicht, warum, aber er fühlte sich sehr eingesperrt und wollte fortgehen. Oft brachte er diese „Verschwindibus"-Nummer nach einer großartigen Nacht voll leidenschaftlichem Sex. Dabei verschwand er normalerweise ohne jegliche Erklärung aus dem Leben der Frau und reagierte auch nicht auf ihre Telefonanrufe.

Sobald er einen gewissen Abstand und Raum hatte, fühlte er sich einsam und wollte diese Frau wieder sehen. Er tauchte wieder auf und zeigte ihr sein großes Interesse. Wenn sie sauer über sein Verhalten war, machte er ihr solange den Hof, bis sie ihm vergab. Er stellte fest, dass sich manche Frauen sein ambivalentes Benehmen nicht gefallen ließen und sich weigerten, mit ihm zu sprechen. Aber manche Frauen waren sogar noch interessierter an ihm, wenn er sich wieder bei ihnen meldete. Er konnte nicht anders als festzustellen, dass der Sex mit den Frauen, die ihn begeistert zurücknahmen, viel intensiver war. Das machte es fast wert, sie zu verlassen. Obwohl er wusste, dass er geradezu gesegnet war mit dem Talent, Frauen für sich zu begeistern, litt er doch sehr darunter, dass er keine anhaltende Beziehung zu einer Frau aufbauen konnte.

Während der Therapie kam Vincent viel besser mit seinen Gefühlen in Kontakt und konnte sich daran erinnern, dass er als sechsjähriger Junge furchtbare Angst davor gehabt hatte, von seiner Mutter weggenommen zu werden. Als er sich erlaubte, mit seinen Gefühlen zu der Frau, mit der er gerade zusammen war, in Verbindung zu bleiben, anstatt wegzulaufen, verstand er, dass er Angst hatte, ihr zu nahe zu kommen. Er konnte Gefühle wie Ärger, starke Liebe, Neid und Hass spüren. Er erkannte, dass es bisher einfacher gewesen war, wegzulaufen anstatt zu bleiben und sich mit den Dingen auseinanderzusetzen. Wegen dieser Probleme müht sich Vincent in der Beziehung zu seiner momentanen Freundin ab. Aber er ist stolz auf sich, weil er nicht seine üblichen Muster auslebt und verschwindet. Stattdessen diskutiert und verarbeitet er seine Gefühle für sie in seinen Therapiesitzungen.

Weil viele ambivalente Männer mit Gefühlen von Verlassensein und seelischem Mangel kämpfen, haben sie Charakterzüge entwickelt, um sich davor zu schützen, jemals wieder verletzt zu werden. Wenn Sie mit so einem Mann liiert sind, dann sind Sie unglücklicherweise die Zielscheibe für seine Kindheitsängste. Wenn Sie jetzt verstanden haben, warum Sie vielleicht nach einem entscheidungsunfähigen Mann süchtig sind, dann ist es an der Zeit, zu klären, warum Sie freiwillig seinen Tanz der Verführung mitmachen.

Wieso lassen Sie sich das gefallen?

Wieso also lassen sich so viele attraktive, schöne, kluge, oft erfolgreiche und kultivierte Frauen solch ein schrecklich abweisendes Benehmen für gelegentlichen intensiven Sex gefallen? Und warum können andere Frauen einem Mann einen Korb geben, egal wie groß die sexuelle Anziehung ist?

Es gibt eine riesige Menge an akademischer und psychoanalytischer Literatur zu diesem Thema, die bis zum frühen neunzehnten

Jahrhundert zurückdatiert. Einer der ersten Psychiater, die dieses Thema angesprochen haben, war der österreichische Psychiater Richard Krafft-Ebbing, der behauptete: „Der Instinkt weiblicher Dienstbarkeit ist überall wahrnehmbar. Die Unterordnung ist eine normale Erscheinungsform weiblicher Sexualität." Er ging noch weiter und sagte: „Für Männer ist die Liebe nur eine Episode. Um eine Liebe zu erhalten, machen Frauen sämtliche notwendigen Zugeständnisse an den Mann und stürzen sich selbst bereitwillig in eine immer tiefere Hörigkeit." Später behandelte die weltberühmte Psychoanalytikerin und Psychiaterin Anne Reich viele Frauen, die sexuell von den Männern abhängig waren, mit denen sie eine Affäre hatten. Sie fand heraus, dass viele dieser Frauen ihre Männer völlig verklärt betrachteten. Sie beobachtete, dass für diese Frauen Sex ein Weg war, sich symbolisch die bewunderten Eigenschaften des Mannes einzuverleiben.

Wenn sich Frauen in meinen Sitzungen darüber beklagen, dass sie von einem Mann nicht loskommen, idealisieren sie ihn meistens auf irgendeine Art. Sie denken immer, er sei heiß und sexy und sie seien für ihn bestimmt. Nach etwas Für und Wider bricht dieses Bild üblicherweise zusammen und sie geben zu, dass er nicht gerade gut aussieht und manchmal sogar lausig im Bett ist. Oft ist der Typ auch in anderer Hinsicht ein großer Versager. Aber sie idealisieren die Tatsache, dass er niemanden braucht und dass er so distanziert und selbstzufrieden sein kann. Auf eine Art wären sie gerne so wie er und gelegentlich erzählen sie, dass sie sich neben seiner Herrlichkeit fast minderwertig fühlen. Wenn er sich auf einmal bedürftig geben und den Wunsch und das Verlangen nach ihnen zeigen würde, dann wäre der Zauber gebannt. Der Sex würde als mittelmäßig zurückgestuft werden.

Sind Sie ein Masochist?

Reich fand diese Dynamik nicht bei ihren männlichen Patienten. Das Wort „masochistisch" flammte mir wie eine Leuchtreklame entgegen, als ich ihre Texte las. Der Vater der Psychologie, Freud, beschrieb Masochismus als eine sexuelle Erregung, die mit Schmerz und Leid verknüpft ist. Wenn eine Frau erzählt, dass ein Mann sie wie Dreck behandelt, wenn er sie zwischen ihren sexuellen Begegnungen zurückweist und verlässt, sind das dann keine seelischen Schmerzen und Leiden, die mit Sex verflochten sind? Es mag ja sein, dass er sie nicht körperlich schlägt, während er Sex mit ihr hat, aber über dem Ganzen schwebt immer die Tatsache, dass er sie gefühlsmäßig immer und immer wieder verletzt, ob das nun ausgesprochen wird oder nicht. Deshalb ist ihr emotionaler Schmerz mit ihrer sexuellen Bindung vermischt.

Immer wenn eine Frau sexuell nach einem Mann süchtig ist, der ihr nicht gut tut, ist fast immer auch die Gefahr des Verlassenwerdens und der Zurückweisung dabei. Fast immer steckt eine Geschichte dahinter, in der der Mann die Frau zu irgendeinem Zeitpunkt verlassen hat. Beständigkeit und Erreichbarkeit gehören nicht zur Formel dieses mitreißenden Sex, der von Frauen, die mit einem entscheidungsunfähigen Mann zusammen sind, so gepriesen wird.

Mindestens neunzig Prozent der Frauen, denen ich begegnet bin und die sexuell nach einem entscheidungsunfähigen Mann süchtig sind, haben wenigstens ein Elternteil, das ihnen ein gewisses Ausmaß an Liebe entgegengebracht und zeitweilig ihre Bedürfnisse befriedigt hat. Aber sie waren kontinuierlich entmutigend, verletzend oder gefühlsmäßig nachlässig. Wenn das Versprechen von Liebe und seelischer Erfüllung bei einem kleinen Mädchen mit tiefer Enttäuschung vermischt wird, weil dies Versprechen nicht gehalten wird, dann ist der Grundstein dafür gelegt, dass eine Frau das verwundbare Opfer für Männer wird, die es lieben, an ihr ihre entscheidungsunfähigen und psychologischen Probleme auszulassen. Diese Männer sind besonders erfolgreich, wenn sie den Sex als Austragungsort ihrer seelischen Probleme nutzen.

Eine Frau, die ein ambivalentes Elternteil hat, hat sowohl für ihre Eltern als auch für ihren entscheidungsunfähigen Mann ähnliche Gefühle. Beide Beziehungen sind stark mit einer Unmenge an sich widersprechenden Gefühlen gekennzeichnet, wie Begeisterung, Freude, Liebe, Ärger, Angst, Sehnsucht und Traurigkeit. Frauen, die sexuell von einem entscheidungsunfähigen Mann abhängig sind, wissen oft gar nicht wie das ist, Eltern zu haben, die ihre Kinder ohne Chaos, Drama und widersprüchliche Botschaften bewundern und lieben.

Frauen, die von entscheidungsunfähigen Männern sexuell ab-

hängig sind, sind oft niedergeschlagen, weil sie von ihnen zurückgewiesen, versetzt und/oder angelogen werden, während sie verzweifelt versuchen, an ihnen festzuhalten. Normalerweise wird
dieses grausame Verhalten von gelegentlichen erfreulichen Zeiten
unterbrochen, die der ambivalente Mann einbringt, damit die Frau
abhängig bleibt. Sie fühlt sich gedemütigt, wenn er sie fallenlässt,
und braucht ihre ganze Energie, um sich davon zu erholen, damit
sie genug innere Kraft hat, ihr restliches Leben zu managen. Es
beginnt ein sich ständig wiederholender Zyklus von gedemütigt
werden und sich wieder aufrappeln. Diese Dynamik zwischen
Erniedrigung und Genesung könnte mit einem oder sogar beiden
Elternteilen durchgespielt worden sein. Sie inszeniert mit einem
Mann die Erwachsenenversion der Beziehung nach, die sie
möglicherweise mit ihren Eltern gehabt hatte. Diese Art
destruktiven Verhaltensmusters könnte auch der Weg ihrer Mutter
gewesen sein, mit Männern umzugehen (einschließlich Ihrem
Vater). Das Verhalten der Mutter nachzuahmen ist ein Weg, mit
ihr in Verbindung zu bleiben.

Alte Geschichten wieder aufleben lassen

Unterm Strich ist das Festhalten an einem ambivalenten Mann,
und sei es auch nur aus sexuellen Gründen, ein Weg, mit Ihrer gestörten Eltern/Kind Beziehung in Verbindung zu bleiben. Sie fri-
schen einen Teil Ihrer Kindheit auf, den Sie noch nicht loslassen
wollen oder können.

Jocelyn war eine geschiedene Mutter eines kleinen Sohnes und
kam zu mir, weil sie das Gefühl hatte, sexuell von Donald abhängig zu sein. Sie lernte Donald, den Automechaniker am Ort, vor
etwa einem Jahr in einer Bar in der Nachbarschaft kennen. Sie erklärte, dass er von Anfang an eigentlich nie mit ihr unter Leute gegangen war. Im Grunde genommen schliefen sie nur miteinander.
Üblicherweise meldete er sich telefonisch und kam dann in ihre
Wohnung oder sie ging zu ihm. Er ging nie mit ihr in ein Kino
oder in ein Restaurant und er rief sie immer in der allerletzten Minute an.

Obwohl Donald Jocelyn ab und zu sagte, dass er sie lieben
würde, fragte sie ihn nie direkt, warum er nie etwas anderes mit
ihr unternehmen wolle als Sex zu haben. Stattdessen zog sie es

vor, zu glauben, dass er sich letzten Endes ändern würde. Nach einer leidenschaftlichen Liebesnacht verschwand er öfters und meldete sich wochenlang nicht bei ihr. Sie hatte versucht, ihn zu vergessen und dann hatte er wieder angerufen und wollte sie wiedersehen. Wenn sie bei ihm anrief, um sich mit ihm zu treffen, hatte er nicht immer Zeit, weil er viel Arbeit im Geschäft hatte oder mit seinen Kumpels ausgehen wollte.

In der Therapie konnte Jocelyn ihre Demütigung ausdrücken, die sie empfand, weil Donald kein Interesse zeigte, mit ihr unter Leute zu gehen oder sie öfter zu treffen. Sie erklärte sich sein Verhalten immer damit, dass er sich seine Hörner abstoßen müsse (obwohl er in den Dreißigern war) und dass er sie letzten Endes heiraten würde. Sie gab offen zu, dass sie total süchtig nach dem tollen Sex war, den sie zusammen hatten und es nicht ertragen könne, auch nur daran zu denken, ihn aufzugeben.

Während der Therapie sprach Jocelyn über ihre Mutter, die während ihrer Kindheit kalt und emotional unerreichbar war. Sie konnte sich nicht daran erinnern, dass ihre Mutter sie je in den Arm genommen oder ihr gesagt hätte, dass sie sie lieb habe. Sogar als Erwachsene erlebte Jocelyn ihre Mutter als sehr distanziert und unsensibel ihren eigenen Gefühlen gegenüber. Sie glaubte, dass der intensive Sex die Lücke in ihr füllen könnte, die sich nach Liebe und Nähe sehnte. Trotz der therapeutischen Arbeit gab Jocelyn ihre sexuelle Beziehung mit Donald nicht auf und kam letzten Endes nicht mehr zu den Sitzungen. Nach wie vor treffen sie sich gelegentlich zum Sex und sind noch immer nicht miteinander essen gegangen.

Sie täuschen sich selbst

Frauen, die sexuell von einem entscheidungsunfähigen Mann abhängig sind wie Jocelyn, fällt es oft schwer, die Konzepte anzunehmen, die ich in diesem Kapitel erklärt habe. Sie schreiben ihr sexuelles Verlangen dem Schicksal und romantischen Gelegenheiten zu. Sie gehen immer wieder zurück zu ihrem entscheidungsunfähigen Mann, egal wie oft er sie verlässt oder enttäuscht, weil sie an dem unrealistischen Optimismus festhalten, dass er sich wie durch ein Wunder ändert und zu einem engagierten, beständigen Partner oder Ehemann mutiert. Sie haben vorübergehenden Gedächtnisverlust, wenn es darum geht, wie sehr der Kerl sie in der Vergangenheit verletzt, beschämt und sogar gefühlsmäßig missbraucht hat. Sie klammern sich an die gleiche Hoffnung, die sie schon bei ihren Eltern hatten, nämlich dass er einmal zu ihnen stehen wird. Das geht so weit, dass ihr Realitätssinn beinahe wahnhaft erscheint, wenn sie von diesem Mann reden. Manche Frauen sehen ihren entscheidungsunfähigen Mann dermaßen unrealistisch, dass man sich kaum vorstellen kann, dass sie seelisch so gesund sind, wie es aussieht. Dabei sind sie häufig sehr kultiviert, haben extrem verantwortungsvolle Jobs und führen ein verantwortungsvolles Leben.

Er wird sich nicht ändern, wieso tun Sie es nicht?

Ich kann Ihnen aus meiner klinischen Erfahrung und meiner jahrelangen Arbeit mit Frauen, die in diesen Szenarien gefangen waren, geradeheraus sagen, dass er sich nicht ändern wird. Es wird einfach nicht passieren. Wenn er vor- und zurückgeht, mit Ihnen Schluss macht und dann wieder kommt, wird er keine dramatische Kehrtwendung machen.

Selbst wenn Ihnen jetzt völlig klar ist, wie gestört er ist und wie sehr Sie sich selbst jedes Mal traumatisieren, wenn Sie ihn sehen, werden Sie sich noch immer darüber wundern, weshalb Sie von ihm sexuell abhängig sind. Einer der Hauptgründe dafür ist, dass Sie nie wissen, was er als Nächstes tut. Alles, was Sie wissen ist, dass es möglicherweise das letzte Mal ist, dass Sie mit ihm zusammen sind. Sexuelle Intensität wird immer durch Trennung und Verlust, gefolgt von Wiedervereinigung und Versöhnung vergrößert.

Zugegeben, wie sehr ich auch die Thematik auseinandernehme und analysiere, der Sex bleibt großartig. Trotzdem sollten Sie meiner Meinung nach prüfen, wieso die Erregung und das Vergnügen wichtiger sind als die Trauer und die Erniedrigung, die Sie empfinden, wenn er sich immer wieder distanziert und verschwindet. Sie sollten der Tatsache ins Auge sehen, dass diese Art von intensivem Sex auf lange Sicht selbstzerstörerisch ist. Es erschöpft Sie körperlich und laugt Sie gefühlsmäßig aus, weil Sie mit all dem Ärger und dem Drama umgehen müssen, sobald er seine ambivalenten Angelegenheiten auslebt und immer nach der 'totalen Verschmelzung' verschwindet. Tief in Ihrem Inneren wissen Sie, dass es immer tragisch endet und Ihre Gefühle verletzt. Aus diesem Chaos wird niemals etwas Greifbares. Eine wahrhafte Beziehung mit einer Zukunft und tiefer Bindung wird es mit ihm nie geben. Mit ihm zusammenzukommen, um heftigen Sex zu erleben, mag sich für den Moment gut anfühlen, aber in einem höheren Sinne begeben Sie sich selbst in eine schmerzhafte, aussichtslose Situation.

Haben Sie all die anderen großartigen Gefühle im Leben betrachtet, die Sie verpassen, weil Sie immer noch süchtig nach dem Sex mit ihm sind? Dinge wie Teil eines festen Paares zu sein und ein Leben und eine Zukunft mit jemandem aufzubauen, der Ihnen keine Schmerzen und kein Herzleid verursacht? Zählen diese wundervollen Gefühle, die aus Erfahrungen mit einem anderen Typ von Mann resultieren könnten, etwa nichts? Vielleicht wären Sie besser dran, wenn Sie Ihre Energien dahin lenken würden, herauszufinden, warum Sie keine mystische Vereinigung mit einem Mann haben können, der Ihre Gefühle völlig erwidert und nicht Ihr Herz bricht, anstatt Ihre Energien dazu zu verwenden, weiter sexuell von einem entscheidungsunfähigen Mann abhängig zu sein. Nur Sie haben die Macht, Ihr eigenes Glück zu erschaffen. Wenn Sie Ihr Leben in die eigenen Hände nehmen und nach dem gehen, was Sie wirklich glücklich macht, werden Sie herausfinden, dass Sie keinen Bedarf an Leuten wie dem entscheidungsunfähigen Mann haben.

In späteren Kapiteln werde ich Ihnen zeigen, wie Sie Ihre Energie darauf konzentrieren, starke und gesunde Beziehungen aufzubauen.

10
Die verzweifelte Frau

Eileen, eine Englischprofessorin, war sechs Jahre lang mit Sonny zusammen, als sie zu mir zur Beratung kam. Sonny war ein Anwalt, den sie bewunderte und idealisierte. Aber er traf sich nie an den Wochenenden oder an Feiertagen mit ihr und erklärte, er würde nicht an Geburtstage und an Weihnachten glauben. Er erzählte ihr, dass er an den Wochenenden mit gesellschaftlichen Aufgaben für die Firma beschäftigt sei und erwähnte nie, sie einzubeziehen. Eileen war ebenfalls sehr mit ihrem Beruf beschäftigt, weil sie versuchte, akademische Artikel zu veröffentlichen und ihren Doktortitel zu machen. Abgesehen davon, dass sie wenig Zeit füreinander hatten, beschwerte sich Eileen hauptsächlich darüber, dass Sonny sie manchmal beschuldigte, Affären mit anderen Männern zu haben. Obwohl das absolut nicht stimmte, wurde Eileen regelrecht hysterisch bei dem Versuch, ihn davon zu überzeugen, dass diese Affären nur seine Hirngespinste wären. Er blieb stets bei seinem Vorwurf und redete nicht mehr mit ihr. Weil sie seine letzte Zurückweisung nicht ertragen konnte, ging Eileen in Sonnys Wohnung, fiel vor ihm auf die Knie und bat für etwas um Verzeihung, das sie nie getan hatte.

Eileen ist eine verzweifelte Frau. Obwohl sie von Sonny nicht finanziell abhängig ist und ihn nicht oft gesehen hat, hatte sie das Gefühl, nicht ohne Sonny überleben zu können, obwohl er offensichtlich sehr schwerwiegende psychologische Probleme hat.

Verzweifelt zu sein und verzweifelt zu handeln ist Gift, wenn es um Männer geht. Verzweiflung lässt Sie bedürftig und anhänglich erscheinen. Wenn jemand nur verzweifelt genug agiert, kann er oder sie geradezu erbärmlich aussehen. Das gilt für beide Geschlechter. Hatten Sie je einen Mann, der Ihnen ständig hinterhergelaufen ist? Er bietet keine Herausforderung und steht immer parat. Er ruft sie den ganzen Tag an, Tag für Tag. Er lässt Ihnen nichts, wovon Sie träumen könnten, nichts, wonach Sie schmachten könnten. Nun, so fühlt es sich an, wenn ein Mann mit einer verzweifelten Frau zusammen ist.

Quiz: Sind Sie eine verzweifelte Frau?

Obwohl wir uns alle gelegentlich verzweifelt benehmen können, haben manche von uns das Gefühl von Verzweiflung öfter als andere. Machen Sie mit beim folgenden Quiz, um herauszufinden, ob Sie gewisse Tendenzen dazu haben, eine verzweifelte Frau zu sein:

1. Rufen Sie Ihren Freund mehr als einmal pro Tag an?

2. Müssen Sie das, was bei Ihnen und Ihrem Freund los ist, mehr als einmal pro Tag mit einer Freundin durchkauen?

3. Wenn Sie die Gelegenheit hätten, eine kostenlose Reise mitzumachen, aber es würde gerade in der Beziehung zu Ihrem Mann kriseln, würden Sie dann die Reise absagen, um die Beziehung nicht aufs Spiel zu setzen?

4. Wenn Sie sich mit einem Mann erst ein paar Mal getroffen haben, waren Sie es dann, die vorschlug, sich mehr als einmal in der Woche zu treffen?

5. Haben Sie ihn weiter umworben, wenn er noch gezögert hat?

6. Wenn Sie frisch liiert wären, würden Sie dann öfters als einmal in der Woche seine Zeche bezahlen?

7. Würden Sie spontan mit einem Mann ausgehen, den sie attraktiv finden, wenn er Sie an einem Samstagabend um elf Uhr einladen würde?

8. Kommt Ihnen Ihr Leben bedeutungslos vor, wenn Sie nicht in einer Beziehung mit einem Mann sind?

9. Würden Sie mit einem Mann schlafen, der sich weigert, ein Kondom zu benutzen?

10. Würden Sie mit einem Mann schlafen und sich nicht die Mühe machen, darauf zu bestehen, dass er ein Kondom benutzt?

Wenn Sie mehr als zwei Fragen mit ja beantwortet haben, könnten Sie in Richtung 'verzweifelt' tendieren.

Wenn Sie mehr als vier Fragen bejaht haben, kämpfen Sie wahrscheinlich mit Gefühlen von Verzweiflung.

Was bedeutet „verzweifelt handeln"?

Wenn Sie verzweifelt handeln, tun Sie alles für einen Mann. In verzweifelten Momenten scheren Sie sich nicht um Ihre Selbstachtung, Ihren Stolz oder um die Konsequenzen Ihres Tuns.

Oftmals kann eine Frau, die sehr verzweifelt ist, sich sogar selbst erniedrigen oder völlig idiotisch erscheinen. Alles was zählt, sind die Aufmerksamkeit und die Liebe des Mannes und das Wichtigste – dass er sie nicht zurückweist. Manche Frauen gehen sogar so weit, dass sie das Gesetz brechen! Es ist entscheidend, dass Sie über Ihren verzweifelten Gefühle stehen, weil sie zu einem selbstzerstörerischem Verhalten führen können, das sie später vielleicht bereuen. Die folgenden Punkte sind Anzeichen dafür, dass Sie sich verzweifelt verhalten:

- Sie kriechen vor einem Mann.
- Sie sinnen auf Rache.
- Sie stalken einen Mann.
- Sie belästigen einen Mann.
- Sie verfolgen einen Mann, der Ihre Gefühle nicht erwidert.

Verzweifeltes Verhalten wird oft durch das ambivalente Verhalten eines Mannes verstärkt, zum Beispiel wenn er Sie zurückweist. Manchmal erschaffen wir uns jedoch die Dinge durch die Art, wie wir darüber denken. Modelle des „verzweifelten Denkens" können Folgendes einschließen:

- Sie geben sich die Schuld am Verhalten des entscheidungsunfähigen Mannes.
- Sie tun sich selbst leid.
- Sie sind besessen von ihm.
- Sie richten Ihren Blick nicht auf das Hier und Jetzt.
- Sie idealisieren ihn.
- Sie denken, dass Sie nie wieder so einen wunderbaren Mann wie ihn kennenlernen.

Was macht eine Frau verzweifelt?

Verzweiflung entsteht durch ein schlechtes Selbstbild. Der weltberühmte Psychotherapeut und Autor Rollo May erklärte, dass „das Selbst eine organisierende Rolle innerhalb des Individuums spielt und dafür sorgt, dass Menschen miteinander in Beziehung kommen." Weiter erklärte er, dass „das Selbst immer in zwischenmenschlichen Beziehungen geboren wird und darin aufwächst."

Die Entwicklung Ihres Selbstbildes spiegelt Ihre Erfahrungen mit Ihren Eltern wieder. Wenn Ihre Eltern eine Menge persönlicher Probleme hatten und innerlich gefühlsmäßig leer waren, konnten sie Sie möglicherweise seelisch nicht in der Art nähren, dass Sie ein starkes Selbstbild hätten entwickeln können. Das schließt auch Eltern ein, die zu anspruchsvoll, nachlässig und/oder missbräuchlich waren.

Sie sind ursprünglich auf Ihre Eltern angewiesen, um Ihre gefühlsmäßigen Kräfte zu entwickeln, die sie später als erwachsene Frau in Anspruch nehmen. Wenn Ihnen Ihre Eltern keine Liebe und Aufmerksamkeit entgegengebracht haben, konnte sich Ihr Selbstwertgefühl nicht zu seiner vollen Größe entwickeln. Wenn Ihr Selbstwertgefühl nicht stark ist, werden Sie auf Menschen um Sie herum angewiesen sein, die sie widerspiegeln und bestätigen. Sie benötigen andere Leute (insbesondere Männer), die dafür sorgen, dass Sie sich gut finden. Sie verlernen, Ihren eigenen Gefühlen zu vertrauen und so sind Sie schließlich anfällig für das Treiben ambivalenter Männer. Sie werden immer eher sich die Schuld geben anstatt zu erkennen, dass es deren Angelegenheiten sind. Ihnen wird es schwer fallen, sich dabei wohlzufühlen, anderen Grenzen zu setzen und sich nicht mit respektlosem Benehmen abzufinden.

Deborah war eine Frau mit einem geringen Selbstwertgefühl. Ihre Mutter war eine sehr herzige Frau, war aber auch sehr nachgiebig und konnte schlecht für sich selbst einstehen. Ihr Vater war recht verschlossen und brachte Deborah nicht viel Aufmerksamkeit entgegen. Als sie älter wurde, hatte sie nie viel Selbstvertrauen und zudem Schwierigkeiten, sich abzugrenzen. Wann immer sie eine Entscheidung traf, brauchte sie den Zuspruch von ihren Freunden und ihrer Mutter. Sie war in ihren späten Zwanzigern und das Problem spitzte sich zu, als sie mit ihrem Freund Russell zusammenzog. Er bat sie um Dinge, die sie nicht tun wollte, gab aber trotzdem nach, wie es ihre Mutter auch bei ihrem Vater getan hatte.

Eines Tages bat er sie, illegale Drogen bei einem seiner Freunde abzuliefern. Ihr fiel es schwer, nein zu sagen und sich gegen ihn durchzusetzen. Sie war froh, mit einem Mann zusammenzuleben und wollte nicht wieder alleine sein. Nur ungern tat sie, um was er sie bat, sagte ihm aber später, sie würde nie wieder etwas Ungesetzliches für ihn machen. Er sagte, sie sei zu spießig und kleinkariert. Die Woche darauf stahl er Geld aus ihrer Handtasche, leugnete aber, es genommen zu haben, obwohl es am gleichen Abend beim zu Bett gehen noch in ihrem Geldbeutel gewesen war. Obwohl sie irgendwo wusste, dass er log, redete sie sich ein, dass er die Wahrheit sagte. Weil Deborah Angst davor hatte, durch ihr Unvermögen, Russell die Stirn zu bieten, in eine gefährliche Situation zu kommen, kam sie zur Beratung zu mir. In der Therapie arbeitete sie hart an ihrem Selbstbild und an ihrer Angst vor dem Alleinsein. Schließlich verließ sie Russell. Als sie wieder damit anfing, sich mit Männern zu treffen, achtete sie genau auf ihre Grenzen und schenkte ihrem eigenen Denken und ihrer eigenen Meinung mehr Glauben.

Wie Sie Ihr eigenes Selbstbild erforschen

Wenn Sie in sich selbst nicht gut gefestigt sind, neigen Sie dazu, sich mehr auf die „anderen" zu konzentrieren (zum Beispiel den ambivalenten Mann). Sobald Sie Ihren Blick mehr auf den ambivalenten Mann richten, kann es sein, dass Sie sich verzweifelt fühlen, insbesondere wenn Sie Angst davor haben, dass er Sie verlässt. Die folgende Auflistung positiver Eigenschaften sagt Ihnen, ob Sie ein starkes Selbstwertgefühl haben:

1. Sie können die eigenen Bedürfnisse ausdrücken, ungeachtet eventueller Konsequenzen
2. Sie können die Zeit des Alleinseins genießen
3. Sie fühlen sich gut dabei, wenn Sie Grenzen setzen
4. Sie können eine Situation verlassen, wenn eine Kränkung abzusehen ist

5. Sie glauben, das Beste verdient zu haben, was das Leben zu bieten hat
6. Sie glauben, dass es wichtiger ist, auf sich selbst aufzupassen als zu einem Mann zu stehen
7. Sie lieben und mögen sich selbst
8. Sie können „nein" sagen
9. Sie sind ausreichend in Kontakt mit den eigenen Gefühlen
10. Sie trauen dem eigenen Bauchgefühl

Haben Sie immer noch Probleme damit, Ihr Selbstbild klar abzuzeichnen? Sie können selbstbewusster und selbstverbundener werden, wenn Sie sich selbst mehr erforschen und so mit sich vertrauter werden. Das Selbstbild zu stärken ist tatsächlich ein lebenslanger Prozess, aber einer, mit dem Sie sofort beginnen können. Um damit anzufangen, werfen Sie einen Blick auf die folgenden Fragen und schreiben Sie die Antworten auf ein gesondertes Blatt Papier:

• Können Sie sich selbst beschreiben?
• Welchen Teil von sich mögen Sie?
• Welchen Teil von sich würden Sie gerne ändern?
• In welchen Punkten sind Sie einzigartig?
• Welches ist Ihre verletzliche Seite?
• Wie fühlen Sie sich in Ihrem Körper?
• Welches sind Ihre stärksten Anteile?
• Zählen Sie auf, was Sie in Ihrem Leben geleistet haben.
• Was würden Sie als Ihr Kapital betrachten?
• Was machen Sie am liebsten in Ihrer Freizeit?
• Für was haben Sie eine Leidenschaft?

Sobald Sie mit verschiedenen Anteilen von sich in engeren Kontakt kommen, sind Sie besser gegen die panische Angst ausgerüstet, die aufkommt, sobald Ihr ambivalenter Mann sich entfernt.

Sobald Sie das nächste Mal beginnen, anhänglich zu werden, dann schauen Sie doch einfach einmal danach, was Sie noch tun können, um sich selbst zu beruhigen und zu stärken, anstatt auf den entscheidungsunfähigen Mann zu achten, der diese Gefühle in Ihnen hervorruft.

Sie müssen das, was in Ihnen vorgeht, nicht mit Ihrem ambivalenten Mann durchgehen. Fragen Sie sich stattdessen selbst, was Sie brauchen und wollen, um sich weniger verzweifelt zu fühlen. Und der nächste Schritt ist, sich Ihrer Bedürfnisse bewusster zu werden.

Erforschen Sie Ihre Bedürfnisse!

Ein wichtiges Merkmal eines starken Selbstwertgefühls ist, sich seiner Bedürfnisse bewusst zu sein und sie nach Möglichkeit zu befriedigen. Wie ich erklärt habe, kann es für Sie als erwachsene Frau schwer sein, sich Ihre Bedürfnisse überhaupt bewusst zu machen und sie nach Möglichkeit zu befriedigen, wenn Sie Eltern hatten, die nicht für Sie da waren oder die Ihren Bedürfnissen nicht nachkommen konnten. Wenn dies Ihre Situation beschreibt, dann ist es eine gute Idee, in Kontakt mit Ihren Bedürfnissen zu kommen, die Sie an eine Beziehung haben. Wenn ich zum Beispiel in einer romantischen Beziehung bin, brauche ich folgendes von meinem Mann:

- Zuverlässigkeit (wenn er sagt, dass er anruft, dann ruft er auch an)
- Einen guten Zuhörer
- Intellektuelle Anregung
- Sinn für Humor
- Einen guten Gesprächspartner

Was sind Ihre Bedürfnisse in einer Beziehung? Schreiben Sie sie in Ihr Tagebuch oder auf ein Blatt Papier und legen Sie es sichtbar irgendwo hin. Und immer, wenn Sie sich von einem ambivalenten Mann herumgestoßen fühlen, gehen Sie zurück zu dem, was Sie aufgeschrieben haben.

Wie Sie Ihr Selbstwertgefühl aufbauen

Wie ich schon vorher sagte, ist es ein langer Prozess, Selbstwertgefühl aufzubauen. Wenn Sie daran arbeiten, versuchen Sie es eine Woche lang mit folgenden Ratschlägen und beobachten Sie, wie Sie sich stärker fühlen:

• **Beginnen Sie damit, sich selbst eine gewaltige Selbstakzeptanz zu schenken.** Fordern Sie in dieser Woche nichts von sich selbst. Versuchen Sie, sich genauso anzunehmen, wie Sie es im Augenblick sind.

• **Versuchen Sie einen ganzen Tag lang, keinen einz**igen negativen Gedanken über sich selbst zuzulassen. Sie werden merken, wie schwer das ist. Zählen Sie mit, wie oft Sie sich ausbremsen müssen. Wie gewohnt ist es, schlecht über sich selbst zu denken?

• **Sprechen Sie eine Woche lang mit niemandem, der Sie kritisiert** (wenn es möglich ist). Umgeben Sie sich mit Menschen und sprechen Sie nur mit Menschen, die sorgsam, vertrauenswürdig und zuverlässig sind. Probieren Sie aus, wie sich das anfühlt.

• **Behandeln Sie sich so, als seien Sie Ihr eigenes Kind.** Reden Sie so mit sich, wie Sie ein Kind besänftigen würden. Hören Sie damit auf, das gestörte Elternteil zu sein, das Sie als Kind hatten und versuchen Sie, das sorgende Elternteil zu sein, das Sie sich als Kind gewünscht hätten.

• **Hören Sie auf alle Ihre seelischen und körperlichen Bedürfnisse.** Seien Sie freundlich und liebevoll zu sich selbst. Fragen Sie sich zu jeder Stunde: Was kann ich tun, um mich besser zu fühlen? Was brauche ich im Moment? Egal, was im Laufe eines Tages passiert, weisen Sie sich nicht zurecht!

• **Haben Sie völliges Zutrauen in Ihre Entscheidungen.** Wenn Sie in dieser Woche an sich zweifeln, dann sagen Sie sich, dass Sie an Ihre Entscheidungen oder Ihr Handeln glauben. Quälen Sie sich nicht mit „ich sollte" und „ich könnte".

- **Seien Sie nicht so hart gegen sich.** Kritisieren Sie sich in dieser Woche überhaupt nicht. Sobald Sie auf sich herumhacken, hören Sie auf damit! Vergleichen Sie sich nicht mit anderen, sagen Sie stattdessen lieber etwas Positives und Förderliches.

- **Tun Sie sich an jedem Tag etwas Gutes** (eine Massage, Frisör, Kino).

- **Entwickeln Sie eine gesunde Neugier auf Ihre Persönlichkeit und Ihr Verhalten.** Sobald Sie den Wunsch verspüren, verzweifelt oder selbstzerstörerisch zu handeln, fragen Sie sich, warum und geben Sie sich nicht mit simplen Ausreden zufrieden. Lernen Sie, in Ihrem Inneren zu graben und fragen Sie sich selbst, was Sie fühlen.

- **Benehmen Sie sich so, als hätten Sie ein großes Anspruchsdenken.** Seien Sie fordernd, auch wenn Sie es gar nicht so meinen. Probieren Sie es aus und spüren Sie, wie es sich anfühlt.

Entwickeln Sie einen Sinn für Ihre Anspruchsberechtigung

Eine Frau mit erfolgreichen, erfüllten Beziehungen zu Männern fühlt sich dazu berechtigt, mit einem Mann zusammen zu sein, der sie liebt und sein Leben mit ihr teilen will. Sobald sich ein Mann auf irgendeine Weise so verhält oder andeutet, dass er kein Interesse an ihr oder an einer Langzeitbeziehung hat, verlässt sie ihn. Sie will ihre kostbare Zeit und Energie nicht für einen Mann verschwenden, der nur Spielchen treiben und sie kränken würde.

Obwohl es sich so anhört, als ob Anspruchsdenken etwas mit 'verwöhnt' und 'hochnäsig' zu tun hat, ist das nicht der Fall. Wenn Sie ein gesundes Anspruchsdenken entwickeln, heißt das, Sie schaffen eine positive Denk- und Verhaltensweise, die zeigt, dass Sie es wirklich verdienen und das Recht darauf haben, von einem Mann anständig behandelt zu werden. Trotz Ihrer Vergangenheit und dem, was Sie als Mädchen gesehen und erlebt haben, haben Sie es als erwachsene Frau verdient, Ihre Bedürfnisse befriedigt zu wissen. Wenn Sie mit einem Mann liiert sind, wollen Sie mit Respekt behandelt und nicht herabgesetzt oder beschämt werden.

Meine Schwägerin Beth ist sehr glücklich mit meinem Bruder Drew verheiratet. Sie sagte, wenn sie früher Männer kennenlernte (vor meinem Bruder) und diese Männer auf irgendeine Art andeuteten, dass sie kein Interesse an ihr hätten, habe sie die Sache beendet. Sie sah keinen Sinn in einseitigen Beziehungen. Sie hatte keine Angst davor, alleine zu sein und wenn ein Mann nicht ihren Erwartungen entsprach, machte sie Schluss. Sie wusste immer tief im Inneren, dass sie einen anderen kennenlernen würde. Und letztendlich traf sie meinen Bruder. Als sie sich noch mit anderen traf, hat sie folgende Verhaltensweisen nicht toleriert:

- wenn er ihre Telefonanrufe nicht beantwortete
- wenn er jemals nach seinem Zeitplan verschwand und dann wieder auftauchte
- wenn er sich auf irgendeine Art ihr gegenüber respektlos verhielt.

Auf was haben Sie Ihrer Meinung nach in einer Beziehung mit einem Mann Anrecht? Schreiben Sie fünf Punkte auf:

1.

2.

3.

4.

5.

Was werden Sie in einer Beziehung mit einem Mann nicht dulden? Schreiben Sie fünf Punkte auf:

1.

2.

_____

3.

_____

4.

_____

5.

_____

Die Leere fühlen

Wenn eine Frau sich verzweifelt verhält, läuft sie oft vor einem heftigen Leeregefühl weg, das sie empfindet, wenn sie alleine ist. Dieses leere Gefühl wurde oft als Panikattacke beschrieben, als Leere oder als Lücke. Es wurde von vielen Menschen sogar als schwarzes Loch beschrieben. Diese Leere ist so überwältigend, dass eine Frau lieber das grässliche Verhalten eines Mannes erträgt als sich dem Grauen zu stellen, mit diesen furchteinflößenden Gefühlen alleine zu sein.

Wie erschreckend diese Gefühle auch immer sein mögen, diese Leere ist nicht real. Sie hat nichts mit einem Mann zu tun, ob ambivalent oder nicht. Ein Mann, egal, was oder wer er ist, kann das, was Sie von Ihren Eltern nicht bekommen haben, nicht wiedergutmachen. Und genau um das handelt es sich bei dieser Leere – nämlich um das, was Sie gefühlsmäßig von Ihren Eltern nicht bekommen haben. Sie können aber nicht ändern, was Sie an seelischer Fürsorge von Ihren Eltern nicht bekommen haben. Aber eine Beziehung mit einem Mann, der Ihre Bedürfnisse befriedigt, kann heilsam sein und kann dabei helfen, Ihre Vergangenheit auszugleichen. Wenn Sie sich immer wieder mit einem ambivalenten Mann einlassen, der Sie in einem Zustand von Mangel und seelischen Schmerzen hält, wiederholen Sie die Geschichte Ihrer Kindheit und traumatisieren sich erneut.

Wenn Sie damit aufhören wollen, sich verzweifelt zu fühlen, dann müssen Sie sich dieser Leere und dieser Dunkelheit stellen. Wie machen Sie das am besten? Indem Sie alles tun, was getan werden muss, um diese Gefühle zu erfahren und auszuhalten, während Sie gleichzeitig Ihr Bestes geben, sie hinter sich zu lassen. Je intensiver und öfter Sie das machen, desto stärker werden Sie sich fühlen.

Es ist wichtig, zu begreifen, dass etwas zu fühlen und seine Gefühle auszuleben nicht das gleiche ist. Auch sich verzweifelt zu fühlen und verzweifelt zu handeln ist nicht das gleiche. Sie können fühlen, was Sie wollen und können Ihre Gefühle mit sicheren und zuverlässigen Leuten diskutieren und aufarbeiten. Aber wenn Sie Ihre Verzweiflung ausleben, wird das zu Problemen und selbstzerstörerischem Verhalten führen.

Allison, eine alleinstehende, vierzigjährige Frau, traf Elias im Internet. Sie gingen sechs Monate miteinander, als er mit ihr Schluss machte. Allison kam schwer über die Trennung hinweg und ertappte sich selbst dabei, wie sie ihn täglich anrief und ihm E-Mails schickte. Er wies sie weiterhin ab, was sie noch mehr mitnahm und deprimierte.

Allison hatte von Anfang an mit Männern schlechte Erfahrungen gemacht. Nach jeder Trennung fiel es ihr schwer, in ihrem Job klarzukommen und ihr Leben weiterzuleben. Bei der Trennung von ihrem letzten Freund vor Elias wurde sie so depressiv, dass sie in eine Klinik eingewiesen werden musste. Nachdem sie durch Antidepressiva stabilisiert worden war, fühlte sie sich wesentlich besser und konnte wieder zur Arbeit gehen. Indem sie über ihre Vergangenheit sprach, konnte sie in Kontakt mit einem Gefühl großer Leere kommen, das sie jedes Mal empfand, wenn ein Mann sie verließ. Sie beschrieb es, als würde sie in ein tiefes Loch fallen.

Im weiteren Therapieverlauf konnte Allison über den Verlust ihrer Mutter sprechen, die an Krebs starb, als sie sieben war. Ihr Vater war Arzt und arbeitete sehr viel. Daher wuchs sie nach dem Tod ihrer Mutter im Grunde genommen bei einer Kinderfrau auf. Während der Therapie konnte sie an das Gefühl einer riesigen Leere anknüpfen, das sie als Siebenjährige hatte, nachdem ihre innig geliebte Mutter verstorben war. Allison konnte erkennen, dass sie wieder die Leere des kleinen Mädchens spürte, sobald ein Mann sie verließ. Aus Angst vor dieser entsetzlichen, schmerzhaften Leere war sie bereit, alles zu tun, um sie nicht wieder spüren zu müssen. Dazu gehörte auch, dass sie ihren Ex tausend Mal am Tag anrief, weil allein das Gespräch mit ihm eine Art von Verbindung darstellte, auch wenn er nicht zurückkommen würde.

Wenn Sie bei einem Mann bleiben, der Sie zurückweist, nur um der „Leere" aus dem Weg zu gehen, kann das letztlich dazu führen, dass Sie so verzweifelt handeln wie Allison, die den ganzen Tag lang ihren Exfreund anrief. Indem Sie lernen, mit der Leere zu leben oder noch besser, sobald Sie einsehen, dass die Leere nichts mit dem Mann zu tun hat, sondern mit Ihrem Inneren, können Sie sich vor Situationen schützen, die dieses Gefühl der Leere auslösen könnten. Wenn Ihnen das gelingt, werden Sie nicht mehr verzweifelt agieren oder bei Männern bleiben, die Sie schlecht behandeln und ihre Versprechen über eine gemeinsame Zukunft nicht halten.

Als Allison mit den Gefühlen von Leere leben konnte und sie lieber aushielt anstatt sich verzweifelt an einen Mann zu klammern, der sie zurückwies, spürte sie, wie diese Gefühle allmählich verschwanden, insbesondere, sobald sie Kontakt mit Menschen aus ihrem „Hilfsnetzwerk" hatte.

Die Leere aushalten

Die folgende Auflistung zeigt Ihnen, was Sie tun können, wenn Sie „die Leere" fühlen und verhindert, dass Sie verzweifelt handeln.

- **Suchen Sie sich einen Freund und Helfer.** Es kann ein Haustier sein, ein Kind, ein Freund, ein Therapeut oder ein Verwandter – jeder außer Ihrem ambivalenten Mann. In der Zeit der Leere wäre Isolation das schlechteste, was Sie tun können.

- **Suchen Sie sich eine Rettungsinsel.** Schauen Sie sich alte Bilder aus einer Zeit an, in der Sie sich gut fühlten. Sehen Sie auf keinen Fall alte Bilder von Ihrem ambivalenten Mann an! Das Leben ist ein einziger Kreislauf und selbst die harten Zeiten gehen vorbei. Wenn Sie sich Fotos anschauen, die Sie an glückliche Zeiten erinnern, werden Sie die Leere aushalten und den Schmerz hinter sich lassen können, um in eine sinnvollere Phase Ihres Lebens zu treten.

- **Werden Sie körperlich!** Trainieren Sie wieder regelmäßig. Gehen Sie walken oder joggen. Schreiben Sie sich bei einem Yogakurs ein. Agieren Sie Ihre Gefühle über Ihren Körper aus, anstatt sie einzuschließen.

- **Seien Sie dankbar.** Viele Menschen berichten, dass sie sich sofort besser fühlen, wenn sie auf eine Liste der Dinge schauen, für die sie dankbar sein sollten. Sie werden erkennen, dass Ihr Leben viel erfüllter ist, als es Ihnen im Moment erscheint. Es gibt so viele Dinge im Leben, die Ihnen Liebe und Freude schenken können, im Gegensatz zu Ihrem entscheidungsunfähigen Mann.

- **Schauen Sie sich einen Film an.** Wie wäre es mit dieser romantischen Komödie, über die alle reden? Oder mit ein, zwei Klassikern? Alles, was Sie unterhält und ablenkt, hilft Ihnen, die Leere hinter sich zu lassen.

- **Surfen Sie im Internet.** Wenn Sie aus irgendeinem Grund nicht aus dem Haus können, dann gehen Sie ins Internet. Gehen Sie in einen Chatroom, auf eine Dating-Website, zu Kontaktbörsen oder in einen Online-Bücherladen. Sie können auch einen Blick auf das schwarze Brett auf meiner Homepage werfen (www.rhondafindling.com) und lesen, was andere Frauen durchmachen und Ihnen eine Nachricht hinterlassen.

- **Finden Sie Trost in der Küche.** Füttern Sie sich mit Ihrem Lieblingsessen. Versuchen Sie etwas Gesundes und Biologisches oder kochen oder backen Sie etwas für Feinschmecker. Haben Sie jemals einen Apfelkuchen aus echten Äpfeln selbst gebacken? Nichts drückt „nähren" so gut aus wie ein heißer Apfelkuchen frisch aus dem Ofen. Verwöhnen Sie sich selbst!

- **Seien Sie eine Wasserkönigin!** Probieren Sie die Badesalze aus, die schon seit letztem Jahr in Ihrem Badezimmer herumstehen. Zünden Sie Kerzen für eine schöne Atmosphäre an, legen Sie Ihre Lieblings-CD ein und genießen Sie ein langes entspannendes Bad. Sie werden erstaunt darüber sein, wie sich Ihre Gemütsverfassung bessert, wenn Sie entspannt sind und gut für sich selbst sorgen.

- **Verwöhnen Sie sich selbst.** Gönnen Sie sich eine Massage, eine Maniküre oder Pediküre. Diese körperlichen Berührungen sind sicher und können pflegend, heilsam und entspannend sein - und vor allem werden Sie sich fabelhaft fühlen.

- **Gehen Sie zu einem Treffen der Zwölf-Schritte-Gruppe** (Anm. der Übers.: Dabei handelt es sich um eine Selbsthilfegruppe, die nach dem Vorbild der anonymen Alkoholiker arbeitet). Es gibt diese Treffen überall auf der Welt, zu allen Uhrzeiten, Tag und Nacht. Wenn Sie denken, dass Sie dabei sind, sich verzweifelt zu verhalten, dann gehen Sie zu irgendeiner Zwölf-Schritte-Gruppe und treffen sich mit anderen Menschen, die verstehen, wie Sie sich fühlen.

- **Rufen Sie Ihren Therapeuten an.** Wenn es Ihnen so scheint, als ob Sie angesichts der Leere selbstzerstörerisch handeln würden, rufen Sie Ihren Therapeuten an und vereinbaren einen Notfalltermin.

In Zeiten, in denen Sie merken, dass die Leere Sie einholt, ist das allerwichtigste, an das Sie sich erinnern sollten, dass Sie sich um sich selbst kümmern und sich selbst nähren müssen. Es ist eine höhere Wahrheit, dass auch diese Zeit vorbeigeht. Das Schlimmste, das Sie in einer Zeit, in der Sie sich verlassen fühlen, tun können, ist, sich selbst im Stich zu lassen. In diesen Zeiten ist Anbindung äußerst wichtig, aber binden Sie sich nicht an den entscheidungsunfähigen Mann! Sehr wahrscheinlich löst sein Verhalten Ihre Verzweiflung aus und der Kontakt mit ihm würde die Gefühle nur verstärken, die Sie schon zu meistern versuchen. Bemühen Sie sich stattdessen, sich mit Menschen und Dingen zu umgeben, die Ihnen eine gesunde Fröhlichkeit schenken, selbst wenn das zusätzliche Schritte bedeutet.

Einmal habe ich eine Beziehung mit einem Mann beendet, von der ich wusste, das sie keine Zukunft haben würde und es tat mir unglaublich weh. Ich wusste, ich würde sofort genesen, sobald ich meine Nichten und Neffen sehen würde. Ich nahm also ein Taxi zum Flughafen und buchte einen Flug nach Georgia, wo meine heißgeliebten Nichten und Neffen leben und verbrachte ein Wochenende bei ihnen. In dem Moment, in dem ich sie sah, verschwand die Leere. Als ich nach New York zurückkehrte, war der Schmerz noch da, hatte aber sehr nachgelassen.

Bleiben Sie in Kontakt zu Ihren Gefühlen

Wenn Sie den Drang verspüren, verzweifelt zu handeln, ist es extrem wichtig, dass Sie mit all Ihren Gefühlen in Kontakt bleiben. Denken Sie daran, Sie dürfen sie fühlen, aber Sie sollten sie nicht ausleben. Machen Sie eine Liste von fünf Dingen, die Sie für sich tun können, um sich daran zu hindern, Ihre Verzweiflung auszuleben.

1. _____

2. _____

3. _____

4. _____

5. _____

Die verzweifeltste Frau von allen

Lassen Sie uns das Beispiel einer Frau betrachten, die in die tiefsten Tiefen der Verzweiflung abgesunken ist – der national bekannte Fall der Zahnärztin Clara Harris, die wegen Totschlages verurteilt wurde, nachdem sie ihren ehebrecherischen Mann mit ihrem Mercedes Benz überfahren hatte. Sie sagte, nachdem sie von der Affäre ihres Mannes erfahren habe, hätte sie unermüdlich daran gearbeitet, ihre zehnjährige Ehe zu retten. Sie kündigte ihren Job, damit sie dreimal in der Nacht Sex mit ihm haben konnte, kochte seine Lieblingsspeisen, plante eine Operation zur Brustvergrößerung und zum Fettabsaugen, ging ins Bräunungsstudio, ließ sich täglich die Haare machen und trainierte im Fitnessstudio. Nachdem er ihr gebeichtet hatte, mit seiner Geliebten zu schlafen, verbrachten Clara und ihr Mann den Abend in einer Bar am Flughafen Houston. Dort gingen sie im Detail alle Vorzüge und negativen Seiten der beiden Frauen durch. Clara machte sich auf Servietten der Bar Notizen, die bei ihrer Gerichtsverhandlung als Beweismittel herangezogen wurden. Ihrem Mann zufolge hatte Clara in Puncto äußeres Erscheinungsbild und Intelligenz einen knappen Vorsprung, aber die ehebrecherische Geliebte wäre ein besserer Zuhörer. Gemäß der Servietten fand David, dass seine Frau zu dick sei, zu viel arbeite und Gespräche derart dominiere, dass sie keinen anderen zu Wort kommen ließe, während seine Geliebte zierlich sei und die perfekten Formen hätte, um mit ihr zu schlafen und sie die ganze Nacht im Arm zu halten.

In dem Moment, in dem Clara Harris ihren Ehemann überfuhr, hatte sie überhaupt kein Selbstwertgefühl mehr. Anstatt Wut auf ihren Mann zu fühlen, der sie mit seinen sadistischen Vergleichen zu seiner Geliebten demütigte, idealisierte sie ihn und tat verzweifelt alles, um ihn zu halten. Und als sie merkte, dass sie ihn nicht festhalten konnte, obwohl sie sich selbst aufgeopfert hatte, nahm die Tragödie ihren Lauf. Warum hatte sie es für unbedingt notwendig befunden, ihren Job aufzugeben und ihren Körper zu verstümmeln? Warum hatte sie sich seine sadistischen Vergleiche in der Flughafenbar überhaupt angehört? Warum konnte sie sich nicht zu einer Scheidung durchringen und ihn als Ausgleich dafür, dass er Sie erniedrigt und betrogen hatte, finanziell wie eine Weihnachtsgans ausnehmen? Genau das hätten fast alle Frauen getan.

Sie schwelgte in ihrer Leere und lebte in Panik davor, ihn zu verlieren. Dabei verhielt sie sich so lange masochistisch und verzweifelt bis zu dem Moment, als sie die beiden zusammen vor einem Hotel erwischte. In diesem Moment realisierte sie wahrscheinlich, dass all ihre Bemühungen und Versuche, sich umzukrempeln, um ihm zu gefallen, umsonst waren. Die Wut, die sie bis zu diesem Moment unterdrückt hatte, kochte über und in der Folge versuchte sie, ihn auszuradieren und nahm ihm das Leben. Dies ist der Inbegriff einer Verzweiflungstat, die nicht nur zu dem tragischen Tod ihres Mannes führte, sondern auch dazu, dass sie ihr eigenes Leben zerstörte.

Was hätte sie stattdessen tun können? Eine Menge! Sie hätte sich selbst sehr helfen können, wenn sie die Stärke gehabt hätte, einige der folgenden Dinge zu tun:

- Sie hätte weder fragen, noch ihrem Mann zuhören sollen, warum er lieber mit seiner Geliebten als mit ihr zusammen sein wollte. Das zu wissen wäre für sie nicht notwendig gewesen. Es war schmerzhaft genug zu wissen, dass er etwas mit einer anderen Frau hatte.

- Als sie ihn mit seiner Geliebten sah, hätte sie weggehen sollen, egal wie ärgerlich und schmerzhaft es war.

- Sie hätte ihren Schmerz fühlen und mit einem Therapeuten oder engen und unterstützenden Freunden aufarbeiten sollen.

- Sie hätte sich einer sehr intensiven Psychotherapie unterziehen sollen, anstatt sich die Brust vergrößern zu lassen, Gourmet Mahlzeiten zu kochen und drei mal nachts Sex zu haben. Sie hätte auch alleine daran arbeiten können, ihre Selbstachtung wiederzugewinnen anstatt nach der Bestätigung durch ihren Mann zu streben.

- Sie hätte besser auf das sadistische und narzisstische an ihrem Mann achten sollen, anstatt ihn zu idealisieren und alles zu versuchen, ihn festzuhalten.

Was Clara Harris passiert ist, lehrt uns, welch gravierende Folgen verzweifeltes Handeln haben kann. Rache, Stalking, zu Kreuze kriechen und der völlige Selbstwertverlust sollten nie auf die leichte Schulter genommen werden. Gefühle von Verzweiflung, die nicht aufgelöst werden, können sogar zur totalen Selbstzerstörung führen. Die Hilfsprogramme in diesem Kapitel werden ihnen helfen, künftige Verzweiflungstaten zu vermeiden.

11
Frühe Warnsignale für einen unschlüssigen Mann

Herzlichen Glückwunsch! Sie haben hart an Ihrem Selbstbewusstsein gearbeitet. Das macht Veränderungen möglich. Aber vielleicht sollten Sie Ihr Urteilsvermögen in Bezug auf Männer noch verbessern und sich so selbst den Rücken stärken. Viele Frauen beklagen sich, dass sie sich mit Männern einlassen und später von deren Ambivalenz überrascht werden. Wenn Sie Ihren unschlüssigen Mann von Anfang an wirklich gut beobachten, werden Sie auf alles weitere vorbereitet sein und sich am Ende nicht in die Opferrolle gedrängt fühlen.

Fünfundzwanzig Frühwarnzeichen

Ambivalente Männer zeigen normalerweise anfangs ein gutes Benehmen, weil sie noch nicht gegen die Angst vor Nähe und Intimität zu kämpfen haben. Aber ihre Ambivalenz zeigt normalerweise recht bald ihr hässliches Gesicht. Es gibt fünfundzwanzig Verhaltensweisen, auf die Sie ein Auge haben sollten, wenn Sie einen zwiespältigen Mann erkennen wollen. Wenn er von Anfang an mindestens drei dieser Anzeichen aufweist, besteht eine recht große Wahrscheinlichkeit dafür, dass er sich als ambivalenter Mann entpuppt.

Zeichen Nummer 1: Sie fühlen sich zum Narren gehalten

Er sagt Ihnen, dass er Sie um acht Uhr abends anruft, aber vor zehn ruft er nicht an. Er sagt Ihnen, er müsse bis Mittwoch warten, um Ihnen wegen eines gemeinsam geplanten Termins Bescheid zu geben, aber er ruft bis Freitag nicht an. Sie fühlen sich durch ihn manipuliert und zum Narren gehalten.

Jenny lernte Renaldo in einer Disco kennen. Er sah gut aus und war ein großartiger Tänzer. Sie war außer sich vor Freude, als er sie am Abend darauf anrief und einlud, mit ihm auszugehen. Montags, eine Stunde bevor er sie abholen wollte, sagte Renaldo ab und erklärte, etwas sei bei der Arbeit dazwischengekommen. Er rief unter der Woche an, um sich für das nächste Wochenende mit ihr zu verabreden. Aber er sagte, er müsse noch einmal anrufen, um den Termin zu bestätigen. Als sie bis Samstag früh nichts von ihm hörte, nahm sie an, dass er es sich anders überlegt hatte. Dann rief er sie an eben diesem Samstagabend an und fragte, ob sie mit ihm zu einer großen Party mitkommen wolle. Obwohl sie sauer war, dass er nicht schon morgens angerufen hatte, beschloss sie, ihm eine neue Chance zu geben. Eine Stunde später, als sie gerade die letzten Handgriffe an ihrem Make-up machte, rief er an und sagte ab. Aufgebracht sagte sie ihm, dass er sie nie wieder anrufen solle und dass sie nicht zum Narren gehalten werden wolle.

Zeichen Nummer 2: Wenn Sie ihm eine Nachricht hinterlassen, dauert es lange, bis er antwortet

Wenn Sie ihm in irgendeiner Form eine Nachricht hinterlassen (E-Mail oder Telefon), lässt er sich Zeit mit der Antwort. Sie schicken ihm zum Beispiel schnell eine E-Mail und bekommen mindestens drei Tage lang keine Antwort. Sie hinterlassen ihm eine Nachricht auf seinem Anrufbeantworter, um ihn zu einer Veranstaltung einzuladen mit der Bitte um Rückruf, weil sie sich dort anmelden müssen und es dauert mehr als vier Tage, bis er antwortet. Sie bekommen das Gefühl, dass er in seinem Leben einiges mehr zu tun hat als eine Beziehung mit Ihnen aufzubauen, was für ihn nicht die Priorität Nummer Eins zu haben scheint. Das verwirrt Sie, weil er so interessiert an Ihnen zu sein scheint, sobald Sie Ihre Zeit mit ihm verbringen.

Zeichen Nummer 3: Er ist sehr verführerisch

Er redet sexy und ist sehr auf den Versuch konzentriert, Sie zu verführen. Obwohl es Ihnen gefällt, sich so begehrenswert zu fühlen, scheint er doch nur an das Eine zu denken. Manchmal fragt er Sie nicht einmal, wie es Ihnen geht, weil er nur Interesse an Sex hat.

Zeichen Nummer 4: Er ist unzuverlässig

Er lebt seine Ambivalenz durch Unzuverlässigkeit aus. Er kommt nicht vorbei und ruft nicht an, selbst wenn er gesagt hat, dass er das tun will. Er versetzt Sie. Er verspätet sich. Er ist nicht seriös.

Zeichen Nummer 5: Er verschwindet immer wieder

Sie hatten ein großartiges erstes Treffen und dann hören Sie wochenlang nichts von ihm. Er scheint wie vom Erdboden verschluckt. Sie haben ein großartiges zweites Treffen und wieder hören Sie weitere Wochen lang nichts von ihm. Dann erscheint er wieder mit der Entschuldigung, er hätte mit Grippe im Bett gelegen.

Zeichen Nummer 6: Er ist völlig unvorhersehbar

Sie wissen nie, wann er auftaucht oder was er vorhat. Es ist aufregend, aber es macht Angst. Er scheint nicht sonderlich interessiert zu sein und dann erscheint er mit Rosen an Ihrer Arbeitsstelle. Sie wissen nicht, wo Ihnen der Kopf steht.

Zeichen Nummer 7: Er ist egozentrisch

Er ist egoistisch und sehr von sich eingenommen. Sie versuchen, über sich zu sprechen, aber das Gespräch kommt immer wieder auf ihn zurück. Er ist ein schlechter Zuhörer. Er scheint anderer Leute Probleme schwer verstehen zu können, weil die Diskussion sich nicht um ihn dreht.

Zeichen Nummer 8: Er will ständige Bestätigung

Er will die Dinge auf seine Art und möchte nicht auf sie warten. Wenn er Sie fragt, ob Sie mit ihm wegfahren wollen, besteht er auf einer sofortigen Antwort, selbst wenn Sie erst herausfinden müssen, ob Sie einen Tag Urlaub bekommen. Er ist fordernd und kann sogar kindisch sein.

Zeichen Nummer 9: Er ist ein geheimnisvoller Mann

Da gibt es Dinge um ihn, die nicht den geringsten Sinn machen. Wenn Sie ihn fragen, reagiert er defensiv und weicht aus.

Priscilla ging ein paar Monate mit Raymond, als ihr auffiel, dass ihn etwas sehr Geheimnisvolles umgab. Er hatte stets den Anrufbeantworter an, was sie als kleine Macke abtat. Dann wollte er sie nie Samstagabend sehen, nur an Sonntagen und von Sonntagabend bis Montagmorgen. Deshalb fragte sie ihn, was er samstags machen würde. Er behauptete, er würde im Nebenjob Pullover verkaufen und würde samstags zu den Betrieben fahren, die Pullis abholen und nicht vor Sonntag zurückkommen (obwohl sie nie irgendwelche Pullover in seiner Wohnung herumliegen sah). Manchmal hinterließ sie ihm eine Nachricht und er beantwortete sie tagelang nicht mit der Erklärung, er sei beschäftigt gewesen oder krank. Ihr kam es einfach so vor, als wäre er gar nicht zu Hause oder als lebe er noch ein anderes Leben, von dem er ihr nichts erzählte. Sie bemerkte, dass er sich immer, wenn sie ihn darauf ansprach, eine Antwort einfallen ließ und dass seine Erklärungen manchmal nicht miteinander übereinstimmten. Sie fand allmählich heraus, dass es andere Bereiche in seinem Leben gab, von denen sie nichts wusste, einschließlich andere Frauen und sogar manche illegale Tätigkeiten.

Manche Männer sind geheimnisvoll und ausweichend, um auf diese Art einen gewissen Abstand zu wahren. Ihnen ist es wichtig, einen Teil ihres Lebens für sich alleine zu haben, an dem sie niemanden, nicht einmal ihre Freundin oder ihre Frau, teilhaben lassen wollen.

Zeichen Nummer 10: Er ist oberflächlich

Er ist seicht und betrachtet die Dinge nur oberflächlich. Sobald er seine Ambivalenz spürt, wertet er eine Frau einfach ab. Üblicherweise findet er irgendetwas an ihrer äußeren Erscheinung, das ihm nicht passt.

Zeichen Nummer 11: Er übernimmt keine Verantwortung für sein Verhalten

Er geht in die Defensive, sobald Sie ihn auf etwas an seinem Verhalten Ihnen gegenüber hinweisen. Er ist außerstande zu erkennen, wie er auf andere wirkt und hat wenig Einsicht in sein eigenes Benehmen.

Chelsea fand Gil ganz toll, bis er anfing, sie zu kritisieren. Als sie ihm sagte, dass manches, was er sagte, sie kränken würde, behauptete er, sie sei zu empfindlich. Dann versprach Gil, sie anzurufen und er rief sie nicht an. Als sie ihm sagte, dass sie nicht begeistert wäre von seiner Vergesslichkeit, sagte er, sie sei zu pingelig. Nach einer Weile begriff Chelsea, dass Gil nicht bewusst war, wie er sie zurückstieß und wie er durch seine Unfähigkeit, die Verantwortung für sein Benehmen zu übernehmen, die Beziehung sabotierte.

Zeichen Nummer 12: Er lebt immer noch bei seinen Eltern

Das deutet auf die Möglichkeit hin, dass er emotional für eine wahre, erwachsene Beziehung mit einer Frau nicht reif genug ist. Durch seine Über-Bindung an seine Eltern ist er einer Bindung mit einer Frau gegenüber wahrscheinlich ambivalent eingestellt.

Zeichen Nummer 13: Er ist verheiratet oder trifft sich mit anderen Frauen

Das ist eines der wichtigsten Anzeichen für einen unschlüssigen Mann. Er umgeht seine Angst vor Nähe und wirklicher Intimität, indem er mit mehr als einer Frau gleichzeitig zusammen ist. Wenn Sie ihn darauf ansprechen, wird er Ihnen wahrscheinlich intellektuell erklären können, wieso es völlig in Ordnung wäre, mehrere Beziehungen zu haben.

Zeichen Nummer 14: Er redet ununterbrochen von seiner Ex

Er hat seine letzte Beziehung noch nicht überwunden und ist noch nicht bereit für eine neue. Es ist wahrscheinlich, dass er sehr bald damit anfangen wird, sich ambivalent zu verhalten.

Zeichen Nummer 15: Er treibt von Anfang an seine Spielchen

Von Anfang an fordert er Streits geradezu heraus. Ihnen kommt es vor, als würde er Spielchen treiben. Er kritisiert Sie und/oder wertet Sie ab.

Zeichen Nummer 16: Es gibt einen großen Unterschied zwischen dem, was er sagt und dem, was er tut

Von Anfang an schickt er Ihnen doppelte Botschaften. Er sagt das eine, dann tut er etwas anderes. Er sagt Ihnen, was er alles tun will, tut es aber nicht. Er sagt Ihnen zum Beispiel, dass er Sie liebt und ruft Sie dann zwei Wochen lang nicht an. Er sagt, Sie hätten all die Eigenschaften, die er bei einer Frau sucht, möchte Sie aber am folgenden Wochenende nicht sehen. Er verspricht, mit Ihnen tanzen zu gehen, tut es aber nie. Er verspricht, Ihnen ein besonderes Schmuckstück zu kaufen, kauft es aber nie. Manchmal hat er eine große Klappe, aber es ist nichts dahinter.

Zeichen Nummer 17: Sie bekommen sofort die Abschiedsrede

Schon beim ersten Treffen hält er Ihnen den Vortrag darüber, dass er keine Beziehung sucht, keine Bindung und auch sonst nichts Ernsthaftes. Wenn Sie diesen Vortrag hören, wissen Sie sofort, dass er ein ambivalenter Mann ist.

Zeichen Nummer 18: Er hatte keine oder wenige Beziehungen mit Frauen

Das ist ein schlechtes Zeichen, weil es seine Angst vor Beziehungen zeigt. Wahrscheinlich wird er in Panik ausbrechen, sobald Sie sich näherkommen.

Zeichen Nummer 19: Er geht zu endlos vielen Single-Veranstaltungen

Er ist sich seines Singleseins sehr bewusst und steht darauf, Frauen zu treffen und gelegentliche Flirts zu haben. Das ist ein schlechtes Zeichen, weil es bedeutet, dass er selten in einer Beziehung ist.

Zeichen Nummer 20: Er flirtet mit Ihnen, aber er verabredet sich nie

Sie fühlen sich sehr enttäuscht oder sogar auf den Arm genommen, wenn ein Mann mit Ihnen flirtet, sich aber nie mit Ihnen trifft. Er schickt Ihnen doppelte Botschaften, weil er interessiert erscheint, aber nicht entsprechend handelt.

Zeichen Nummer 21: Er gibt Ihnen seine Festnetznummer nicht

Er gibt Ihnen seine Handynummer, aber nicht seine Festnetznummer. Jeder integere Mann, der aufrichtig am Aufbau einer Beziehung interessiert ist, wird einer Frau schlicht und ergreifend seine Festnetznummer geben. Wenn Sie nur eine Handynummer, Mailbox oder gar keine Nummer bekommen, haben Sie es mit an

Sicherheit grenzender Wahrscheinlichkeit mit einem unschlüssigen Mann zu tun.

Zeichen Nummer 22: Er hat eine schlechte Erfolgsbilanz bei anderen Frauen

Er hatte eine Reihe von Beziehungen mit dramatischem Ausgang und vielen emotionalen Verletzungen. Das ist ein Anzeichen für einen zwiespältigen Mann. Hören Sie aufmerksam zu, wenn er von seiner Vergangenheit erzählt, weil sie sich bestimmt wiederholen wird.

Hilary war einen Monat lang mit Herb zusammen, als sie im Frisörsalon zufällig seine Ex-Freundin Tiffany traf, während sie sich beide die Haare bleichen ließen. Tiffany erzählte Hilary, dass Herb sie mit seinem Hin und Her so wütend gemacht hätte, dass sie schließlich all seine Klamotten in den Abfalleimer ihres Hinterhofs geworfen und verbrannt hätte. Hilary nahm an, dass Tiffany wahrscheinlich psychische Probleme habe. Dabei hatte Herb ihr erzählt, dass er in der Vergangenheit eine Menge Freundinnen gehabt hätte. Nach einigen Monaten fing er an, Verabredungen abzusagen und einfach nicht anzurufen, wobei Hilary den Eindruck bekam, er würde sich mit anderen Frauen treffen. Weil er ihr gesagt hatte, dass er nie eine Frau so rückhaltlos geliebt hätte wie sie, war sie durch seine Abweisung am Boden zerstört. Sie hatte das Gefühl, er würde sie betrügen und hinters Licht führen. Obwohl sie Tiffanys Aktionen noch immer nicht gutheißen konnte, verstand sie jetzt den Anlass dafür!

Zeichen Nummer 23: Sein Leben ist chaotisch

Wenn er ein chaotisches Leben führt, ist das ein Zeichen für Ambivalenz, weil eine stabile ruhige Beziehung zu viel Angst bei ihm auslöst. Er muss eine gewisse Distanz provozieren, um die Beziehung dramatisch zu gestalten.

Zeichen Nummer 24: Er flirtet ganz offen in Ihrem Beisein mit anderen Frauen

Er provoziert eine Distanz zwischen Ihnen beiden, indem er öffentlich vor Ihren Augen mit anderen Frauen flirtet. Er sendet Ihnen die doppelte Botschaft, dass er Sie mag, sich aber leicht ablenken lässt und Sie schnell vergisst.

Zeichen Nummer 25: Er idealisiert Sie sofort

Er fängt schon damit an, Pläne mit Ihnen zu machen, kaum dass er Sie kennt. Er tut so, als sei er verrückt nach Ihnen. Obwohl das sehr schmeichelhaft sein kann, bedeutet es möglicherweise auch, dass er Sie idealisiert, was dazu führt, dass Sie ihn enttäuschen werden, woraufhin er Sie abwerten wird – ein klassisches ambivalentes Verhalten.

Harold sagte Deirdre beim Kennenlernen, dass er in sie verliebt sei. Er sagte ihr, sie hätte alle Eigenschaften, die er bei einer Frau suchte. Wenn sie miteinander ausgingen, machte er Komplimente über ihr Make-up und ihre Kleidung. Er erzählte ihr, wie klug sie sei und lachte hysterisch über ihre Witze. Wenn sie redete, starrte er sie an, als wäre sie eine Göttin. Eines Abends sprachen sie über ihre jeweilige Vergangenheit und Deirdre erwähnte, dass sie während ihres Studiums mit Drogen experimentiert hätte. Harold sah sie schockiert an und sagte ihr, dass er nicht glauben könne, dass sie so ein Mensch wäre. Sie dachte, er würde einen Witz machen, aber er sagte ihr, dass es ihm sehr ernst sei. Als Harold aufstand, um zu gehen, erklärte er, dass er nicht glaube, sich weiterhin mit ihr treffen zu können, weil sie ja nicht die wäre, für die er sie gehalten habe und dass er zu enttäuscht sei. Deirdre hörte nie wieder von ihm. Harold hatte sie idealisiert und geglaubt, sie wäre absolut perfekt. Als sie ihn enttäuschte, hatte er nicht die gefühlsmäßige Größe, sie mit all ihren Fehlern anzunehmen. Er wollte sie nur so, wie er sie in seiner Phantasie idealisierte.

Nehmen Sie ihn ins Kreuzverhör

Vielleicht kommen Sie sich aufdringlich vor, wenn Sie ihm so viele Fragen stellen, aber Sie sollten alles über ihn wissen, wenn Sie herausfinden wollen, mit wem Sie es wirklich zu tun haben. Wissen ist Macht, also legen Sie los und holen sich die Macht! Wenn Sie vermuten, dass Sie einen ambivalenten Mann vor sich haben, holen Sie sich mit der folgenden Liste Ihre Informationen. Obwohl Ihnen seine Antworten keine Garantie dafür geben können, ob er sich künftig ambivalent verhalten wird oder nicht, haben Sie doch ein Werkzeug in der Hand, um sich später nicht völlig getäuscht und überrascht vorzukommen.

- **Holen Sie sich seine Nummer.** Er muss Ihnen seine Festnetznummer geben. Wenn er Ihnen nur seine Handynummer oder seine Mailboxnummer gibt, dann ist er wahrscheinlich verheiratet oder lebt mit jemandem zusammen. Jetzt wissen Sie, dass er ein ambivalenter Mann ist. Wenn Ihnen die Telefonnummer, die er Ihnen gibt, verdächtig vorkommt, probieren Sie sie aus. Wenn Sie herausfinden, dass es nicht seine richtige Festnetznummer ist, sprechen Sie ihn darauf an.

- **Fragen Sie ihn etwas über seine Arbeit.** Es ist wichtig, zu wissen, wo ein Mann arbeitet. Dann wissen Sie auch, ob er einen Job hat oder ob er arbeitslos ist. Und versuchen Sie über diese Fragen auch etwas über seine früheren Anstellungen herauszufinden. Wenn er seiner Arbeit gegenüber ambivalent ist, wird er es Ihnen gegenüber wahrscheinlich auch sein.

- **Finden Sie etwas über seine früheren Beziehungen heraus.** Finden Sie heraus, ob er jemals verheiratet war oder ob er kurze oder lange Beziehungen gehabt hat. Das gibt Ihnen einen Hinweis darauf, zu welcher Art von Beziehung er mit Ihnen fähig wäre. Wenn er älter ist als vierzig und nie verheiratet war, könnte das ein Zeichen dafür sein, dass er ein ambivalenter Mann ist.

- **Wie ist seine Familie gestrickt?** Fragen Sie, ob seine Eltern geschieden oder noch verheiratet sind, wie viele Geschwister er hat, ob er ein Einzelkind ist. Wie wuchs er in seiner Familie auf? Wie kommt er heute mit seiner Familie aus? All diese Informationen können Ihnen einen Einblick in seine Gefühle und Gedanken zum Thema Beziehung geben.

- **Finden Sie die Leichen in seinem Keller.** Das mag Ihnen etwas übertrieben vorkommen, aber finden Sie heraus, ob er je richtig im Schlamassel gesteckt hat. Wenn er eine Gefängnisakte hat, hat er wahrscheinlich einige große Charakterschwächen. Das könnte Sie darauf hinweisen, dass er wahrscheinlich zumindest in Bezug auf Beziehungen ambivalent sein würde.

- **Erfragen Sie die Wahrheit in Bezug auf seine Bildung**. Schauen Sie, ob es bei ihm zum Kollege reichte, zur Hochschule oder zur Berufsschule. Wenn er schon die Schulen ständig wechselte, ist das ein starkes Anzeichen für Ambivalenz.

- **Lernen Sie seine Zielsetzung für eine Beziehung kenne**n. Manche Männer werden Ihnen die Antworten auf einem silbernen Tablett servieren. Sie sagen Ihnen direkt, dass sie nicht heiraten wollen oder heiraten und Kinder haben wollen. Sie brauchen ja nicht zu direkt zu klingen, aber finden Sie geschickt heraus, was er sich hinsichtlich Liebe und Beziehung wünscht.

Seien Sie von der ersten Begegnung an aufmerksam. Natürlich wollen Sie das Zusammensein mit ihm genießen, aber lassen Sie sich nicht zu schnell ins Traumland mitreißen. Das hier ist kein Märchen. Es ist Ihr Leben. Stellen Sie Fragen. Sie haben das Recht, alles zu wissen.

Setzen Sie Grenzen und Regeln

Es sagt eine Menge über einen Menschen aus, wie er auf Grenzen und Regeln reagiert. Wenn er seine Ambivalenz von Anfang an auslebt, können Sie Grenzen und Regeln setzen. Seine Reaktion kann Ihnen recht schnell klar machen, ob er ein ambivalenter Mann ist. Wenn er immer wieder die selben Verhaltensweisen aufzeigt, ist er definitiv ein ambivalenter Mann. Sprechen Sie ihn sofort darauf an, wenn...

- ... er sich verspätet.

- ... er Sie versetzt.

- ... er sagt, dass er anruft und es nicht tut.

- ... er etwas verspricht und es nicht hält.

- ... er Sie ignoriert, wenn Sie mit ihm ausgehen.

- ... er in Ihrem Beisein mit anderen Frauen flirtet.

Verbessern Sie Ihre Intuition in Bezug auf Männer

Obwohl Frauen Männer durchaus klar betrachten können, lassen sie allzu oft ihr Urteil durch die eigenen Nöte, Sehnsüchte und Hoffnungen vernebeln. Feministische Psychologinnen haben beschrieben, wie stark das Selbstwertgefühl vorpubertärer Mädchen ist und welch starke Verbindung sie zu ihrer Intuition haben. Aber sobald ein Mädchen in die Pubertät und mit Sex und Romantik in Berührung kommt, wird ihr angeborenes Wissen über Jungen und Männer durch gesellschaftliche Erwartungen und das Spiel der Geschlechter verdorben. Wenn Sie als erwachsene Frau zurückgehen und Ihr Selbstwertgefühl stärken, können Sie Ihre Klarheit und Ihre Weisheit, die Sie von Haus aus besitzen, reaktivieren. Dann können Sie recht flott feststellen, ob ein Mann ein ambivalenter Mann ist. Denken Sie daran, wenn Sie das früh herausfinden, können Sie das Problem im Keim ersticken.

12
Gut zu wissen, wann es sich lohnt:
Ein Zwölf-Stufen-Programm
für den Umgang mit dem
ambivalenten Mann

Marilyn war eine 42-jährige geschiedene Frau mit zwei Kindern im Teenageralter, als sie Pete kennenlernte, einen gutaussehenden, fünf Jahre jüngeren Geschäftsmann. Weil er eine schmerzliche Scheidung hinter sich hatte, teilte er ihr mit, dass er nicht sicher wäre, ob er jemals wieder heiraten wolle. Marylin hatte an einem meiner Workshops teilgenommen und wusste daher, dass Pete ein ambivalenter Mann war. Trotzdem hatte sie den Eindruck, dass sie in vielen Dingen miteinander übereinstimmten und sie wollte versuchen, eine ernsthafte Beziehung mit Pete einzugehen. Marylin sagte, er würde wunderbar mit ihren Kindern auskommen und sie würde ihn für einen wahren Glücksgriff halten. Sie fragte mich, ob ich ihr nicht ein paar Vorschläge machen könnte, wie sie eine Langzeitbeziehung zu einem zwiespältigen Mann aufbauen können.

Kann Ihr ambivalenter Mann eine Beziehung aushalten?

Manche ambivalente Männer sind gefühlsmäßig in der Lage, eine Beziehung einzugehen, manche nicht. Marilyn wollte wissen, wie eine Frau erkennen könnte, ob ein Mann das Potential zu einer Langzeitbeziehung hätte oder ob er ein hoffnungsloser Fall wäre. Hier ist die Liste von Anzeichen dafür, dass der ambivalente Mann eine Beziehung aushalten kann:

- Er will Sie mindestens einmal pro Woche sehen.
- Er gibt Ihnen eine Telefonnummer, auf der Sie ihn erreichen können.
- Sie wissen, wo er wohnt.
- Die Initiative, sich zu sehen, geht zu mindestens siebzig Prozent von ihm aus.
- Er will Sie auch am Wochenende treffen, nicht nur unter der Woche.
- Er redet davon, dass er irgendwann in seinem Leben eine ernsthafte Beziehung haben möchte.
- Wenn Sie zusammen sind, möchte er verschiedene Dinge mit Ihnen unternehmen (ins Kino gehen, zum Essen ausgehen), er will nicht nur Sex mit Ihnen haben.

Der ambivalente Mann, der nicht zu retten ist

Bevor wir weiter darauf eingehen, wie mit dem zwiespältigen Mann „mit Potential" umzugehen ist, lassen Sie uns einen kurzen Blick auf die Männer werfen, die nicht zu retten sind. Manche ambivalente Männer sind sogar noch unfähiger, sich zu binden als andere. Männer, bei denen Hopfen und Malz fast völlig verloren ist, können als hoffnungslose ambivalente Männer bezeichnet werden (im Gegensatz zu den ambivalenten Männern mit Potential). Hoffnungslose ambivalente Männer sind so ambivalent, dass Sie ihre Ambivalenz stärker ausleben. Sie sind fast immer unerreichbar, unzuverlässig und unberechenbar und es ist schier aussichtslos, mit ihnen eine Beziehung zu führen. Dummerweise sind sie oft auch charmant, bezaubernd, lustig, sexy und verführerisch, weshalb sich die Frauen auch mit ihnen abgeben. Diese Männer schaffen es, dass Sie sich (vorübergehend) begehrt fühlen und daher fällt es Ihnen schwer, sie aufzugeben, obwohl ihre Aufmerksamkeit nur oberflächlich ist und sie kein Interesse daran haben, Ihre Bedürfnisse auf einer tieferen Ebene zu befriedigen. Es gibt nur eins, auf das Sie sich bei einem zwiespältigen Mann verlassen können: Letztendlich wird er Sie enttäuschen. Darauf können Sie Gift nehmen. Diese Zeichen sprechen dafür, dass Sie mit einem hoffnungslosen entscheidungsunfähigen Mann herumhängen:

• Er will weniger als einmal in der Woche mit Ihnen zusammen sein.

• Er will sich unter der Woche treffen, aber nie Samstagabends.

• Er nimmt Sie selten irgendwohin mit.

• Er will sich nur mit Ihnen treffen, um Sex zu haben.

• Er besteht darauf, sich auch mit anderen zu treffen (mehrere Beziehungen).

• Er verkündet hartnäckig, dass er keine Beziehung will.

• Er versetzt Sie.

• Er ruft nicht an, auch wenn er es angekündigt hat.

• Er belügt Sie.

Vorsicht! Auch mit einem ambivalenten Mann mit Potential ist es nicht einfach!

Wenn Sie sich dazu durchringen, eine Beziehung mit einem entscheidungsunfähigen Mann mit Potential zu versuchen, kann das stressig, seelisch erschöpfend und sogar traumatisierend sein. Vielleicht werden Sie manche Ihrer eigenen Bedürfnisse opfern müssen, weil Sie damit beschäftigt sind, sein ambivalentes Verhalten zu ertragen und nicht noch mehr von seiner Ambivalenz herausfordern wollen. Die Beziehung mit einem zwiespältigen Mann wird Ihnen nicht viel Zeit lassen, um sich um Ihre eigenen Bedürfnisse zu kümmern.

Sie müssen entscheiden, ob Ihre Zeit, Ihre Energie und Ihre mentale Gesundheit gut angelegt sind. Letzten Endes binden Sie sich an eine Person, von der Sie sich wieder trennen müssen, wenn die Dinge nicht gut laufen. Um Ihnen dabei zu helfen, Ihre Chancen vorauszusagen, beschreibe ich Ihnen, wie einige meiner Klientinnen, die ambivalente Männer geheiratet haben, mit ihren ambivalenten Männern in der Anfangsphase umgegangen sind:

- Sie sahen ihre zwiespältigen Männer mindestens einmal in der Woche.

- Unter der Woche hatten sie ständigen Kontakt mit ihren ambivalenten Männern mit Telefonaten und Treffen und sahen sie am Wochenende.

- Sie setzten sich ein Zeitlimit, wie lange sie ohne ein Eheversprechen oder eine Verlobung mit ihren zwiespältigen Männern zusammenbleiben wollten.

- Während sie mit ihren ambivalenten Männern gingen, waren sie in Therapie (bei mir).

- Sie begegneten der Ambivalenz ihres zwiespältigen Mannes behutsam.

- Sie blieben standhaft, wenn sie Grenzen und Regeln festgelegt hatten.

- Sie waren in ihre zwiespältigen Männer verliebt, obwohl sie bedingt durch die Ambivalenz dieser Männer immer wieder Zweifel hatten.

- Sie waren beruflich erfolgreich.
- Sie waren finanziell nicht von diesen Männern abhängig, verdienten sogar zum Teil mehr als ihre ambivalenten Männer.

Ein Zwölf-Stufen-Programm für den Umgang mit einem ambivalenten Mann

Wenn Sie, nachdem Sie die dargelegten Warnungen in diesem und allen vorangegangenen Kapiteln gelesen haben, immer noch denken, dass Ihr ambivalenter Mann der ist, den Sie wollen und brauchen, dann ist hier das Zwölf-Stufen-Programm für den Umgang mit ihm.

Punkt 1: Bauen Sie sich ein Netzwerk von Freunden auf

Sie brauchen ein Netzwerk von Freunden, um Ihre Gefühle aufzuarbeiten, wenn Sie versuchen, eine Beziehung mit einem ambivalenten Mann einzugehen. Ihr Netzwerk kann aus Verwandten, Freunden, Zwölf-Schritte-Programm Betreuer, Kollegen oder einem Psychotherapeuten bestehen. Je mehr Leute Sie in Ihrem Netzwerk haben, desto besser. Denn dann sind sie nicht zu sehr auf nur eine Person angewiesen, was diese Person auszehren könnte.

Sie werden Menschen in Ihrem Leben brauchen, die ab und zu Ihre Version der Wirklichkeit überprüfen und bei denen Sie Ihren Gedanken freien Lauf lassen können. Sie sollten Ihnen vor allen Dingen helfen, das Verhalten Ihres zwiespältigen Mannes nicht persönlich zu nehmen. Sie werden Menschen brauchen, die Ihnen zuhören, wenn Sie Ihren Frust rauslassen müssen, Ihre Angst vor Verlust, verlassen zu werden oder andere Gefühle, die er mit seinem zwiespältigen Gehabe provozieren wird. Ihr ambivalenter Mann ist gefühlsmäßig nicht in der Art verfügbar, dass er Ihre Gefühle mit Ihnen durcharbeiten könnte. Deshalb sollten Sie so früh wie möglich Ihre Hilfstruppen zusammentrommeln.

Stellen Sie die Telefonnummern Ihrer Helfer auf die Kurzwahlnummern ein, damit sie so schnell wie möglich erreichbar sind, wenn Sie jemanden zum Sprechen brauchen. Führen Sie diese Telefonnummern immer bei sich für den Fall, dass Sie Angst davor haben, etwas Unüberlegtes oder Selbstzerstörerisches in Ihrer Beziehung zu machen. Wenn Sie neue Leute kennenlernen, die Sie unterstützen und hilfsbereit sind, dann nehmen Sie diese in Ihr Netzwerk auf. Und seien Sie letztlich auch Teil eines Netzwerks für andere Frauen. Es wird heilsam für Sie sein, wenn Sie zuhören und Ihre Hilfe und Ihre Unterstützung anbieten. Das lenkt Sie nicht nur von Ihren eigenen Gedanken und Problemen ab, sondern Sie werden wahrscheinlich auch noch eine Menge lernen. Es ist außerdem ein ausgeglichener Austausch – Sie sind alle füreinander da, wenn Sie gebraucht werden.

Punkt 2: Seien Sie keine Klette

Wenn Sie sich an einen ambivalenten Mann klammern wie eine Klette, dann wird er mit Sicherheit die Flucht ergreifen. Wenn er anfängt, sich ambivalent zu verhalten, wird Ihr erster Impuls sein, sich festzuklammern. Tun Sie das bitte nicht! Wenn Sie sich bedürftig fühlen, verlassen Sie sich auf Ihr Netzwerk. Sie müssen daran arbeiten, sich gefühlsmäßig von ihm und seinen Angelegenheiten zu distanzieren. Sie müssen sich davon abhalten, sich in seine Projektionen und sein Getue hineinziehen zu lassen. Das mag schwierig sein, aber wenn Sie unbedingt einen ambivalenten Mann wollen, müssen Sie eben selbstdisziplinierter sein und lernen, wie Sie Ihre Gefühle im Zaum halten. Sie könnten außerdem eine Psychotherapie in Anspruch nehmen, um in dieser Zeit Ihre Angst und Ihre Gefühle besser zu verarbeiten.

Es ist wichtig, dass Sie sich vor Augen halten, dass jeder am Anfang einer Beziehung Angst hat, auch wenn das Objekt der Begierde kein ambivalenter Mann ist. Das ist so, weil Sie jemandem nahe kommen und ungeschützt gegenübertreten, der Sie möglicherweise verletzen oder zurückweisen könnte. Obwohl die Rendezvous Spaß machen können und Ihren Reiz haben, ist der Anfang anstrengend.

Hier sind einige Tipps, was Sie tun sollten, wenn Sie den Drang zum Klammern verspüren:

- Schauen Sie sich die Gefühle an, die sein Benehmen bei Ihnen auslöst. Welche Emotionen oder Erinnerungen werden ausgelöst? Was bringt Sie aus der Fassung? Versuchen Sie allein oder mit Ihrem Netzwerk Ihre Gefühle durchzuarbeiten. Nur besprechen Sie sie nicht mit Ihrem zwiespältigen Mann.

• Lenken Sie sich ab.

• Machen Sie etwas, das Ihnen ein gutes Gefühl verschafft.

• Treffen Sie sich mit anderen Männern. Sie sind besser dran, mehr als einen Mann zu kennen, solange Ihr ambivalenter Mann nicht weniger ambivalent geworden ist und sich auf eine ausschließliche Beziehung einlässt.

• Arbeiten Sie sich durch Ihre Gefühle, indem Sie kreativ sind (malen, schreiben, tanzen, ein Musikinstrument spielen).

• Betätigen Sie sich körperlich (laufen, Fitness, Tennis spielen).

• Machen Sie Entspannungsübungen.

• Tun Sie, was immer auch nötig ist, um sich nicht auf ihn zu konzentrieren.

• Gönnen Sie sich eine Maniküre, eine Pediküre oder einen Termin bei der Kosmetikerin.

Punkt 3: Machen Sie keine Szenen!

Machen Sie bei Ihrem ambivalenten Mann kein Drama, weil es ihn nicht ändern und er mit Sicherheit danach auch nicht weniger ambivalent sein wird. Wenn er Sie herausfordert, indem er sich distanziert oder ambivalent gibt, hören Sie auf, ihm 'eine Szene' zu machen, um Ihre Gefühle auszudrücken oder seine Aufmerksamkeit auf sich zu lenken.

Rolanda verliebte sich in John, der aus dem Iran stammte und Ingenieurwesen studierte. Nachdem Sie sich drei Monate lang ununterbrochen getroffen hatten, lud er sie zum Essen ein und teilte ihr mit, dass er mit einer Frau im Iran verlobt wäre. Er erklärte, dass er Angst gehabt hätte, ihr das zu erzählen, weil er sie lieben würde und nicht wollte, dass sie mit ihm Schluss machte. Rolanda fühlte sich betrogen und war wütend darüber, dass er ihr eine so wichtige Information vorenthalten hatte. Sie lief auf die Toilette und begann, hysterisch zu weinen. Nachdem sie das Restaurant verlassen hatten, fing sie in seinem Auto an zu schluchzen und fragte ihn, wie er ihr das hätte antun können. Sie forderte ihn auf, anzuhalten, weil sie sich übergeben musste. Dann bat sie ihn, sie mit zurück in seine Wohnung zu nehmen, wo sie sich leidenschaftlich liebten. Danach diskutierte sie den ganzen Weg zu ihrer Wohnung mit ihm und erklärte, sie könne ihn nie wieder sehen. Dann hatten sie in ihrer Wohnung wieder Sex. Dann fing sie wieder an, zu heulen und er tröstete sie. Dieses Szenario lief die ganze Nacht so weiter.

Das Gesündeste, das Rolanda in dieser Situation hätte tun können, wäre gewesen, ihn zu bitten, sie heimzufahren (oder ein Taxi zu nehmen). Sie hätte ihm sagen können, dass sie über alles nachdenken müsse und dass sie in Kontakt bleiben würden. Dann hätte sie ihr gesamtes Netzwerk zusammenrufen können, das ihr dabei hätte helfen können, zu einer klaren und gesunden Entscheidung zu kommen, wie sie mit der Beziehung zu John umgehen und ob sie ihn überhaupt wiedersehen wollte. Sie hätte vor den vertrauenswürdigen Menschen ihres Hilfsnetzwerks auch weinen und ihre Gefühle zum Ausdruck bringen können. Das vor John auf diese Art auszuleben war sinnlos, denn er hatte sie schon betrogen, weil er sie drei Monate lang angelogen hatte. So hatte sie nur seinem Ego geschmeichelt und sich selbst sehr verzweifelt dastehen lassen. Im Verlauf ihrer hysterischen Anfälle hatte Rolanda einen Teil ihrer Selbstachtung und Selbstkontrolle verloren.

Wenn Sie gerne Szenen machen, dann sollten Sie sich das bei einem ambivalenten Mann verkneifen, weil ihn das nicht beeindruckt! Dramatische Szenen würden zudem ambivalente Männer mit Potential vergraulen. Melodramatische Auftritte wühlen viele Gefühle auf und lösen letztlich nur seine Ambivalenz und seinen Wunsch nach Distanz aus, was Sie wiederum dazu bringen wird, zu klammern. Unterbrechen Sie diesen Kreislauf einfach. Gehen Sie Ihre Gefühle mit Ihrem Netzwerk durch und halten Sie Ihre Verzweiflung in Schach, egal wie groß sie auch sein mag. Das Wichtigste ist jetzt Zurückhaltung, daran sollten Sie stets denken.

Punkt 4: Lernen Sie seine Vergangenheit kennen

Wie ich schon im letzten Kapitel vorgeschlagen habe: Scheuen

Sie sich nicht davor, Ihrem zwiespältigen Mann Fragen zu stellen. Erfahren Sie mehr über ihn. Wenn Sie die Probleme aus seiner Vergangenheit (Traumata aus der Kindheit und so weiter) kennen und verstehen, wird es Ihnen leichter fallen, sein ambivalentes Verhalten zu tolerieren ohne Ihr Selbstwertgefühl allzu sehr zu strapazieren. Aber analysieren Sie ihn nicht, wenn er Ihnen von sich erzählt! Sie können seine Psyche mit Ihren Freunden, einem Therapeuten oder alleine auseinanderpflücken, aber nicht mit Ihrem zwiespältigen Mann. Wenn Sie ihn zu sehr analysieren, wird er seine Privatsphäre bedroht und sich in seinem Gefühlsleben verletzt fühlen und möglicherweise sauer auf Sie werden.

Wenn Sie mehr über den Hintergrund Ihres ambivalenten Mannes wissen, werden Sie auch all seine Handlungen nicht so sehr auf sich beziehen. Je mehr Sie über ihn wissen, desto besser werden Sie verstehen, wie sehr es wirklich bei seiner Ambivalenz um ihn geht und nicht um Sie. An dem Wunsch, mehr über den Mann, mit dem Sie eine Beziehung aufbauen wollen, zu erfahren, ist nichts Falsches. Trotzdem wäre es hilfreich, wenn Sie Ihre Fertigkeit, seine Vergangenheit zu erforschen, so ausbilden würden, dass es nicht aufdringlich erscheint.

Punkt 5: Setzen Sie Grenzen und stellen Sie Regeln auf

Eine Grenze zeigt den Unterschied zwischen Ihnen und einer anderen Person. Der Schlüssel zu Ihren Grenzen ist das Wissen über Ihr Innerstes, wie Ihre Gedanken, Gefühle, Ihre Möglichkeiten und Ihre Bedürfnisse. Grenzen sagen etwas darüber aus, welche Verhaltensweisen in einer Beziehung angebracht sind und welche nicht. Weil Sie hart an Ihrem Selbstbewusstsein arbeiten, ist es wichtig, herauszufinden, welche Grenzen in einer Beziehung für Sie wichtig sind. Dann können Sie Ihrem ambivalenten Mann Grenzen setzen und Regeln aufstellen. Sobald diese Grenzen abgesteckt sind, ist es extrem wichtig, dass Sie beobachten, ob Ihr ambivalenter Mann Ihre Grenzen respektieren kann oder nicht.

Wenn sich jemand in einer Beziehung unangebracht benimmt, indem er Ihre Regeln nicht akzeptiert, dann verletzt dieser Mensch Ihre Grenzen. Sie teilen ihm zum Beispiel mit, dass er Sie nicht versetzen darf und er versetzt Sie. Das ist eine Grenzverletzung. Grenzverletzungen können sofort repariert werden, indem er sich entschuldigt oder einsichtig ist, was sein Verhalten anbelangt. Wenn Ihr ambivalenter Mann ärgerlich wird oder die Grenzverletzung abtut, wenn Sie ihn damit konfrontieren, dann haben Sie ein ernstes Problem. Wenn er Ihre Grenzen nicht respektieren und anerkennen kann, dann ist es nahezu unmöglich, eine gesunde Beziehung mit ihm zu haben. Wenn Sie sich weiterhin mit einem Mann treffen, der Ihre Grenzen nicht respektiert, dann legen Sie weder Selbstachtung noch Eigenliebe an den Tag. Er wird Sie behandeln, als seien Sie schwach und wird Ihnen auf der Nase herumtanzen. Tatsächlich werden Sie eine Beziehung mit einem Mann führen, der sich weder für Sie noch für Ihre wahren Bedürfnisse interessiert.

Marilyn stellte fest, dass Pete dazu neigte, seinen Anruf zu einer bestimmten Zeit anzukündigen und manchmal bis zum nächsten Tag nicht anzurufen (ein klares Anzeichen für seine Ambivalenz und Unehrlichkeit). Sie beschloss, ihn auf sein Verhalten anzusprechen. Sie erklärte ihm, dass sie es rücksichtslos und unhöflich finden würde, wenn er nicht zum vereinbarten Zeitpunkt anriefe. Sie sagte, dass sie seine Lügen nicht weiter tolerieren würde, und dass sie es toll fände, wenn er dann anrufen würde, wie er angekündigt hat oder einfach nichts ankündigen würde. Pete fand es leichter, nicht zu sagen, wann er anrufen würde, wenn er nicht wusste, wann es ihm passen würde oder wenn ihm die Abmachung zu einengend vorkam. Er kündigte seine Anrufe nur noch an, wenn er sich ganz sicher war oder wenn es nötig war, um gemeinsame Pläne zu machen.

Marilyn machte eine Liste mit Dingen, die sie in einer Beziehung mit Pete nicht dulden würde:

- versetzt zu werden
- belogen zu werden
- sich unter der Woche zu treffen (wenn sie erst am Anfang sind) und nicht Samstagabend
- wenn er vor ihren Augen andere Frauen angaffen würde
- wenn er auf einmal wochenlang verschwinden würde
- wenn er sie auf die letzte Minute anrufen würde, um sich mit ihr zu treffen

- gebrochene Versprechen
- ständige Verspätungen
- mit ihm Sex zu haben, wenn er noch mit einer anderen Frauen schlafen würde

Wenn Sie beschlossen haben, eine Beziehung mit einem zwiespältigen Mann weiterzuführen, dann machen Sie es wie Marilyn und schreiben Sie eine Liste mit Verhaltensweisen, die Sie in einer Beziehung nicht mitmachen wollen und halten Sie selbstverständlich auch daran fest. Teilen Sie Ihrem ambivalenten Mann Ihre Grenzen mit, nachdem Sie es mit jemandem aus Ihrem Netzwerk geprobt haben. Seien Sie standhaft, aber freundlich. Tönen Sie nicht zu barsch, zu kritisch oder zu angriffslustig. Aber halten Sie an Ihren Grenzen fest, vergewissern Sie sich, sie zu durchzusetzen und nicht klein beizugeben.

Vorsicht: Passen Sie auf, dass Sie nicht auch seine Grenzen verletzen, während Sie diese wichtige Grenzarbeit leisten. Sie können nicht erwarten, dass er Ihre Grenzen respektiert, während Sie seine niederwalzen!

Punkt 6: Reden Sie ihm gegenüber nicht über Ihre Liebesgefühle

Am Anfang ist es besser, wenn Sie über Ihre Liebesgefühle für Ihren ambivalenten Mann mit Menschen aus Ihrem Netzwerk sprechen und nicht mit Ihrem zwiespältigen Mann selbst. Er wird Ihre Gefühle von Liebe und Verliebtsein nicht ertragen können, weil sie für ihn zu belastend und verängstigend wären. Es würde seine eigenen Sehnsüchte hochbringen, die er vielleicht nicht spüren will. Vielleicht würde er sich auch verpflichtet fühlen, Ihnen seine eigenen Gefühle mitzuteilen. Dadurch würde er sich eingesperrt fühlen und sich deswegen von Ihnen distanzieren. Das Beste ist, Sie warten, bis er Ihnen zuerst eine Liebeserklärung macht. Seien Sie selbst dann vorsichtig. Auch danach bewegen Sie sich eventuell noch auf dünnem Eis. Warten Sie ab, bis Sie sich als Paar betrachten, Ihre Beziehung sich gefestigt und seine Ambivalenz sich sichtlich gelegt hat.

Punkt 7: Lassen Sie ihn die Initiative ergreifen

Lassen Sie ihn vorschlagen, wann Sie miteinander ausgehen, sich treffen, telefonieren oder mailen. Sie können seine Gefühle für Sie nicht erzwingen, auch wenn Sie noch so viele Regeln und Programme einführen. Wenn sein Verlangen nach Ihnen einfach nicht groß genug ist, sind all Ihre Arbeit und Ihre Mühen vergebens, egal, wie sehr Sie es versuchen oder wie geduldig Sie sind. Wie stark Ihr Drang auch ist, es ist besser, Sie ergreifen nicht die Initiative.

Bei Männern, die nicht ambivalent sind, ist es gut, wenn man bestimmend sein kann und sich um das bemüht, was man haben möchte. Wenn Sie so einen Mann kennenlernen und ihn anziehend finden, dann legen Sie los und machen Sie den ersten Schritt. Aber bei zwiespältigen Männern sollten Sie vorsichtig sein. Ein ambivalenter Mann muss seine Sehsucht nach Ihnen spüren. Wenn Sie die Sache in Gang bringen, kann er keine Phantasien über Sie entwickeln, denn Sie sind schließlich verfügbar. Es ist wichtig, dass Sie im Hinterkopf haben, dass er trotz seiner Ambivalenz auch ohne Ihre Aufforderung am Ball bleiben wird, wenn er wirklich Interesse an Ihnen hat und Sie sehen möchte. Selbst wenn er wegrennt oder sich distanziert, wird er zurückkommen, wenn sein Interesse groß genug ist.

Wenn Sie nicht die Initiative ergreifen, werden Sie sehen, was er ohne Ihre Aufforderungen und ohne Ihr Nachhaken tut. Wenn er Sie von sich aus nicht treffen oder anrufen will, dann müssen Sie sich mit der Tatsache abfinden, dass er einfach nicht sehr interessiert ist. Auch wenn es wehtut, müssen Sie dieser Wahrheit ins Gesicht sehen und ernsthaft in Betracht ziehen, ihn gehenzulassen und weiterzuleben.

Alice traf sich mit Ben, einem Mann, an dem sie von dem Tag an Interesse gehabt hatte, an dem er in ihrer Anwaltskanzlei anfing zu arbeiten. Sie war eine erfolgreiche, aggressive Prozessanwältin und nahm sich immer, was sie wollte - auch Männer. Scheinbar mochten die Männer ihre Einstellung, den Moment zu nutzen. Sie fragte Ben, ob er Lust auf einen Drink hätte und er stimmte begeistert zu. Die Verabredung lief gut und er lud sie zu einem Baseballspiel in der nächsten Woche ein. Direkt nach dem Spiel gingen sie auf ein paar Drinks in eine Bar in der Nähe von Alices Wohnung. Bei einem Bier gerieten sie in eine Diskussion über Beziehungen. Ben sagte, dass er sich mit einigen Frauen treffen und im Moment nach nichts Ernsthaftem suchen würde. Alice wechselte das Thema in dem Glauben, es sei viel zu früh, sich über Beziehungen zu unterhalten. Außerdem wusste sie selbst noch nicht, was sie für ihn empfand.

Ben gab sich ihr gegenüber bei der Arbeit am nächsten Tag kühl, obwohl sie ihn dabei erwischte, wie er ihr bei einem Meeting in die Augen schaute. Bei der alljährlichen Weihnachtsparty eine Woche später war Ben ein bisschen beschwipst und flirtete unerhört eindringlich mit Alice und vermittelte den Eindruck, Interesse an ihr zu haben, obwohl er nichts über ein weiteres Treffen sagte. Seine zweideutigen Botschaften verwirrten Alice, daher beschloss sie, einen zweiten Schritt zu unternehmen und lud Ben nochmals ein, mit ihr auszugehen. Sie gingen ins Kino und verbrachten einen großartigen Abend. Am nächsten Tag bekam Alice bei der Arbeit eine E-Mail von Ben. Darin schrieb er, dass er es für besser halten würde, sie würden sich nicht mehr treffen. Er wäre nicht bereit, eine ernsthafte Beziehung einzugehen und es käme ihm so vor, als würde sie sich eine mit ihm wünschen. Alice ärgerte sich, weil sie das zweite Treffen in die Wege geleitet hatte, denn er war offensichtlich sowohl arrogant als auch ambivalent. Sie war wütend, weil er annahm, sie würde eine Beziehung mit ihm wollen und weil er vorgab, er wäre nicht interessiert, obwohl er bei der Weihnachtsfeier und der Personalversammlung ganz andere Signale gesandt hatte. Sie dachte, wenn sie darauf gewartet hätte, bis er sie zum Ausgehen eingeladen hätte, dann hätte er die Verantwortung für seine eigenen Gefühle übernehmen müssen anstatt sie auf sie zu projizieren. Sie schwor ihren besten Freunden, dass sie nie wieder einen Schritt in Richtung einer dieser ambivalenten Männer mit ihren gemischten Botschaften machen würde!

Punkt 8: Bringen Sie es unter einen Hut, sich gefühlsmäßig abzugrenzen und gleichzeitig erreichbar zu sein

Es ist eine anspruchsvolle Aufgabe, aber durchaus machbar, hier einen Mittelweg zu finden: Seien Sie emotional selbstständig und trotzdem erreichbar. Behalten Sie einen Teil von sich vor ihm geheim. Ja, ich empfehle Ihnen, auf irgendeine Art geheimnisvoll zu sein, weil das unglücklicherweise genau der Grund ist, warum sich oft Menschen verlieben. Sie sind wahrscheinlich genauso. Glauben Sie wirklich, dass Sie sich in einen Mann verlieben könnten, der Ihnen 24 Stunden täglich zu Füßen liegt? Sind es nicht die Distanz und die kleinen, tabuisierten Privaträume, die Sie faszinieren und dafür sorgen, dass Sie mehr von ihm wollen? Halten Sie also einen Teil von sich gefühlsmäßig abgetrennt. Haben Sie nicht ständig ihn und die Beziehung im Blick.

Hier sind einige Vorschläge, die Ihnen dabei helfen, gefühlsmäßig auf Distanz zu bleiben:

- Äußern Sie ihm gegenüber nicht all Ihre Gefühle auf einmal. Machen Sie langsam.

- Erzählen Sie ihm nicht sofort alles über sich selbst. Enthalten Sie ihm einen Teil vor. Das ist keine Spielerei und keine Ziererei. Sie sollen nur auf sich selbst aufpassen, damit Sie sich nicht allzu angreifbar machen und dann verletzt werden.

- Treffen Sie sich weiterhin mit anderen Männern, bis er bereit ist, sich festzulegen.

- Konzentrieren Sie sich weiter auf andere Dinge neben ihm. Geben Sie weder Ihre Freunde noch Ihre Hobbys oder andere Tätigkeiten auf, um ihm Platz in Ihrem Leben zu schaffen.

- Beschäftigen Sie sich nicht so sehr mit ihm, dass Sie Ihre täglichen Aufgaben und Ziele nicht mehr bewältigen können.

- Bedenken Sie, dass er sich eventuell nicht für Sie entscheidet, halten Sie also andere Optionen offen.

- Tun Sie alles, um nicht ständig an ihn zu denken.

Selbst wenn es widersprüchlich klingen mag, müssen Sie auch daran arbeiten, dass Sie selbst sowohl körperlich als auch emotional verfügbar sind. Das heißt nicht, dass Sie sich aufgeben müssen – es heißt nur, für eine Situation offen zu sein. Wenn er fragt, ob Sie mit ihm ausgehen und Sie fahren auf den Typen ab, gehen Sie mit ihm aus. Geben Sie sich nicht absichtlich unnahbar. Die einzigen Männer, die gerne abgewiesen und abgespeist werden, sind Masochisten und haben ein sehr geringes Selbstwertgefühl.

Wenn Sie Männern einen Korb geben oder ihre Telefonanrufe nicht erwidern, sind die meisten Männer enttäuscht und werden nicht mehr anrufen. Sie verschwinden einfach. Dann fragen Sie sich, was denn passiert ist und wieso es nicht geklappt hat. Nehmen Sie sich die Zeit für Unternehmungen, bei denen Sie sich gut fühlen, gehen Sie mit ihm essen, zu gesellschaftlichen Veranstaltungen, auf Partys, ins Kino, zu Spielen. Nehmen Sie jede Art von Zusammensein wahr, die eine Entwicklung und das Wachstum einer Beziehung fördert. Spielen Sie nicht bei spontanen Treffen mit, die er arrangieren will, nur damit er sexuell bestätigt wird.

Punkt 9: Bringen Sie ihn in Kontakt zu seinen Gefühlen

Seien Sie gefühlsmäßig voll da, wenn er mit Ihnen redet. Schenken Sie ihm Ihre volle Aufmerksamkeit. Diese Art von aktivem Zuhören wird ihm helfen, sich sicher und geliebt zu fühlen. Es ist genau die Aufmerksamkeit, die er als kleiner Junge hatte oder nach der er sich gesehnt hat. Er wird sich sicher fühlen und das wird ihm helfen, Kontakt zu seinen Gefühlen zu bekommen. Machen Sie sich nicht über ihn lustig oder analysieren oder kritisieren oder attackieren Sie ihn auf irgendeine Art, wenn er mit seinen Emotionen in Berührung kommt. Er wird in die Defensive gehen und sich sofort abwenden. Sie haben keine Kontrolle über das, was er tut, sobald er mit seinen Gefühlen in Kontakt gekommen ist. An diesem Punkt können Sie einfach nur das Beste hoffen. Denken Sie daher daran:

- Reflektieren Sie das, was Sie ihn sagen hören, damit er weiß, dass Sie zuhören.

- Lenken Sie das Thema nicht auf sich, wenn Sie ihm zuhören.

- Zeigen Sie wahres Mitgefühl und Empathie.

- Werden Sie ein besserer Zuhörer.

- Versuchen Sie nicht, ihm Ratschläge zu geben, es sei denn, er bittet Sie darum.

- Stellen Sie ihm Fragen, aber seien Sie nicht zudringlich.

- Unterbrechen Sie ihn nicht, während er spricht.

- Versuchen Sie, nicht alles, was er sagt, mit Ihrer Beziehung in Zusammenhang zu bringen.

- Analysieren Sie ihn nicht. Aber wenn Sie einen Zusammenhang zwischen dem sehen, über das er redet und einem psychologischen Problem, das er erwähnt hat, können Sie ihm Ihre Beobachtung vorsichtig mitteilen. Aber versuchen Sie das, ohne aufdringlich zu sein.

Ein Beispiel: Sybil hörte ihrem Freund immer wieder zu, wenn er erzählte, wie sein Chef ihn kritisierte. Obwohl sie ihm einfühlsam zeigte, wie schrecklich es sei, von seinem Chef kritisiert zu werden, erinnerte sie sich daran, wie er sich gerade am vergangenen Sonntag darüber beschwert hatte, dass sein Vater immer sehr kritisch gewesen war. Als sie ihren Freund darauf hinwies, war er dankbar für diese Verbindung, weil es ihm tatsächlich half, nicht so wütend zu sein! Ihre Beobachtung half nicht nur ihm, in Kontakt zu seinen Gefühlen zu kommen, sondern sie diente ihm auch als Vorlage, Sybil zu helfen. Eine Woche später fiel Sybil völlig aus der Rolle, als er sie bat, ihre Sachen nicht überall in seiner Wohnung zu verstreuen. Er wies sie darauf hin, dass ihre Empfindlichkeit seiner Bitte gegenüber vielleicht eine Reaktion auf ihre Mutter sein könnte, die peinliche Sauberkeit verlangte, als sie ein Kind war. Darüber hatte sie sich häufig beklagt. Diese neu entwickelte Möglichkeit, sich gegenseitig dabei zu helfen, sich psychologisch zu durchleuchten, hat ihre Intimität zueinander vertieft.

Punkt 10: Sprechen Sie ihn auf seine Ambivalenz an, sobald sie merken, dass sie Ihre Beziehung untergräbt

Wenn Sie sich ununterbrochen mehr als zwei mal pro Woche treffen und sehen, dass Sie auf eine verbindliche, ausschließliche Beziehung hinsteuern, dann können Sie vorsichtig damit anfangen, ihn auf seine Ambivalenz anzusprechen. Sie können das tun, indem Sie ihm erzählen, wie Sie sein Verhalten empfinden. Sprechen Sie von dem, was Sie bei seinem Verhalten empfinden, damit er nicht sagen kann, es sei nicht wahr. Denn es ist Ihre Wahrheit, es ist Ihre Realität. Er kann nicht behaupten, dass Sie nicht fühlen, was Sie fühlen.

Er geht zum Beispiel mit Ihnen aus und benimmt sich kühl und distanziert. Sie könnten ihm sagen, dass Sie sich verletzt fühlen, wenn er sich kalt und distanziert gibt. Wenn er auf Ihre Bedürfnisse und Gefühle eingeht, können Sie einen Schritt weitergehen und ihn fragen, was er glaubt, wieso er sich so kühl und distanziert verhält. Wenn er dazu in der Lage ist, sich selbst zu hinterfragen, wird er sich vielleicht seiner eigenen Gefühle bewusst und ändert nicht nur sein Benehmen Ihnen gegenüber, sondern fühlt sich vielleicht sogar besser! Doch es gibt diese fünf Dinge, die Sie keinesfalls tun sollten, wenn Sie einen ambivalenten Mann mit seinem Verhalten konfrontieren:

1. Greifen Sie ihn nicht an.
2. Kritisieren Sie ihn nicht.
3. Analysieren Sie ihn nicht.
4. Verhöhnen Sie ihn nicht.
5. Machen Sie sich nicht über ihn lustig.

Punkt 11: Schauen Sie, ob Sie ihn für eine Therapie begeistern können

Es würde Ihnen sehr helfen, wenn er eine Therapie mache würde. Er könnte sich selbst besser hinterfragen und seine Ambivalenz eher fühlen als sie auszuleben. Sie dürfen diesen Vorschlag aber nur machen, wenn Sie selbst in therapeutischer Behandlung sind und die Beziehung zunehmend enger wird. Andernfalls könnte sich der Vorschlag kritisierend, aufdringlich, rechthaberisch und beleidigend anhören. Eine Paartherapie wäre eine weitere gute Empfehlung, die Sie für sich beide in Erwägung ziehen könnten. Genauso hilfreich und sogar weniger bedrohlich wäre ein Paar-Workshop, weil Sie dort nicht das einzige Paar wären, das mit einem Therapeuten an seinen Problemen arbeitet.

Punkt 12: Bleiben Sie unvoreingenommen, was den Ausgang der Beziehung zu Ihrem zwiespältigen Mann angeht

Es gibt keine Garantie dafür, dass Ihr ambivalenter Mann bei Ihnen bleiben wird. Manche meiner Klientinnen haben ihren ambivalenten Mann tatsächlich geheiratet und sind glücklich. Andere ambivalente Männer meiner Klientinnen haben bereits nach einem

Monat das Weite gesucht! Niemand kann voraussagen, wie diese Dinge ausgehen. Manche ambivalenten Männer treten schließlich vor den Altar und benehmen sich dann in der Ehe ambivalent (haben außereheliche Verhältnisse, benehmen sich kalt und distanziert, werden zu Workaholics). Selbst wenn Sie Ihren ambivalenten Mann heiraten, besteht keine Garantie dafür, dass er sich in der Ehe anders verhält, und es könnte sein, dass Sie sich am Ende wünschen, Ihre früheren Gebete wären nicht erhört worden!

13
Wissen, wann man ihn besser verlässt:
Wann der Zeitpunkt gekommen ist, das Handtuch zu werfen

Tina, eine attraktive geschiedene Frau in den Dreißigern, traf sich drei Jahre lang ab und zu mit Brad. Obwohl sie auch mit anderen Männern ausging, traf sie niemanden, den sie so sehr liebte wie Brad. Aber er hatte von Anfang an klargestellt, dass er sich auch mit anderen Frauen träfe und nicht wüsste, ob er je heiraten wolle. Tina beschloss, dass sie ihn lieber hin und wieder zu seinen Konditionen sehen wollte als überhaupt nicht.

Als Tinas Mutter starb, bat sie Brad um Unterstützung und seelischen Trost, aber er war nicht immer erreichbar. Nachdem Tina den Tod ihrer Mutter betrauert hatte, kam sie zu dem Schluss, dass ihre Beziehung zu Brad so nicht weitergehen könne und suchte mich zu einer Beratung auf. Sie erklärte, dass sie sich eine tiefere und verbundene Beziehung wünschte und dass sie glaubte, Brad wäre nicht der Richtige dafür.

Sie bat mich um Hilfe, den richtigen Zeitpunkt dafür zu finden, das Handtuch zu werfen und ihn zu verlassen.

Stehen Sie am Scheideweg in puncto Beziehung zu Ihrem zwiespältigen Mann? Fällt Ihnen schwer, zu entscheiden, wann Sie ihm einen Tritt geben sollten? Frauen, die glücklich sind unabhängig davon, ob sie alleine oder mit einem Mann liiert sind, haben einen klaren Blick dafür, wann es Zeit ist, eine Beziehung aufzugeben, die nirgendwohin führt oder die ungesund für die Seele ist. Sie verschwenden keine Jahre ihres Lebens, um auf einen Mann zu warten, der ein hoffnungsloser Fall ist und sich nie an sie binden wird.

Ihn gehen zu lassen kann ein qualvoller Prozess sein,weil Sie dabei auch die Hoffnung aufgeben, dass sich Ihre Träume mit Ihrem zwiespältigen Mann jemals verwirklichen. Sie verabschieden sich sogar von der Möglichkeit. Manchmal tut allein das Wissen weh, dass Sie so viel Zeit und Energie für einen Mann aufgebracht haben, ohne dass sich diese Investitionen jemals gelohnt hätten. Das ist fast so wie bei einem Spieler, der die Entscheidung treffen muss, den Blackjack-Tisch zu verlassen, nachdem er eine Menge Geld verloren hat oder weiterzuspielen, um das verlorene Geld zurückzugewinnen und dabei Haus und Hof zu riskieren.

Wann ist der richtige Zeitpunkt gekommen?

Es gibt keinen Weg daran vorbei. Von jemandem loszukommen, für den Sie Zuneigung empfinden, ist ein hartes Stück Arbeit. Wir Menschen sind so gestrickt, dass wir Anschluss und Bindung suchen. Deshalb ist es so schwierig, den Zeitpunkt zu erkennen, an dem Sie sich von Ihrem ambivalenten Mann lösen sollten. Abschiede sind schmerzhaft. Wenn Sie allerdings die Spielchen satt haben und Sie soweit sind, Ihre Bedürfnisse lieber befriedigt als ignoriert zu sehen, dann sind Sie vielleicht auch bereit dazu, Ihren ambivalenten Mann zu verlassen und Ihre Energien positiveren Dingen zuzuwenden. Aber wie können Sie sich sicher sein?

Auf den nächsten Seiten gebe ich Ihnen fünfzehn Tipps, die Ihnen bei der Entscheidung helfen sollen, ob Sie Ihren zwiespältigen Mann verlassen sollen oder nicht.

Tipp 1: Seien Sie authentisch

Während Sie den Prozess der Entscheidungsfindung durchlaufen, müssen Sie grausam ehrlich mit sich selbst sein. Versuchen Sie, die Situation realistisch zu betrachten. Werden Sie nicht defensiv. Machen Sie den Anfang damit, dass Sie überprüfen, ob Sie bei der Bewältigung der momentanen Situation mit Ihrem zwiespältigen Mann einen der folgenden Abwehrmechanismen verwenden:

- **Ableugnen.** Verleugnen Sie sich selbst gegenüber die Wahrheit über Ihren ambivalenten Mann oder über Ihre Beziehung mit ihm? Zum Beispiel verleugnete Tina die Tatsache, dass Brad sich von Anfang an mit anderen Frauen traf und dass er nicht heiraten wollte.

- **Rechtfertigung.** Rechtfertigen und entschuldigen Sie das Verhalten Ihres zwiespältigen Mannes, damit Sie sich besser fühlen anstatt der kalten harten Realität ins Auge zu sehen? Tina redete sich ein, dass Männer sich mit vielen Frauen treffen, weil sie sich ihre Hörner abstoßen müssen. Sie überzeugte sich selbst davon, dass Brads Aktionen für eine Beziehung normal wären. Aber sie wusste in ihrem Inneren, dass viele Männer von Anfang an treu sind und keine multiplen Beziehungen brauchen, wenn sie einige Jahre mit einer Frau zusammen sind.

- **Der Glaube an Wunder**. Glauben Sie, Ihre Beziehung mit Ihrem ambivalenten Mann würde sich auf wundersame Weise ändern, fast wie durch Zauberei? Tina glaubte immer mehr an Wunder. Sie glaubte immer, dass Brad sich letztlich doch mit ihr verloben wolle, obwohl er sie nur gelegentlich sah und trotz der Tatsache, dass er nie Anzeichen machte, diese gelegentliche Beziehung auszubauen.

Tipp 2: Befragen Sie Ihr Hilfsnetzwerk

Fragen Sie die Leute in Ihrem Hilfsnetzwerk nach ihrer Meinung darüber, ob Sie Ihren zwiespältigen Mann verlassen oder bei ihm bleiben sollen. Sorgen Sie dafür, dass Sie viele verschiedene Menschen in Ihrem Netzwerk haben, an die Sie sich wenden können, damit Sie nicht alles einer Person aufhalsen. Hier sind ein paar Tipps dafür, wie Sie zu ehrlichen Antworten kommen:

- Wehren Sie Antworten nicht ab.
- Bitten Sie um ehrliche Antworten.
- Hören Sie aufmerksam zu, was Ihnen gesagt wird.
- Benutzen Sie Ihre Leute nicht einfach als Feedbackgeber. Interessieren Sie sich auch für deren Leben.

Tipp 3: Ist der Energieeinsatz ausgeglichen?

Wenn Sie die meiste Arbeit machen, haben Sie eine einseitige Partnerschaft. Wenn Sie länger als ein Jahr die meiste Energie in etwas stecken, das keinen Erfolg hat, dann ist es wahrscheinlich höchste Zeit, die Flinte ins Korn zu werfen. Wenn Ihre beiderseitigen Bemühungen eher 60 zu 40 aufgeteilt sind, ist das ein schlechtes Zeichen, denn über die Zeit wird das wahrscheinlich 65 zu 35, 75 zu 25 oder noch schlechter werden.

Cecilia war absolut verrückt nach Jimmy, den sie gelegentlich traf. Er rief sie ab und zu an und ging mit ihr essen. Danach gingen sie normalerweise in ihre Wohnung, wo sie die Nacht zusammen verbrachten. Als Weihnachten immer näher kam, kaufte Cecilia Jimmy Geschenke. Sie war am Boden zerstört, als er ihr nur eine Karte brachte. Er schien sie nie öfters sehen zu wollen, aber Cecilia rannte weiter hinter ihm her.

Sie kam in meine Beratungsgruppe, wo ihr klar wurde, dass sie den Hauptteil an Beziehungsarbeit leistete. Als er sie schließlich nach drei Wochen anrief, teilte sie ihm mit, dass ihm die Beziehung nicht wichtig zu sein schien und dass sie beschlossen hätte, ihn nicht mehr treffen zu wollen. Jimmy rief sie nach ein paar Monaten wieder an, aber zu diesem Zeitpunkt war sie bereits mit einem anderen Mann liiert, der viel erreichbarer und interessierter war.

Tipp 4: Lassen Sie sich nicht von Ihrer Vergangenheit beeinflussen

Leben Sie in einer Beziehung, die eine nicht funktionierende Beziehung aus Ihrer Kindheit wiederholt? Wenn Sie es bis jetzt noch nicht verstanden haben: Handlungen und Entscheidungen aus früheren ungesunden Beziehungen zu wiederholen, sind der Todesstoß für Ihre Selbstachtung und Ihr persönliches Glück. Wenn Sie sich dabei erwischen, wie Sie diese Muster immer aufs Neue wiederholen, müssen Sie mehr an sich selbst arbeiten. Sobald Sie sich von Ihren früheren Wunden erholt haben, werden Sie vielleicht entdecken, dass Sie sich eine andere Art von Beziehung zu einem Mann wünschen. Wenn Sie weiter an sich arbeiten, werden Sie schließlich emotional gesund diese Entscheidung treffen können.

Irma kämpfte mit ihrer Entscheidung, Jose zu verlassen. Sie wusste, dass die Beziehung problematisch war, aber sie hielt durch. Die meiste Sorge machte ihr, dass er nicht treu sein konnte. Sie wusste, dass Jose gelegentlich Affären mit anderen Frauen hatte, worüber sie ständig hinwegsah. Als sie zu meiner Beratungsgruppe kam, erkannte sie, dass sie die Beziehung wiederholte, die ihre Eltern hatten. Ihre Mutter war ihrem Vater gegenüber sehr tolerant, der sich während der Ehe mit anderen Frauen traf. Irma war in der Lage, ihre Wut, die sie auf beide Elternteile hatte, weil die Mutter das Verhalten ihres Vaters tolerierte, noch einmal zu erleben. Nachdem sie ihre Gefühle über das Verhältnis ihrer Eltern zueinander durchgearbeitet hatte, beschloss sie, Joses Verhalten nicht länger zu tolerieren und verließ ihn.

Tipp 5: Vergewissern Sie sich, dass er Ihre Bedürfnisse befriedigt

Machen Sie eine Liste ihrer fünf wichtigsten Bedürfnisse, die der Mann Ihres Lebens befriedigen sollte. Fragen Sie sich selbst, ob er das schafft. Hier ist Tinas Liste:

1. einen Ehepartner
2. anhaltende Kameradschaft
3. leidenschaftliche sexuelle Beziehung
4. jemand, der mir finanziell beisteht (sie hat allein zwei Kinder großgezogen)
5. intellektuelle Anregung

Brad konnte nur zwei von Tinas Bedürfnissen befriedigen. Sie fand, dass er geistig belebend und ein leidenschaftlicher Liebhaber war. Aber er würde sie niemals heiraten noch ein ständiger Partner oder Kamerad werden. Und das waren ihre wichtigsten Anforderungen. Also beschloss sie, ihre Beziehung zu Brad zu beenden.

Solange er nicht mindestens drei Ihrer wichtigsten Bedürfnisse befriedigen kann, sollten Sie dringendst in Erwägung ziehen, ihm den Laufpass zu geben.

Tipp 6: Fragen Sie sich, ob er Ihre Grenzen und Regeln respektiert

Ist es ein ständiger Kampf, Ihrem ambivalenten Mann zu Grenzen setzen? Versucht er irgendetwas, damit Sie sich schuldig fühlen und Sie Ihre Grenzen verändern? Wenn er unter dem Strich Ihre Grenzen und Regeln nicht respektieren kann, ist auch seine Fähigkeit, mit anderen Menschen eine Beziehung zu haben, nicht besonders stark ausgeprägt. Damit ist er ein schlechter Kandidat für eine Beziehung. Tina bat Brad, ihr immer ein paar Tage vorher Bescheid zu geben, wenn er mit ihr ausgehen wollte, aber er rief immer in der letzten Minute an. Weil sie unbedingt mit ihm zusammen sein wollte, sagte sie oft zu, obwohl er nicht fähig war, Ihre Grenzen zu respektieren.

Tipp 7: Fragen Sie sich, wie viel Schmerz Sie aushalten wollen

Seien Sie völlig ehrlich zu sich in Bezug darauf, wie viel Leid er Ihnen zufügt. Wenn der Anteil an Herzschmerz in der Beziehung mehr als fünfundzwanzig Prozent beträgt, sollten Sie ernsthaft erwägen, ihn zu verlassen. Obwohl manche Leute mehr aushalten können als andere, sollten Sie herausfinden, warum Sie so viel Schmerz ertragen. Vielleicht sollten Sie mehr für Ihre Heilung tun.

Tina konnte über Ihre Probleme mit Brad so lange hinwegsehen, bis die Tatsache, dass er sich mit anderen Frauen traf und sich nie ganz auf sie einließ, zu schmerzhaft wurde. An diesem Punkt entschloss sie sich zu einer Psychotherapie, um herauszufinden, warum sie eine Beziehung beibehielt, die ihr mehr Schmerz als Glück brachte. Während der Therapie entschloss sie sich, nie wieder so viel Kummer und Herzschmerz auszuhalten, nur um mit einem Mann zusammen zu sein, selbst wenn sie ein paar gute Zeiten und leidenschaftlichen, elektrisierenden Sex zusammen hatten.

Wenn Sie Ihre Situation beurteilen, müssen Sie sich entscheiden, wie viel Sie auf sich nehmen wollen. Wenn es allzu schmerzhaft ist, ist es wahrscheinlich an der Zeit zu gehen.

Tipp 8: Fragen Sie sich, was Ihnen die Beziehung bringt

Wenn er viel Ärger macht, Tonnen von Problemen anschleppt und grundsätzlich nicht zu Ihnen passt, dann ist es vielleicht an der Zeit, die Sache zu beenden. Hier sind einige Fragen an Sie selbst, was Ihnen die Beziehung bringt:

- Können Sie beide gut miteinander kommunizieren?
- Fühlen Sie sich wohl mit ihm?
- Gibt er Ihnen Bestätigung?
- Ist er kooperativ?
- Ist er verständnisvoll?

- Ist er verlässlich?
- Ist er liebevoll?
- Verschafft er Ihnen Selbstvertrauen oder fühlen Sie sich durch ihn schlechter?
- Vertrauen Sie ihm?
- Haben Sie das Gefühl, dass er Sie liebt?
- Schenkt er Ihnen Aufmerksamkeit, wenn Sie etwas erzählen?
- Haben Sie das Gefühl, dass ihn Ihre Meinung interessiert?
- Macht er Ihnen Hoffnung?
- Ist er beständig?
- Fördert er Ihre Entwicklung?
- Hört er gut zu?
- Haben Sie über Beziehungen oder die Ehe ähnliche Auffassungen?
- Ist er ein guter Liebhaber?
- Hilft er Ihnen finanziell aus oder unterstützen Sie ihn?
- Ist er großzügig?

Wenn Sie das Gefühl haben, dass er etwas zu Ihrem Leben beiträgt, nachdem Sie die Liste durchgegangen sind, dann sollten Sie vielleicht bei ihm bleiben. Wenn es so aussieht, als ob er Sie erschöpft aber nicht bereichert, dann sollten Sie ihn vielleicht verlassen.

Tina behauptete, dass die Chemie zwischen ihr und Brad stimmte, dass sie geistig anregende Diskussionen führten und sie es liebte, mit ihm zu tanzen. Aber sie hatte mit ihm nicht die Kameradschaft und die Zukunft, die sie sich wünschte. Zu sehen, wie wenig er ihr eigentlich gab, machte ihr die endgültige Entscheidung, ihn zu verlassen, leichter.

Tipp 9: Fragen Sie sich, ob er seelisch gesund ist

Seien Sie mit sich ehrlich bezüglich seiner seelischen Gesundheit. Wenn Sie wissen, dass er eine Vorgeschichte mit psychischen Problemen oder mit Drogen hat, dann nehmen Sie es möglicherweise mit zu vielem auf. Wenn er sich unangebracht benimmt, hat er vielleicht nur nicht die emotionale Gesundheit, um eine Beziehung auszuhalten. Versuchen Sie, sachlich zu sein, wenn Sie diese Antwort abwägen. Fragen Sie Ihr Hilfsnetzwerk nach einer objektiven Meinung.

Marian ging seit einem Jahr mit James. Obwohl er ein großartiger Freund war, wehrte er sich dagegen, sich zu verpflichten oder zu verloben. Ein Teil von ihr war müde vom Warten, aber nachdem sie mit einigen Freunden darüber gesprochen hatte, wurde ihr klar, dass er unter erheblichem Stress stand, weil er dabei war, sein Medizinstudium zu beenden und zu versuchen, ein Praktikum in einem angesehenen Krankenhaus an Land zu ziehen. Sie erkannte, dass er, obwohl er sich in Bezug auf die Zukunft ambivalent verhielt, im Grunde genommen einer der zugewandtesten, liebevollsten Kerle war, die sie je kennengelernt hatte. Sie beschloss, ihm mehr Zeit zu geben.

Suzanne machte allerdings eine andere Erfahrung. Sie war mit Gary zusammen, mit dem es viel Spaß machte, der aber völlig unzuverlässig war. Als sie herausfand, dass er wieder Drogen nahm (bevor Sie sich kennenlernten, war er in einer Rehabilitationsklinik gewesen), verstand sie, weswegen er sie ab und zu versetzt hatte. Er hörte mit den Drogen auf, aber dann legte er ein ambivalentes Verhalten an den Tag, was ihre Beziehung betraf. Sie glaubte, dass es keine gute Wahl wäre, in ihn mit seiner Vergangenheit und der Tatsache, dass er von einer Reha in die nächste ging, noch mehr Zeit zu investieren und machte mit ihm Schluss.

Tipp 10: Machen Sie eine Pro/Kontra-Liste

Machen Sie eine aktuelle Liste von seinen guten und schlechten Seiten – was er Ihnen bietet und wo er Sie erschöpft – dann addieren Sie es gegeneinander auf. Wenn die negativen Punkte die positiven überwiegen, dann lassen Sie ihn gehen. Wenn die positiven die negativen überwiegen, sollten Sie ihn vielleicht behalten.

Penny traf sich mit Joe, der eindeutig ein ambivalenter Mann war. Er verhielt sich wirklich verliebt in Penny, doch dann distanzierte er sich wieder von ihr. Ein Teil von Penny wollte Schluss machen, weil sie nach einer ernsthaften Beziehung suchte, aber sie verstand sich gut mit ihm. Weil sie nicht herausfinden konnte, wie sie die Situation angehen sollte, machte sie eine Liste mit den Pros und Kontras. Werfen Sie einen Blick auf Pennys Liste und dann machen Sie Ihre eigene.

Pennys Pro-Liste enthielt folgende Pluspunkte:

- guter Kamerad
- guter Gesprächspartner
- lustig
- verbringt gerne viel Zeit mit mir
- großartiger Liebhaber
- er ist Frisör, also föhnt er mir nach dem Duschen fast jedes Mal die Haare, wenn er bei mir übernachtet (dafür bekommt er drei Extrapunkte)
- lockerer Charakter
- nicht anspruchsvoll
- nicht kritisch
- er unterstützt meine Karriere

Pennys Kontra-Liste enthielt folgende Minuspunkte:

- hat kein gutes Auskommen
- hat keinen Ehrgeiz
- keine gute Erfolgsgeschichte mit Beziehungen
- in der Vergangenheit Drogenprobleme
- viel weniger gebildet als ich
- die Familie traut mir mehr zu
- hat eine chaotische Lebensweise

Trotz aller Schwierigkeiten sah Penny, dass die Pros die Kontras überwogen und sie beschloss, der Beziehung drei weitere Monate zu geben, um zu sehen, wie sich die Dinge entwickeln würden.

Tipp 11: Setzen Sie ein Zeitlimit

Wie lange sind Sie bereit, darauf zu warten, dass sich Ihr ambivalenter Mann für Sie entscheidet? Wenn Sie heiraten wollen und er ist nicht bereit, sich festzulegen, wie viel Zeit wollen Sie ihm dann geben? Ein Jahr? Ein Leben lang? Versuchen Sie festzulegen, was für Sie ein angemessener Zeitraum ist. Obwohl das von Mensch zu Mensch verschieden sein kann, ist ein Jahr im Allgemeinen genug Zeit für einen Mann, sich für eine Frau zu entscheiden.

Allerdings wird die Wartezeit auch durch das Alter und durch Ihre Bedürfnisse bestimmt. Eine Frau in den Zwanzigern hat mehr Zeit, Risiken einzugehen, weil ihre biologische Uhr noch nicht tickt. Aber eine Frau, die schon Mitte dreißig ist, will vielleicht nicht mehr allzu lange warten, weil sie eine Familie haben möchte. Eine Frau von vierzig, die keine Kinder haben will, kann entspannter mit Zeit umgehen. Genauso kann eine Frau geneigt sein, Ihrem ambivalenten Mann mehr Spielraum zu geben, wenn sie glaubt, dass er große Möglichkeiten hat und im Grunde ein wundervoller Partner und ein ganz besonderer Fang ist.

Tipp 12: Seien Sie sich über Ihre Prioritäten im Klaren!

Seien Sie ehrlich mit sich in dem, was Sie wollen. Wollen Sie einen Freund, der sich nur mit Ihnen trifft? Wollen Sie heiraten? Wollen Sie stimmige Chemie und leidenschaftlichen Sex, selbst wenn es nur sporadisch und unverbindlich ist? Jeder hat andere Bedürfnisse und Wünsche. Bleiben Sie einfach bei Ihren Überzeugungen. Wenn Sie Prioritäten gesetzt haben, die Ihnen bei Ihrem Partner wichtig sind und er kann ihnen nicht gerecht werden, dann sollten Sie aus dieser Beziehung aussteigen. Wenn Sie sich zum Beispiel nach Exklusivität sehnen, aber nur gelegentlich ekstatischen Sex bekommen, sobald er schlussendlich dazu kommt, Sie anzurufen, dann haben Sie Ihre Prioritäten vernachlässigt.

Tipp 13: Seien Sie ehrlich zu sich selbst

Wie groß sind die Aussichten wirklich, dass er sich jemals ändert? Bevor Sie Ihre endgültige Entscheidung treffen, ob sie ihn verlassen sollten, können Sie Ihren zwiespältigen Mann ansprechen (in Ruhe!) und fragen, ob er an den Problemen arbeiten will, die Sie stören. Beobachten Sie, wie er auf Ihre Fragen reagiert. Ist er aufmerksam oder abwehrend? Hört er aufrichtig hin, was Sie zu sagen haben oder hat er Ausreden für sein Verhalten? Glauben Sie, dass er die Fähigkeit hat, sich zu ändern und zu entwickeln? Stellen Sie sich diese Fragen, um das herauszufinden:

- Kann er zugeben, dass er sich verletzend oder destruktiv verhalten hat?

- Kann er zugeben, dass er ein Problem hat?

- Ist er sich über seine Ambivalenz im Klaren?

- Verleugnet er die Tatsache, wie er mit Ihnen und der Beziehung umgeht?

- Ist er bereit, sich Ihre Bedenken anzuhören?

- Ist er zu einem Blick in sein Inneres bereit, um das Problem näher zu begutachten?

- Hat er die Fähigkeit zur Einsicht?

Wenn Ihr ambivalenter Mann behauptet, dass er daran arbeiten will, sich zu ändern, ist das wunderbar. Aber so leicht können Sie ihn nicht davon kommen lassen. Sie müssen nach konkreten Anhaltspunkten für eine Veränderung Ausschau halten. Zum Beispiel...

- Haben Sie konkrete Hinweise darauf, dass er sich bemüht, sich zu ändern? Ruft er an, wenn er sagt, er würde es tun? Hört er sich Ihre Bedenken an?

- Wie lange verspricht er schon, sich zu ändern? Hat er tatsächlich Fortschritte gemacht?

- Ist es so, dass Sie eine Menge Gerede zu hören bekommen, aber keine wirkliche Aktion sehen?

Schauen Sie sich diese Fragen sorgfältig an. Macht er tatsächlich Fortschritte oder ist er wieder bei seiner alten Masche? Die Feststellung, ob es genug gibt, womit man arbeiten könnte, kann hilfreich bei Ihrer Entscheidung sein, ob Sie Ihren zwiespältigen Mann verlassen wollen oder bleiben.

Tipp 14: Werfen Sie einen Blick in die Zukunft

Ihre Antworten auf die folgenden Fragen bezüglich Ihrer Zukunft sollten Ihnen mehr Einblick geben, ob Sie Ihren ambivalenten Mann verlassen sollten. Sehen Sie in Ihre Zukunft, als würden Sie in eine Kristallkugel schauen. Welche Auswirkungen haben Ihre Entscheidungen von heute auf Ihr Leben in fünf Jahren? Versuchen Sie, in eine entspannte, meditative Gemütsverfassung zu kommen. Schließen Sie Ihre Augen und denken Sie nach:

- Malen Sie sich Ihr Leben in fünf Jahren aus, wenn Sie mit Ihrem zwiespältigen Mann zusammen bleiben. Glauben Sie, dass Sie glücklich darüber sein werden, mit ihm zusammen geblieben zu sein trotz seiner Unlust, Ihnen und Ihren Belangen entgegenzukommen,? Welche Männer werden Sie verpassen, wenn Sie bei Ihrem ambivalenten Mann bleiben? Versuchen Sie sich entsprechende Gelegenheiten vorzustellen, die an Ihnen vorbeiziehen, wenn Sie bei ihm bleiben (Männer, Karriere und anderes).

- Stellen Sie sich Ihr Leben in fünf Jahren vor, wenn Sie heute Ihren zwiespältigen Mann verlassen würden. Malen Sie sich die Möglichkeiten aus, die auf Sie warten – eine andauernde Liebe, neue Freunde und neue Chancen. Was auch immer Sie in der Zukunft sehen – nehmen Sie es als hilfreiche Information, um zu entscheiden, ob Sie Ihren ambivalenten Mann verlassen oder bei ihm bleiben sollten.

Tipp 15: Betrachten Sie Ihre Symptome

Wenn eine Beziehung nicht gesund ist, kann es sein, dass Sie als Resultat die folgenden emotionalen, körperlichen oder Verhaltenssymptome entwickeln. Wenn Sie aus jeder Gruppe mehr als zwei Symptome aufweisen, dann ist es sehr wahrscheinlich, dass Ihnen Ihre Beziehung mit Ihrem ambivalenten Mann zu viel Stress verursacht und Sie ernsthaft darüber nachdenken sollten, ihn zu verlassen.

Lassen Sie uns Ihre emotionalen Symptome begutachten. Fühlen Sie sich...

manipuliert?	verwirrt?
traurig?	nicht unterstützt?
deprimiert?	benutzt?
ärgerlich?	suizidal?
verletzt?	hilflos?

Und wie sieht es mit Ihren Verhaltenssymptomen aus? Werden Sie von den folgenden passend beschrieben?

- Sie sind zwanghaft damit beschäftigt, an ihn zu denken.
- Sie kommen allmählich nicht mehr mit Ihrem Leben zurecht.
- Sie nehmen Drogen.
- Sie trinken.
- Sie essen zu viel.
- Sie können nichts essen.
- Sie sind extrem ängstlich.
- Sie achten nicht auf Ihr Äußeres.
- Sie weinen die ganze Zeit.
- Sie werfen Ihr Geld zum Fenster raus.
- Sie investieren all Ihr Geld in eine Therapie.
- Sie rauchen zu viel.
- Sie verbringen nicht genug Zeit mit Ihren Kindern.
- Sie schlafen zu viel.
- Sie leiden an Schlaflosigkeit.
- Sie gehen nirgendwo hin, weil Sie darauf warten, dass er

anruft oder vorbeikommt.

- Sie fühlen sich chronisch depressiv.
- Sie können sich nicht auf Ihre Arbeit konzentrieren.

Und zu guter Letzt, haben Sie manche dieser körperlichen Symptome?

- Sie haben einen Knoten im Magen.
- Sie sind angespannt.
- Sie haben Herzrasen.
- Ihre Schultern sind immer gebeugt.
- Sie sind erschöpft.
- Sie fühlen sich ausgelaugt.
- Sie sind chronisch krank.
- Sie bekommen Kopfschmerzen.
- Sie haben chronische Magenprobleme.

Wie Motten das Licht

Um die Situation mit Ihrem ambivalenten Mann zu lösen, müssen Sie Ihre eigenen Beweggründe finden, weshalb Sie mit ihm zusammen sind und seine Ambivalenz ertragen. Oft sind Ihre Gründe, bei ihm zu bleiben, psychologisch genauso komplex wie seine Gründe, so zu sein, wie er ist. Warum wollen Sie mit Ihrem zwiespältigen Mann zusammen sein?

Ich habe Angst vor dem Alleinsein

Wenn Sie mit ihm zusammen sind, weil Sie Angst davor haben, allein zu sein, dann sollten Sie zurück zu Kapitel zehn gehen und noch ein bisschen an Ihrer Persönlichkeitsentwicklung arbeiten. Sobald Sie sich mit sich selbst wohl fühlen, werden Sie viel besser für den Umgang mit allem gerüstet sein, was die Beziehung mit Ihrem ambivalenten Mann mit sich bringen kann. Sie müssen daran arbeiten, Ihre Unabhängigkeit zu stärken, damit Sie nicht denken, Sie könnten gefühlsmäßig nicht ohne ihn überleben. Wenn Sie finanziell von ihm abhängig sind, dann sollten Sie schauen, wie Sie betriebswirtschaftlich erfindungsreicher werden.

Ich werde nie einen anderen kennenlernen

Heutzutage lernen Frauen in den verschiedensten Situationen Männer kennen. Die meisten Frauen aus meiner Praxis, die fest entschlossen waren, aus ihrer letzten Beziehung auszusteigen, fanden immer wieder jemand neuen. Das mag vielleicht nicht unbedingt am nächsten Tag oder in der nächsten Woche geschehen, aber es wird geschehen. Sie müssen dieser Möglichkeit gegenüber einfach offen sein. Der Gedanke, es würde in Ihrem Leben nie einen anderen Mann geben als Ihren zwiespältigen Ex, ist völlig unrealistisch. Damit behindern Sie sich nicht nur selbst, sondern denken auch masochistisch.

Ich liebe ihn

Erinnern Sie sich, was Tina Turner in einem Ihrer Songs über Liebe gefragt hat? „Was hat Liebe damit zu tun?" Frauen, die in unglücklichen, unbefriedigenden Beziehungen mit Männern leben, sagen, dass sie bei ihm bleiben, weil sie ihn lieben. Und das selbst dann, wenn ihre Männer sie entmutigen, zurückweisen, betrügen oder missbrauchen.

Sie müssen herausfinden, was Liebe für Sie bedeutet. Ist es die erotische Liebe aus Kapitel 9? Ist es Abhängigkeit? Ist es Ihr Weg zurück zu der großen Liebe, die Sie für Ihre Mutter und Ihren Vater empfunden haben? Wenn Ihr ambivalenter Mann Sie nicht glücklich macht und Sie in Betracht ziehen, ihn zu verlassen, dann sollten Sie neu bewerten, was Sie mit „ich liebe ihn" meinen.

Er liebt mich

Es ist wundervoll, von dem Mann, der Ihnen gefällt, gesagt zu bekommen, dass er Sie liebt, aber Sie sollten auch auf sein liebloses Verhalten achten. Versuchen Sie jetzt einmal, eher realistisch als romantisch zu sein. Selbst wenn er sagt, dass er Sie liebt, ist er denn wirklich zur Liebe fähig? Kann er Sie auf eine reife erwachsene Art lieben und auf ihre Bedürfnisse und Wünsche achten?

Oder liebt er Sie so, wie ein kleines Kind seine Eltern liebt? In anderen Worten, liebt er Sie, um seine Grundbedürfnisse und seine sexuellen Bedürfnisse zu befriedigen, aber ohne die dauerhafte Art von Liebe, die Ihnen Sicherheit gibt?

Ich bin ein Opfer

Sie sind kein Opfer. Wenn Sie Jahre für einen Mann verschwenden, der Sie wiederholt verletzt oder sich nicht verpflichten kann, dann müssen Sie die Dinge in die Hand nehmen und ihn verlassen. Wenn Sie in eine Situation gebracht wurden, die Sie sich anders vorgestellt hatten, dann gehen Sie. Bestärken Sie sich selbst, indem Sie eine Entscheidung treffen und danach handeln (im nächsten Kapitel werde ich mehr dazu sagen). Nehmen Sie Ihre Freunde zu Hilfe, eine Beratungsgruppe, das Zwölf-Stufen-Programm, Bücher, Ihr Hilfsnetzwerk oder einen Psychotherapeuten - was auch immer Sie brauchen. Wenn Sie entscheiden, in einer ungesunden Situation zu verbleiben, die Sie mehr auslaugt als unterstützt, können Sie nach einer Weile niemand anderem als sich selbst die Schuld geben. Denken Sie daran, Sie sind kein Opfer.

14
Wie Sie aufhören,
sich in zwiespältige Männer zu ver-
lieben

Die Dinge liefen nicht besonders gut für Marilyn (aus Kapitel 12). Sie probierte das Zwölf-Stufen-Programm für den Umgang mit ihrem zwiespältigen Mann aus, aber Pete entschied, dass er einfach nicht bereit für eine verpflichtende, exklusive Beziehung sei. Marilyn wünschte sich, mit einer anderen Art von Mann zusammen zu kommen, um so ihr Leben zu verändern. Aber Pete war der sechste ambivalente Mann, an den sie in einem Jahr geraten war!

Sie wünschen sich also einen Mann, der Sie gern hat und respektiert und Sie haben die Nase voll von zwiespältigen Spielchen. Wie stellen Sie es aber an, nicht mehr auf ambivalente Männer hereinzufallen? Das ist tatsächlich eine sehr gute Frage und leider gibt es darauf keine klipp und klare Antwort. Ich gebe offen zu, dass ich keine dieser Selbsthilfe-Autorinnen bin, die behaupten, dass Sie sich wie durch ein Wunder nicht mehr in ambivalente Männer verlieben, sobald Sie mein Buch gelesen haben. Mein Buch soll Ihnen ein Wegweiser sein, damit Sie Ihr Leben positiv verändern können.

Der Grund dafür, dass Sie sich von Ihrem Typ ambivalentem Mann angezogen fühlen, kann Ihr Schaltplan sein. Möglicherweise gibt es eine tief verwurzelte, unbewusste Ursache dafür und vielleicht brauchen Sie eine Jahre dauernde Psychotherapie, um sie aufzulösen. Vielleicht sind es sogar die Gene oder Pheromone. Vielleicht haben Frauen den menschlichen Hang dazu, sich in böse Jungs zu verlieben, weil sie primitiver und aggressiver sind oder Frauen besser verführen können. Oder vielleicht stehen Sie auch einfach auf Kerle, die Distanz schaffen können. Wie auch immer, geben Sie die Hoffnung nicht auf. Sobald Sie die folgenden Maßnahmen ergreifen, können Sie Ihre Schwäche für ambivalente Männer Stück für Stück abtragen.

Hören Sie damit auf, ambivalente Männer zu idealisieren

Er ist nicht Gott der Allmächtige. Er hat gute und schlechte Eigenschaften wie jeder andere Mensch auch. Nicht Sie haben Glück, mit ihm zusammen zu sein - er hat Glück, mit Ihnen zusammen zu sein. Machen Sie sich nicht selbst fertig, wenn die Beziehung nicht funktioniert. Sie müssen Ihren ambivalenten Mann von dem Podest herunterholen, auf das Sie ihn gestellt haben. Machen Sie ihn nicht größer als er ist und schauen Sie, welche Möglichkeiten Sie noch haben. Es ist wichtig, dass Sie Männern eine Chance geben, die nicht ambivalent sind. Sie werden erfreut sein, wenn Sie merken, dass diese Männer Ihnen unter Umständen sogar reichere Erfahrungen bieten können als die, die Sie mit zwiespältigen Männern erlebt haben.

Hier sind einige Gründe, weshalb Sie noch immer meinen, kein anderer Mann könne so wunderbar sein wie ein ambivalenter Mann:

- Es dient Ihnen als Entschuldigung dafür, dass Sie keine echte Beziehung mit einem Mann haben, der für Sie da wäre.

- Sie haben Angst davor, mit Ihrer Wut auf ihn konfrontiert zu werden.

- Sie behalten lieber die Kontrolle über die Situation, indem Sie sich einreden, dass er perfekt und alles nur Ihr eigener Fehler sei.

- Sie halten immer noch an der Beziehung fest, wie Sie sie als Kind zu Ihren Eltern hatten, als Sie dachten, dass es niemanden gäbe, der besser sei als Ihre Mutter und Ihr Vater. Sie haben sie idealisiert und jetzt idealisieren Sie Ihren zwiespältigen Mann.

Wenn Sie einen Blick auf seine schlechten Seiten werfen würden, könnten Sie sehen, dass er sehr wohl seinen Beitrag dazu geleistet hat, dass Ihre Beziehung nicht funktioniert. Sie hätten wirklich nichts tun können, um das Ganze unter Kontrolle zu halten. Das Leben ist einfach so. Jetzt ist es an der Zeit, aus dem Trott auszubrechen und damit aufzuhören, ambivalente Männer zu idealisieren.

Hören Sie damit auf, Männer abzuwerten

Ich habe Frauen gehört, die Männer niedermachen. Sie machen sich über sie lustig, weil sie hässlich sind, glatzköpfig, fett, erfolglos, zu nett, schlecht angezogen, sonderbar, schlechte Tänzer, nicht cool genug und/oder ein Schwächling. Diese Frauen sind genau dieselben Frauen, die sich darüber beschweren, dass Männer Frauen objektivieren, zu oberflächlich sind und sie nicht wegen ihrer inneren Werte schätzen. Vielleicht haben die Männer, die Sie abwerten, genau die Eigenschaften, die Sie bei dem ambivalenten Mann nicht finden, der Sie an der Nase herumführt und Sie nicht zu würdigen weiß.

Loretta und Amy fiel es beiden schwer, über die ambivalenten Männer hinwegzukommen, mit denen sie Schluss gemacht hatten. Jeden Sonntag gingen sie zum Brunch und erzählten sich das Neueste aus der Abteilung Romantik. Loretta bemerkte, dass sie manchmal wirklich bösartig wurden, wenn sie sich über Männer lustig machten, die Ihnen hinterherliefen. Sie meinte, dass sie lieber aufhören sollte, die Männer, die sie nicht so anziehend fand, niederzumachen und ihnen lieber noch eine Chance zu geben. Sie versuchte es mit zwei Männern, über die sie mit Amy Witze gemacht hatte. Sie verliebte sich in keinen von beiden, aber einer von ihnen wurde ein guter Freund und auch mit dem anderen verstand Sie sich wunderbar, obwohl immer noch kein Funke übersprang. Loretta beschloss, die Männer nicht länger abzuwerten. Sie erkannte, dass es ihr im Weg stand, wenn sie mit anderen Männern in Kontakt kommen und von ihrem zwiespältigen Ex loskommen wollte.

Lassen Sie Ihre frühere Beziehung zu Ihren Eltern los

Denken Sie daran, wenn Sie eine Mutter oder einen Vater hatten, die in irgendeiner Weise gestört waren, wiederholen Sie Ihre Kindheitsbeziehungen, wenn Sie mit einem Mann zusammen sind, der Sie genauso enttäuscht, verlässt oder verletzt. Arbeiten Sie daran, die Vergangenheit hinter sich zu lassen und beschäftigen Sie sich nicht mit Männern, die die gleichen Probleme haben wie Ihre Eltern. Wenn Sie immer noch zu Hause bei Ihrer Familie wohnen, dann ist es wohl an der Zeit, auszuziehen. Wenn sie Ihnen Geld geben, dann sollten Sie vielleicht finanziell unabhängiger werden. Tun Sie alles, was nötig ist, um nicht länger Opfer Ihrer Vergangenheit zu sein.

Hier sind einige Methoden aufgeführt, mit denen Sie leichter von Ihren früheren Erfahrungen wegkommen und nach vorne auf neue Dinge schauen können.

- Schreiben Sie einen Brief an das Familienmitglied, as Ihrer Meinung nach Ihre Probleme mit Männern verursacht hat. Machen Sie sich keinen Druck, den Brief auch abzuschicken – allein ihn zu schreiben kann eine heilsame Erfahrung sein. Wenn Sie wollen, können Sie den Brief ruhig an einen Menschen aus Ihrem Hilfsnetzwerk schicken, der versteht, an welcher emotionalen Last Sie arbeiten.

- Erzählen Sie einer zuverlässigen Person die Geschichte über Ihre Beziehung zu Ihren Eltern. Es kann heilsam sein, die Lebensgeschichte loszuwerden und vielleicht fühlen Sie sich danach besser.

- Verarbeiten Sie die Gefühle zu Ihren Eltern auf kreative Art. Schreiben Sie eine Kurzgeschichte, ein Gedicht, ein Lied. Tanzen Sie, malen Sie, tun Sie irgendetwas, um Ihre Gefühle auszudrücken.

- Bauen Sie Ihren Ärger körperlich ab. Belegen Sie einen Kurs in Kickboxen, gehen Sie joggen, machen Sie Fitness, lösen Sie diese Gefühle mit Hilfe Ihres Körpers.

- Führen Sie Phantasiegespräche mit Ihren Eltern. Reden Sie mit Ihnen, als wenn sie da wären. Sie können auch mit einer Technik der Gestalttherapie arbeiten, mit einem leeren Stuhl sprechen und so tun, als säßen Ihre Eltern dort. Reden Sie sich alles von der Seele.

Werden Sie all die Gefühle los, die in Ihnen festsitzen und die Sie davon abhalten, eine Beziehung mit einem Mann einzugehen, von dem Sie das Gefühl haben, dass er Ihre Bedürfnisse befriedigen würde. Wenn dieser Prozess für Sie alleine zu schwierig ist, dann holen Sie sich zusätzliche Unterstützung durch professionelle Hilfe.

Betrauern Sie Ihre Teenagerjahre

Fühlen Sie sich von Männern angezogen, die unreif sind, mit denen Sie aber eine Menge Spaß haben?

Von der erwachsenen Ausführung eines Freundes, den Sie mit vierzehn oder sechzehn Jahren für Ihr Leben gern gehabt hätten? Wenn Sie keine Teenagerromanze erlebt haben, weil Sie Gewichtsprobleme hatten, krank oder behindert waren, die Schule wechselten, weil es eine Scheidung gab, Sie keine Freunde hatten oder aus anderen Gründen, dann kann es sein, dass Sie sich mit jugendlichen Männern treffen, um die soziale Benachteiligung in Ihrer Teenagerzeit auszugleichen. Aber diese Art von Mann, mit der Sie sich eine Zeit lang wohl fühlen, hat nicht unbedingt die notwendige Gefühlstiefe, die er bräuchte, um Ihre Bedürfnisse als erwachsene Frau zu stillen. Eine einsame und isolierte Jugend kann eine traumatisierende Erfahrung sein. Sie müssen um die glückliche Jugend trauern, die Ihnen gefehlt hat, damit Sie Ihre Probleme nicht dadurch ausleben, dass Sie sich unreife Männer aussuchen.

Vielleicht haben Sie auch den idealisierten Prototypen eines Jungen vor Augen, mit dem Sie gerne gegangen wären, es aber nicht sind. Vielleicht haben Sie dieses Idealbild als Erwachsene immer noch und benutzen es als Ihr männliches Liebesmodell. Oder vielleicht wollen Sie auf diese Art auch die Intensität Ihrer erlebten Teenagerliebe neu oder erstmalig erleben. Dummerweise sind die Charaktereigenschaften Ihres jugendlichen Liebesmodells unter Umständen nicht dieselben, die Sie für eine reife, verbindliche und erwachsene Beziehung brauchen.

Erweitern Sie Ihren Horizont

Einer der Gründe, weshalb Frauen an ihren unschlüssigen Männern hängenbleiben, ist, dass sie so wenig Auswahl an Männern haben. Erlauben Sie sich, den Kreis Ihrer Kandidaten zu erweitern. Fangen Sie damit an, dass Sie einen Blick auf Ihr „Männer-Suchschema" werfen, das vielleicht zu starr und überholt ist. Frauen, die heutzutage auf ihrer Suche nach Liebe erfolgreich sind, werden aufgeschlossener. Sie erkunden neues Gebiet, gehen andere Wege und verlassen ihre gesellschaftlichen Kreise. Würden Sie zum Beispiel diese Männer kennenlernen wollen?

- Männer anderer Religionen?
- Männer einer anderen Rasse?
- Männer aus einem anderen Land?
- Männer aus einer anderen Kultur?
- Männer mit Kindern?
- Männer, die weniger verdienen als Sie?
- Männer, die nicht so erfolgreich sind wie Sie?
- Männer, die älter sind?
- Männer, die jünger sind?
- Männer, die andere Interessen haben als Sie?
- Männer, die einen anderen sozioökonomischen Hintergrund haben?
- Männer mit einem anderem familiären Hintergrund?

Überschreiten Sie Ihre Grenzen! Legen Sie los! Wachsen Sie über sich hinaus, nehmen Sie die Herausforderung an und probieren Sie es aus!

Werfen Sie Ihre Vorstellungen von einem Mann über Bord!

Manche Frauen haben für die Sorte Mann, die sie suchen, eine konkrete Vorstellung. Sie bleiben an ihrem ambivalenten Mann kleben, weil es schwer ist, einen anderen Mann zu finden, der nicht nur ihren Vorstellungen entspricht, sondern auch ungebunden und in sie verliebt ist. Vergessen Sie diese Vorstellungen! Wieso versuchen Sie nicht, sich zu ändern und fleibler zu werden? Müssen zum Beispiel die Männer, mit denen Sie ausgehen, folgendes haben:

- Eine bestimmte Menge Geld?
- Ein bestimmtes Einkommen?
- Eine bestimmte Bildung?
- Ein bestimmtes Äußeres?

- Einen bestimmten Stil?
- Eine bestimmte Arbeit oder einen bestimmten Beruf?
- Bestimmte Interessen?

Ein Beispiel für Engstirnigkeit ist eine alleinstehende Frau in ihren Dreißigern, die sich mit keinen Männern einlassen will, die geschieden und/oder verwitwet sind. Für eine Frau in diesem Alter ist es unrealistisch und unpraktisch, wenn sie bei der Auffassung bleibt, es müsse ein Mann sein, der noch nie verheiratet war. Ihre Chancen, einen Mann zu treffen, der sich eine Langzeitbeziehung wünscht und heiraten will, sind wahrscheinlich größer, wenn er geschieden oder verwitwet ist und Kinder hat. Dieser Mann hat sich zu irgendeinem Zeitpunkt tatsächlich an eine Frau gebunden, im Gegensatz zu einem Junggesellen, der keine Verantwortungen übernommen hat und noch nie vor den Altar getreten ist.

Trennen Sie sich also von manchen dieser altmodischen, starren Ratschläge, die Ihnen von früheren Generationen überliefert wurden. Es ist besser, bei der Suche nach Liebe unvoreingenommen zu sein. Wenn Sie glauben, für Sie gäbe es nur einen Mann auf der Welt, dann beschränken Sie sich selbst. Wahrscheinlich gibt es da draußen viele mögliche Lieben, aber Sie müssen auch den Männern eine Chance geben, die nicht so ganz Ihren Vorstellungen entsprechen. Vielleicht müssen Sie damit aufhören, Männer mit dem Ideal Ihrer Phantasie zu vergleichen. Sie brauchen eine offenere Einstellung dazu. Dann wird es eine größere Auswahl an ungebundenen Männern für Sie geben.

Spielen Sie das Zahlenspiel

Wenn Sie nicht mehr auf ambivalente Männer hereinfallen wollen, dann ziehen Sie los und treffen sich mit vielen Männern. Das wird Sie außerdem davon abbringen, sich weiter auf ambivalente Männer zu konzentrieren, die sich nicht um Ihre Bedürfnisse kümmern. Es wird Ihnen leichter fallen, weiterzumachen, denn es wird andere Männer geben, unter denen Sie eine Auslese treffen können.

Die meisten verheirateten Frauen, die ich kenne (inklusive meiner Klientinnen), haben sich aktiv um eine Beziehung bemüht. Sie gingen damit nach außen! Sie haben es ihren Freunden gesagt, benutzten die Kontaktmöglichkeiten im Internet, in Zeitschriften und Tageszeitungen, gingen zu Tanzveranstaltungen, Single-Partys, auf Ausflüge, in Bars, Discos, auf Hochzeiten, belegten Kurse. Das Ganze war für sie wie eine Teilzeitbeschäftigung. Frauen lernen Männer immer noch im Alltag oder durch zufällige Begegnungen kennen, aber es dauert viel länger und passiert viel vereinzelter und in größeren Zeitabständen. Wenn also eine ernsthafte Partnerschaft ein wichtiges Ziel für Sie ist (Sie sind in den Dreißigern und wollen Kinder haben, bevor die Zeit abläuft), dann sollten Sie reichlich Eigeninitiative ergreifen, um mehr Männer kennenzulernen und nicht herumsitzen und darauf warten, dass Ihnen der nicht-ambivalente Prinz Charming die Wohnungstür einrennt.

Heutzutage gibt es so viele Wege, um Männer kennenzulernen, ohne dass man in eine Singlebar gehen muss. Ich hatte eine Klientin, die sehr energisch versuchte, neue Männer zu treffen. Als sie mit ihrem unschlüssigen Mann Schluss gemacht hatte, nachdem sie von ihm drei Jahre lang hingehalten worden war, erzählte sie jedem, der ihr über den Weg lief, einschließlich ihrer Patienten (sie war Zahnärztin), dass sie einen neuen Mann kennenlernen wolle. Jeder, den sie fragte, schien jemanden zu kennen, den er mit ihr bekannt machen wollte. Innerhalb von zwei Monaten traf sie sich mit drei neuen Männern!

Fast jede Frau, die ich kenne, lernt Männer über die Partnerschaftsanzeigen im Internet kennen. Selbst Frauen, die nicht viel aus dem Haus kommen, weil sie krank sind, in ihrem Beruf sehr eingebunden sind oder daheim auf ihre Kinder aufpassen, nutzen diese Möglichkeit. Es geht ganz einfach. Sie kommen per Internetanzeige in Kontakt und telefonieren dann mit den Männern. Wenn Sie das Gefühl haben, dass es da Gemeinsamkeiten gibt, die es Wert sind, sich einmal genauer anzusehen, treffen Sie sich an einem öffentlichen Platz. Lassen Sie nie einen Mann zu sich nach Hause kommen, den Sie nicht kennen! Treffen Sie sich einfach auf einen Kaffee. Machen Sie nur ein kurzzeitiges Treffen aus und gehen Sie, wenn es keine Anknüpfpunkte gibt. Planen Sie für Ihr erstes Treffen keinen gemeinsamen Restaurantbesuch, weil Sie sich die Möglichkeit offenhalten sollten, nach kurzer Zeit gehen zu können, wenn Ihnen seine Gesellschaft nicht angenehm ist.

Ich kann Ihnen gar nicht erzählen, wie viele der Frauen, die ich kenne, nicht nur Beziehungen mit Männern eingingen, die sie durch diese Internetplattformen kennengelernt haben, sondern sie auch heirateten. Werten Sie diese Möglichkeit nicht ab. Wir befinden uns im Computerzeitalter. Wie heißt es doch so schön: „Die Zukunft ist hier!" Außerdem kommen Sie aus dem Haus, wenn Sie zu ein paar Blind-Dates gehen und fixieren sich nicht auf den unschlüssigen Mann, der Sie zum Narren hält.

Jagen Sie nicht dem überspringenden Funken hinterher!

Was Frauen bei ihrer Suche nach einem nicht-ambivalenten Mann am meisten im Weg steht, ist ihre hartnäckige Fixierung auf eine stimmige Chemie. Das ist oft trügerisch. Manchmal empfinden selbst die Besten von uns, dass die Chemie zwischen ihnen und einem Psychopathen stimmt! Warten Sie auch nicht ständig darauf, dass der berühmte Funke überspringt, denn das kann Sie möglicherweise auf den falschen Weg führen. Schauen Sie über den Tellerrand hinaus! Statt sich auf den überspringenden Funken zu konzentrieren, achten Sie besser auf folgende Eigenschaften:

- **Er ist beständig.** Er ist nicht ambivalent. Er sagt etwas und er tut, was er sagt.

- **Er lügt nicht.** Lügen ist das Symptom einer charakterlichen Störung. Ein Mann, der lügt, ist unzuverlässig und falsch. Wahrscheinlich wird er Sie immer wieder anlügen.

- **Er hat Arbeit.** Selbst wenn es ein anspruchsloser Job ist, ist er eine beständige Person und hat die emotionale Fähigkeit, einer Arbeit nachzugehen.

- **Er stellt Ihnen Fragen über Sie.** Er ist wirklich daran interessiert, Sie kennenzulernen und sucht nicht nur nach direkter Bestätigung.

- **Er drängt nicht immer auf Sex.** Obwohl Sie sich durch das sexuelle Interesse eines Mannes vielleicht bewundert und geliebt fühlen, ist das oft genau der Typ Mann, der keine Beziehung sucht.

Hören Sie auf damit, sich ambivalente Männer in Ihr Leben zu holen!

Es ist nicht leicht, den Teufelskreis zu durchbrechen und keine unschlüssigen Männern mehr zu treffen, aber es ist möglich. Hier sind einige Tipps, wie Sie sich diese Männer abgewöhnen können und künftig vermeiden, verletzt zu werden.

- Lassen Sie sich nur auf Männer ein, die Interesse an Ihnen haben. Lassen Sie ihn sausen, sobald Sie sehen, dass Sie dem Mann immer nachlaufen müssen. Binden Sie sich an keinen Mann, dem Sie hinterherrennen müssen.

- Wenn er anfängt, Ihnen Probleme zu machen, dann sprechen Sie ihn gleich darauf an. Und wenn er es wieder macht, machen Sie Schluss mit ihm. Gehen Sie keine Bindung mit einem Mann ein, der fies, kritisch, beleidigend und streitlustig ist.

- Konzentrieren Sie sich nicht zu sehr auf einen Mann in der Hoffnung auf eine Beziehung. Treffen Sie sich mit mehreren Männern, bis Sie zu einer normalen Beziehung finden, in der er interessiert, beständig und engagiert ist.

Esther war eine sehr selbstsichere Frau. Wenn sie einen Mann traf, für den sie sich interessierte, zögerte sie nicht, sich um ihn zu bemühen. Sie glaubte, dass sie immer ihrem Herz folgen sollte und sobald die Chemie irgendwie stimmte, sprang sie mit diesem Mann buchstäblich sofort ins Bett. Das einzige Problem daran war, dass sie sich dabei ausschließlich mit ambivalenten Männern einzulassen schien.

Sie beschloss, ihr Verhalten Männern gegenüber zu ändern und zu sehen, was dann passierte. Sie erlaubte sich nur noch, den ersten Schritt auf einen Kerl zuzugehen, sonst nichts. Keine zweiten und dritten Schritte. Außerdem ging sie nicht mehr so schnell mit den Männern ins Bett. Einige Typen riefen nie wieder an, nachdem Esther ihre Einladung, nach einem Treffen mit in deren Wohnung zu gehen, höflich abgelehnt hatte. Aber einem Mann, den sie am Strand kennengelernt hatte, schien das nichts auszumachen. Sie wurden Freunde, bevor sie Sex miteinander hatten. Sie ist begeistert, weil er nicht ambivalent ist und erzählt, dass ihre Beziehung sehr eng wird.

Gehen Sie sich selbst gegenüber eine Verpflichtung ein

Verpflichten Sie sich, nicht auf einen unschlüssigen Mann hereinzufallen, egal wie schwer es ist. Wenn Sie den Drang fühlen, mit einem ambivalenten Mann zusammen zu sein, dann weisen Sie ihn ab, weil Sie sich jetzt einem anderen Typ Mann und einer anderen Art von Leben verschrieben haben. Diese Verpflichtung können Sie nicht auf die leichte Schulter nehmen. Wenn Sie sich mit einem unschlüssigen Mann einlassen und er Sie immer wieder verletzt, dann können Sie niemandem außer sich selbst die Schuld dafür geben. Sie müssen etwas dafür tun, dass Sie das bekommen, was Sie wollen und brauchen.

Diese Schritte können Sie unternehmen, um Ihre eigene Denkweise über den ambivalenten Mann zu ändern:

• Werden Sie sich über die Auslöser klar, die Sie einem ambivalenten Mann automatisch in die Arme laufen lassen.

• Ändern Sie die Art und Weise, wie Sie auf diese Auslöser reagieren.

• Seien Sie sowohl mit Ihrer verletzlichen, bedürftigen Seite als auch mit Ihrer starken, unabhängigen Seite in Kontakt.

• Akzeptieren Sie Rückschläge.

• Seien Sie zu allem bereit, was notwendig ist, um sich von unschlüssigen Männern fernzuhalten.

• Seien Sie bereit dazu, die Hand nach Ihrem Hilfsnetzwerk auszustrecken, sobald Sie sich verwundbar fühlen.

• Arbeiten Sie weiter an Ihrem Glaubenssystem.

Wenn es sein muss, sagen Sie sich hundert Mal am Tag: Da draußen gibt es andere Männer, nicht nur ambivalente. Da gibt es Männer, die nicht verwirrend und durch den Wind sind. Es gibt neben den ambivalenten Männern auch Männer, die ich anziehend

213

finde und mit denen ich eine Beziehung aufbauen kann. Sagen Sie sich diese Sätze wie ein Mantra.

Lesen Sie die Konzepte, die in diesem Buch vorgestellt sind, nicht nur – gebrauchen Sie sie aktiv. Nehmen Sie sie Tag für Tag zur Hand, in jeder Minute, jeder Sekunde. Gehen Sie sich selbst gegenüber die Verpflichtung ein, sich zu ändern.

Setzen Sie andere Maßstäbe

Ich hatte einmal eine Klientin, die sich nur mit unmöglichen unschlüssigen Männern einließ. Sie beklagte sich, dass sie ihre Ansprüche doch schon heruntergeschraubt hätte, indem sie sich mit Männern treffen würde, die eine geringere Ausbildung hätten als sie. Was sie nicht begriff, war, dass sie die falschen Maßstäbe herabgesetzt hatte. Es ist gleichgültig, was für eine Bildung er hat oder wie gut er aussieht – wenn er Sie anlügt und unzuverlässig ist, schränken Sie Ihre Ansprüche ein, um mit ihm zusammen zu sein. Setzen Sie Ihre Messlatte höher und treffen Sie sich nur mit Männern, deren Gefühle und Verhalten beständig sind. Versuchen Sie in Zukunft, nicht so sehr sein Aussehen zu benoten oder ob er tanzen kann. Konzentrieren Sie sich stattdessen auf seinen Charakter, darauf, wie er mit Ihnen umgeht und ob er die seelische Belastbarkeit hat, Beziehungen auszuhalten.

Jill gab es offen zu, dass sie Männer mochte, die es „richtig gut drauf" hatten. Sie mochte keine schüchternen Männer – ihr gefielen geradlinige, aalglatte Männer. Dann aber beklagte sie sich bis zum Abwinken, dass sie keinen Mann mit Substanz finden könne! Taten sagen mehr als Worte. Manche Männer kennen eben die richtigen Worte, um Sie zu verführen, weil sie Ihnen das Gefühl geben, begehrt zu werden und etwas Besonderes zu sein. Aber eine Woche später fühlen Sie sich nicht mehr so begehrt, wenn Sie von dem Kerl nie wieder etwas hören, der es mit dem Verführen so „richtig gut drauf" hat! Charmant zu sein und zu wissen, wie man Frauen in ein anregendes Gespräch verwickelt, sind nur Fertigkeiten! Mehr nicht. Weswegen messen Sie dem Ganzen also so viel Bedeutung bei?

Machen Sie sich auf die Suche nach einer normalen Beziehung

Es ist normal, dass man sich bei einer Veränderung unbehaglich fühlt, selbst wenn sie eine Verbesserung bringen soll. Wenn Sie unzuverlässige, unbeständige und verwirrende ambivalente Männer gewöhnt sind, kann es etwas Anpassung erfordern, sich an eine andere Art von Mann zu gewöhnen.

Daran merken Sie, dass die Beziehung normal ist:

- Die Beziehung wächst. Sie entwickelt sich nicht rückwärts und sie bleibt nicht stehen. Sie entwickelt sich, indem Sie enger zusammenwachsen und eine tiefere Bindung eingehen.

- Sie müssen nicht jedes mal Ihre Freundinnen anrufen und um Rat fragen, wenn Sie mit ihm verabredet sind oder eine Nachricht von ihm bekommen haben.

- Sie bekommen nicht jedes mal einen Nervenzusammenbruch, wenn Sie mit ihm Kontakt haben. Es ist eine Beziehung, keine Fernsehschmonzette.

- Die Beziehung verursacht Ihnen nicht ständig Bauchschmerzen und verwirrt Sie nicht.

- Die Beziehung bereichert Ihr Leben und gibt Ihnen Energie, anstatt sie aufzubrauchen.

- Die Beziehung ist beständig, sicher und ohne Chaos.

Bianca hatte sich jahrelang nicht mehr mit Männern eingelassen, weil sie völlig ausgebrannt von Männern war, die zu einer gesunden Langzeitbeziehung unfähig zu sein schienen. Dann lernte sie das Computergenie Sal kennen, als sie zu Hause eine Schreibarbeit erledigte. Er war von seinem Job in der Spitzentechnologie entlassen worden und arbeitete als Elektriker. Die Kenntnisse dazu hatte er von seinem Vater gelernt und sich damit seinen Weg durch das Kollege und die Hochschule finanziert. Die Hausverwaltung hatte ihn beauftragt, Arbeiten in Biancas Wohnung zu erledigen. Sie schienen eine Menge gemeinsam zu haben und endeten in einem ewig langen Gespräch, während er an den elektrischen Leitungen ihrer Wohnung arbeitete. Als er mit seiner Arbeit fertig war, fragte er sie, ob sie Lust hätte, irgendwann mit ihm auszugehen. Als sie in der darauf folgenden Woche zusammen essen gingen, war Bianca überrascht, wie problemlos alles lief. Er war vertrauenswürdig, freundlich und aufmerksam. Mit ihm zusammen zu sein war für sie ein wenig gewöhnungsbedürftig, weil sie komplizierte, pflegebedürftige Männer gewohnt war. Im Grunde verbrachten sie eine großartige Zeit miteinander. Keine Spielchen. Kein Ärger. Je öfter sie sich sahen, desto ängstlicher wartete Bianca auf einen Tritt in den Hintern. Sie suchte mich auf, weil sie Angst hatte, die Beziehung zu sabotieren, um das dramatische Ende hinter sich zu bringen, bevor er es tat. Mithilfe der Therapie und ihres Hilfsnetzwerkes konnte sie ihre Ängste aufarbeiten und die beiden zogen zusammen. Sal bekam einen tollen Job in einem großen Computerunternehmen und das letzte, was ich gehört habe, war, dass sie ihre Hochzeit planten.

Betrauern Sie Ihren Verlust

Frauen fragen mich oft, ob ich ihnen garantieren kann, dass sie dieselbe große Leidenschaft mit einem anderen Mann finden werden, wenn sie ihren ambivalenten Mann verlassen. Die Wahrheit ist, dass jede Beziehung mit einem Mann anders ist. Jede Begegnung ist einzigartig wie eine Schneeflocke. Jeder Mann wird Ihnen in irgendeinem Bereich mehr bieten können als ein anderer. Es wird nie zwei identische Erfahrungen geben.

Es gibt keine Garantie dafür, dass Sie je mit einem anderen Mann die mystische Vereinigung erleben werden, die Sie mit Ihrem unschlüssigen Mann erleben. Ein Grund dafür ist unter anderem, dass Ihre große Leidenschaft von Ihrer Angst genährt wird, dass er sich distanziert und Sie verlässt. Es ist schwer, die mystische Vereinigung mit jemandem zu erleben, mit dem Sie ständig zusammen sind und der immer für Sie da ist. Sie müssen sich entscheiden, ob Sie all den Schmerz und den Kummer ertragen wollen, der oft mit der mystischen Vereinigung einhergeht. Vielleicht werden Sie andere schöne Empfindungen mit einem anderen Mann erfahren, die ihr ambivalenter Mann nicht bieten konnte, wie beständige Liebe und Partnerschaft und eine Zukunft. Unglücklicherweise kann es sein, dass die Leidenschaft ein bisschen auf der Strecke bleibt. Sie müssen diese Wahrheit akzeptieren, wenn Sie nicht mehr auf ambivalente Männer hereinfallen wollen.

15
Einen ambivalenten Mann verlassen und loslassen

Nachdem Tina (aus Kapitel 13) Brad mitgeteilt hatte, dass sie ihn nicht mehr sehen wollte, rief er sie trotzdem weiter an. Schließlich konfrontierte sie ihn mit seiner Unfähigkeit, sie loszulassen. Er sagte ihr, dass er sie vermissen würde, aber immer noch nicht bereit wäre, eine Verpflichtung einzugehen. Tina war enttäuscht und hatte die Nase voll. Daher beschloss sie, mit Brad ganz und gar zu brechen. Diesmal war sie sehr hart, als sie Brad sagte, er solle sie nicht mehr anrufen. Sie erklärte ihm deutlich, dass alles, was zwischen ihnen war, vorbei wäre und dass sie jetzt nach vorne schauen wolle. Sie hörte nie wieder etwas von ihm.

Der letzte Schritt, bevor Sie einen unschlüssigen Mann verlassen

Wenn Sie sich nicht ganz sicher sind, ob Sie Ihren ambivalenten Mann verlassen sollten, müssen Sie eine letzte Diskussion oder Konfrontation mit ihm ins Auge fassen, um festzustellen, ob es irgendeine Chance gibt, dass er sich ändert und künftig mehr auf Ihre Bedürfnisse eingehen wird. Auf diese Weise werden Sie sich Ihrer Entscheidung sicher sein und sich später nicht verrückt machen oder Ihren Entschluss im Nachhinein anzweifeln. Indem Sie Ihren unschlüssigen Mann konfrontieren, machen Sie klar Schiff. Wenn Sie nach Ihrem Gespräch immer noch nicht das bekommen, was Sie wollen und brauchen, dann gehen Sie mit hoch erhobenem Kopf davon. Sie sollen von Ihrer Entscheidung überzeugt sein, Ihren ambivalenten Mann ein für alle Mal zu verlassen.

Wie Sie mit der Situation umgehen, kommt darauf an, um welchen Typ unschlüssigen Mann es sich handelt. Die folgende Abhandlung ist eine sehr kurze Zusammenfassung davon, wie Sie eine Diskussion oder eine Konfrontation mit Ihrem unschlüssigen Mann führen können.

Der Wegläufer

Diese letzte Diskussion können Sie nur führen, wenn der Wegläufer zurückgekommen ist (nie, wenn er auf der Flucht ist). Sie können ihm erklären, dass Sie ihm nicht mehr trauen, weil er immer Fluchttendenzen hat. Sie können ihm einige konkrete Veränderungen aufzählen, die Sie sich bei ihm wünschen, damit Sie sich sicher genug fühlen, eine Beziehung mit ihm fortzuführen.

Der Spielchentreiber

Setzen Sie sich seinen Spielchen nicht mehr aus! Ein Spielchentreiber trifft die Wahl, keine Beziehung mit Ihnen einzugehen. Es ist nicht nötig, dass sein Ego gestärkt wird, indem Sie ihn um eine Beziehung bitten – damit öffnen Sie Tür und Tor für sein ambivalentes Gehabe. Versuchen Sie deshalb, die Beziehung zu ihm so gut Sie es können ohne eine genauere Erklärung zu beenden.

Der Fehlerfinder

Erklären Sie, dass Sie sich nicht mehr nur gelegentlich mit ihm treffen wollen. Sie wünschen sich eine Beziehung. Sagen Sie ihm, dass Sie sich lieber nicht mehr sehen wollen, wenn er Ihnen nicht mehr bieten kann als gelegentliche Treffen.

Der Liebesabenteurer

Erklären Sie, dass Sie mehr wollen als kurze Liebesabenteuer. Lassen Sie ihn wissen, dass Sie ihn nicht mehr sehen wollen, wenn er Ihnen nichts Wesentlicheres bieten kann als willkürliche, intensive Bettgeschichten.

Der Ewige Junggeselle

Wenn er sich Zeit damit lässt, sich verbindlich festzulegen, dann können Sie ihn vor die Wahl stellen. Entweder macht er Ihnen eine Zusage oder Sie gehen. Sie wollen unter den jetzigen Umständen einfach keine Beziehung mit ihm haben. Er geht nicht auf Ihre Bedürfnisse ein und das ist eben genau das, womit Sie nicht mehr leben wollen.

Der Internet-Lover

Wenn Sie per E-Mail oder SMS mit ihm in Kontakt sind, dann teilen Sie ihm mit, dass Sie Ihre Kommunikation ausbauen und mit ihm telefonieren oder ihn persönlich treffen wollen. Wenn Sie merken, dass er hinter seinem Bildschirm nicht hervorkommt, dann lassen Sie ihn wissen, dass der Vorhang für Ihre Internet-Beziehung gefallen ist.

Der Abschied

Wenn Sie einmal entschieden haben, die Beziehung mit Ihrem unschlüssigen Mann zu beenden, dann können Sie das auf drei verschiedene Arten erledigen, je nach Ihrer Persönlichkeit, Ihrer Situation und Ihrer Beziehung:

1. **Sagen Sie ihm die Wahrheit.** Seien Sie ehrlich und sagen Sie ihm, was Sie an Ihrer Beziehung gestört hat. Erklären Sie ihm, auf welche Ihrer Bedürfnisse er nicht eingegangen ist. Sagen Sie ihm, was an seinem Verhalten Sie dazu gebracht hat, ihn zu verlassen.

2. **Drücken Sie sich vage aus.** Gehen Sie nicht ins Detail. Erklären Sie ihm, dass die Beziehung für Sie einfach nicht mehr funktioniert. Wenn Sie wollen, können Sie sich Ausreden einfallen lassen. Erzählen Sie ihm zum Beispiel, dass Sie wieder zu Ihrem Ex zurückgegangen sind oder dass Sie sich beruflich mehr engagieren müssen und beschäftigter sein werden. Dann gibt es da noch das bewährte: „Ich brauche im Augenblick meinen Freiraum." Bieten Sie ihm einfach dieselben vagen Ausflüchte, die Männer ihren Frauen immer geben! Er hat sie lange genug zum Narren gehalten. An diesem Punkt haben Sie ihm bereits gesagt, was Sie stört und er vernachlässigt weiterhin Ihre Bedürfnisse. Also sind Sie ihm keine weiteren Erklärungen schuldig.

3. **Gehen Sie ihm aus dem Weg.** Wenn Ihnen Konfrontationen wirklich ein Graus sind, dann verschwinden Sie ganz leise. Seien Sie nicht erreichbar. Gehen Sie nicht ans Telefon, wenn er anruft. Diese Taktik passt bei einem Mann, den Sie nicht so gut kennen und dem Sie keine heftige Diskussion mit dem dazugehörigen seelischen Aufruhr aufhalsen wollen. Das mag kaltschnäuzig und unsensibel erscheinen, aber manchmal ist es der kürzeste Weg zum Seelenfrieden. Diese Taktik greift auch bei

Männern, die sich grausam verhalten und jegliche weitere Mühen nicht wert sind.

Ihn loslassen

Nachdem Sie sich entschieden haben, Ihren ambivalenten Mann zu verlassen, werden Sie wahrscheinlich eine schwierige Zeit durchmachen. Hier sind ein paar Leitlinien, um Ihnen den Übergang ein wenig zu erleichtern.

Machen Sie keine Szene

Egal wie Sie sich entscheiden, Schluss zu machen, Sie müssen kein Drama daraus machen, dass Sie ihn verlassen. Sie sind kein Opfer. Das einzige, was Sie mit einer Szene erreichen, ist, dass Sie aussehen, als hätten Sie seelische Probleme, als seien Sie sehr hilfsbedürftig oder frustriert. Das ist unnötig. Seien Sie in Ihrer Entscheidung stark und fest. Seien Sie erwachsen und reif. Sie treffen für sich selbst und Ihr weiteres Leben die beste Entscheidung. Es gibt keinen Bedarf an Theatralik.

Bleiben Sie bei Ihrer Entscheidung

Egal, wie einsam und unsicher Sie werden, bleiben Sie bei Ihrer Entscheidung. Wenn Sie zurückgehen, verlieren Sie ihm gegenüber all Ihre Glaubwürdigkeit. Möglicherweise nimmt er es Ihnen übel, dass Sie ihn zurückgewiesen haben und hat noch weniger Lust, sich zu ändern, als vorher. Das Ergebnis wäre, dass Sie noch schlechter dran wären. Egal, welche Art von Beziehung Sie hinter sich gelassen haben, sie würde zurückgestuft werden und mit der Erfüllung Ihrer Bedürfnisse wäre es vorbei.

Hinterfragen Sie Ihre Entscheidung nicht und machen Sie sich nicht verrückt

Bleiben Sie am Ball! Vertrauen Sie auf Ihre Entscheidung und halten Sie sich daran. Fangen Sie bloß nicht damit an: „Was, wenn ich dies getan hätte? Was, wenn ich jenes getan hätte? Wenn doch nur dieses, wenn doch nur jenes." Oder: „Ich habe einen riesigen Fehler gemacht, weil ich nie wieder so einen großartigen Mann kennenlernen werde." Diese Art von Gedanken trägt nur dazu bei, das zunichte zu machen, was Sie erreicht haben. Es war ein hartes Stück Arbeit, den Schlussstrich zu ziehen, also bleiben Sie bei Ihrer Wahl. Der einzige Ort wahrer Kraft ist in der Gegenwart. Schauen Sie also nicht zurück.

Brenda teilte Alfred mit, dass Sie ihn nicht mehr sehen wolle, weil er ihr gegenüber keine Verpflichtung eingehen wollte. Sie waren schon ein Jahr zusammen und Brenda war bereit, zu heiraten und eine Familie zu gründen. Zuerst fühlte sie sich mit ihrer Entscheidung gut, aber dann hatte sie einige Blind-Dates und vermisste Alfred verzweifelt. Sie konnte nicht damit aufhören, ihre Entscheidung anzuzweifeln. Sie dachte nur noch über alles nach, was dazu geführt hatte, mit ihm Schluss zu machen. Schließlich konnte sie ihr Bedauern nicht mehr zurückhalten und sie rief Alfred an. Sie sagte ihm, dass sie ihre Meinung geändert hätte und ihn wieder sehen wollte. Sie waren wieder zwei Wochen zusammen, als ihre Enttäuschung darüber, dass er sich nicht binden wollte, wieder aufkam und sie ihn wieder darauf ansprach. Es klang, als hätte er einen Sprung in der Platte, als er ihr sagte, dass es keine Zukunft gäbe. Sie machte erneut mit ihm Schluss und war verärgert darüber, dass sie jetzt ein zweites Mal die Seelenarbeit und den Schmerz, ihn zu vermissen, durchmachen musste.

Sie brauchen keinen Abschluss

Das ist ein sehr großes Problem. Viele Menschen kehren zu der Person zurück, mit der sie Schluss gemacht haben, um das Ende zu wiederholen, weil sie es richtig gestalten wollen. Üblicherweise behaupten sie, dass sie die Dinge mit einer optimistischen, positiven Note beenden wollen. Vergessen Sie, wie es endet. Es ist immer chaotisch. Wenn es vorbei ist, kommen Schmerz und Kummer auf, weil es sich um einen Verlust handelt. Je öfter Sie zurückkehren und das vorige Ende rückgängig machen, desto alberner und verzweifelter sehen Sie aus. Und Sie werden es zwanghaft wiederholen müssen wie in einem Teufelskreis. Entscheiden Sie sich, einen Schlussstrich zu ziehen, dann lassen Sie los und arbeiten sich selbst oder mit den Leuten aus Ihrem Hilfsnetzwerk durch all Ihre Gefühle zu Ihrem ambivalenten Mann.

Nancy hatte mit Chad drei Monate, bevor sie zu mir kam, Schluss gemacht. Sie erklärte, dass er ständig mit anderen Frauen geflirtet hatte. Sie sagte ihm, dass sie ihn nicht mehr sehen wollte, bevor er ihr nicht durch eine Verlobung seine Liebe beweisen würde. Ganz nebenbei bemerkt waren sie schon fast zwei Jahre zusammen und sie wollte entweder heiraten oder die Beziehung beenden. Chad sagte, dass er nicht bereit wäre, sich endgültig zu binden, also sagte Nancy ihm, dass es vorbei wäre. Nachdem sie darüber nachgedacht hatte, beschloss Nancy, dass sie ihm wenigstens einen schönen Abschluss bieten sollte, nur für den Fall, dass er seine Meinung ändern und sie gerne anrufen würde. Nachdem sie tagelang darüber nachgegrübelt hatte, rief sie Chad an und teilte ihm ihre Gedanken mit. Sie trafen sich, um miteinander zu sprechen, endeten aber zusammen im Bett, ohne etwas an ihrer Beziehung geändert zu haben. Am nächsten Tag war Nancy wütend und beschämt darüber, dass sie gerade mit ihrem Ex eine Liebesnacht verbracht hatte, ohne dass sie wieder zusammengekommen wären. Sie rief ihn wieder an und hielt ihm eine Standpauke, dass er „sie für Sex benutzt" hätte. Er wurde wütend und sagte ihr, dass sie genauso gewollt hätte wie er. Nancy konnte wochenlang an nichts anderes denken als an das, was geschehen war und stellte fest, dass sie sich einen schöneren Abschluss wünschte. Schließlich waren sie nicht nur ein Liebespaar, sondern auch gute Freunde gewesen und sie wollte nicht, dass ihre Beziehung unter so schlechten Umständen endete. Sie rief ihn an, aber Chad klang verärgert, als er den Hörer abnahm. Er erzählte ihr, dass er eine neue Freundin hätte und dass Nancy nicht wieder anrufen solle. Nancy fühlte sich beschämt und war am Boden zerstört. Sie wünschte sich, sie hätte die Dinge nach ihrer ersten Trennung einfach so gelassen, wie sie waren.

Machen Sie sich keine Sorgen wegen seiner Sachen

Schieben Sie nicht als Grund vor, ihn wiederzusehen, dass Sie ihm ein paar seiner Sachen zurückgeben. Wenn Sie zum Beispiel nur ein paar T-Shirts von ihm haben, dann schmeißen Sie sie einfach raus, ziehen sie selber an oder verstecken sie im Schrank. Geben Sie ihm seine Sachen nur zurück, wenn er es verlangt. Wenn er einige Sachen von Ihnen hat, dann fragen Sie nur danach, wenn es unbedingt nötig ist. Das ist wichtig, denn wenn Sie ihn sehen, kann das Ihren Gesundungsprozess verderben und das ist das Letzte, was Sie im Moment brauchen können. Sie sind besser dran, wenn Sie eine lange Zeit keinen Kontakt mehr haben und Sie wirklich über ihn hinweggekommen sind.

Meredith beschloss, mit Kirk Schluss zu machen, weil er praktisch jedes Symptom eines ambivalenten Mannes zeigte. Die Eigenschaft, die sie am meisten ärgerte, war seine Unzuverlässigkeit. Das Problem war, dass er ihre Wohnungsschlüssel und ihre goldene Lieblingskette hatte, die ein Familienerbstück war. Sie hatte Angst, dass sie wie Butter in seinen Armen schmelzen würde, falls sie zu ihm gehen und ihre Sachen abholen würde. Sie hielt es für das Beste, ihn nicht zu sehen und fragte ihn, ob sein Freund ihr die Schlüssel und die Kette bei der Arbeit vorbeibringen könnte und Kirk war damit einverstanden.

Shirley fiel es schwer, Brian zu vergessen, obwohl sie mit ihm Schluss gemacht hatte. Sie bat ihn, seine Sachen abholen zu kommen, aber er tat es nicht. Er war Doktorand und sie hatte ihm oft beim Lernen geholfen. Eines Abends hatte sie es satt, jedes Mal zu weinen, wenn sie sein Buch über Politikwissenschaft sah, das er offensichtlich vergessen hatte. Sie nahm das Buch und warf es in den Müllschlucker. Danach ging es ihr viel besser und sie warf alle anderen Sachen hinterher, die er in ihrer Wohnung zurückgelassen hatte. Nachdem sie seine Siebensachen aus ihrem Leben gekickt hatte, merkte sie, dass es einfacher war, nicht mehr an ihn zu denken und nach vorne zu schauen.

Bereiten Sie sich darauf vor, ihn zu vermissen

Selbst wenn er Sie zurückgewiesen oder missbraucht hat, werden Sie ihn vermissen. Selbst wenn eigentlich Sie mit ihm Schluss gemacht haben, werden Sie ihn trotzdem vermissen. Wenn Sie jemanden loslassen, an dem Sie gehangen haben, tut das weh. Das ist eine allgemeingültige Tatsache. Also müssen Sie die Gefühle aushalten und das Ganze durchstehen. Sie müssen die Trauer über den Verlust der Beziehung und der Zukunft, die Sie sich mit ihm gewünscht hatten, durchmachen. Seien Sie bereit – das ist harte emotionale Arbeit! In diesen fünf Phasen kommen Sie über einen Verlust hinweg:

1. **Ableugnen.** Sie wollen der Tatsache nicht ins Auge sehen, dass es vorbei ist. Sie sind in einem seelischen Schockzustand. Immer wieder spielen Sie geistig Momente der Beziehung durch. Sie glauben, dass er bei Ihnen anruft oder zurückkommt.

2. **Ärger.** Sie sind wütend auf ihn, weil er Sie verletzt, Sie enttäuscht und nicht zu Ihnen gehalten hat. Sie müssen sich zurückhalten, um ihn nicht mit zornigen Briefen, Anrufen und E-Mails zu bombardieren.

3. **Depression.** Sie fühlen sich bedrückt, weil Sie Ihren unschlüssigen Mann verloren haben. Sie weinen viel. Sie machen es sich mit Ihrer Lieblingseiscreme gemütlich, schauen sich kitschige Filme an und schwelgen in Ihrem Elend. Sie schlafen mehr als sonst.

4. **Hoffnungslosigkeit.** Sie fühlen Hoffnungslosigkeit, Trauer und Kummer. Ihnen fällt es schwer, das Licht am Ende des Tunnels zu erkennen. Ihnen kommt es vor, als würden sich die Dinge niemals zum Besseren wenden.

5. **Akzeptanz.** Sie haben Ihre Trauer durchgestanden und akzeptieren den Verlust Ihres ambivalenten Mannes. Sie fühlen sich besser und haben ein stärkeres Selbstbild. Jetzt können Sie nach vorne schauen.

Greifen Sie auf Ihr Hilfsnetzwerk zurück und lassen Sie sich aufmuntern

Haben Sie keine Angst davor, auf Ihr Netzwerk angewiesen zu sein, damit sie reden und Ihre Gefühle durcharbeiten können. Bleiben Sie nicht alleine, auch wenn Sie trauern. Wenn es für Sie zu schwer wird, dann erwägen Sie, professionelle Hilfe in Anspruch zu nehmen. Wenn Sie in dieser Zeit zu einem Psychotherapeuten gehen, kann Ihnen das sowohl Einsicht als auch Unterstützung bringen. Es kann diese Erfahrungen zu einer Zeit des Wachstums und einer gestärkten Selbstwahrnehmung machen, anstatt nur zu einer Zeit der Trauer und des Verlustes.

Hilfsnetzwerk-Warnung! Wenn irgendjemand aus Ihrem Hilfsnetzwerk Sie aus der Fassung bringt oder Sie noch zwanghafter macht, als Sie es ohnehin schon sind, dann schließen Sie diese Person nicht in Ihr Hilfsnetzwerk ein. Vertrauen Sie auf Ihren Instinkt.

Doris fiel es schwer, Steve zu vergessen, einen unschlüssigen Mann, mit dem sie eine kurze Beziehung gehabt hatte. Sie hatte das Glück, ein großes Hilfsnetzwerk aus Freunden und Familienmitgliedern zu haben. An einem Samstag ging es ihr besonders schlecht, weil sie Samstagabends üblicherweise ausgegangen waren. Sie rief Georgia, eine ihrer Freundinnen an, um sie um Beistand zu bitten und um sich ihre Gefühle von der Seele zu reden. Sie war geschockt, als Georgia ihr sagte, dass Steve wahrscheinlich schon mit einer anderen Frau zusammen wäre. Doris hatte das Gefühl, jemand würde ihr ein Messer in den Körper rammen. Obwohl die Möglichkeit bestand, dass er mit jemand anderem zusammen war, war es in ihrem Gesundungsprozess keine Hilfe, dass eine Freundin ihr das so unverblümt sagte. Im Gegenteil, es brachte sie dazu, ihn anrufen zu wollen, um herauszufinden, ob er sich mit einer anderen Frau traf. Doris hatte sich nur emotionalen Beistand gewünscht, um über den Tag zu kommen, aber stattdessen hatte Georgia es geschafft, dass sie sich noch schlechter fühlte. Doris machte sich die Haare zurecht und lud sich selbst zum Mittagessen ein, damit sie sich beruhigte und sich von Georgias unsensibler Direktheit erholte. Sie beschloss, Georgia nie wieder anzurufen, um sie um Beistand zu bitten.

Schicken Sie diesem Mann keine E-Mails oder SMS!

In diesem hochtechnisierten Zeitalter ist es so einfach, ganz impulsiv einen Mann zu kontaktieren, während Sie versuchen, von ihm loszukommen. Sie müssen sich also nicht nur selbst davon abhalten, Ihren ambivalenten Mann anzurufen, Sie dürfen ihm auch keine SMS und auch keine E-Mail schicken. Denken Sie daran, es kommt auf das Gleiche hinaus, ob Sie ihn nun anmailen oder anrufen! Es ist nach wie vor ein Weg, die Hand nach jemandem auszustrecken, nur mit einer anderen Technologie. Wenn Sie also versuchen, einen ambivalenten Mann zu verlassen, ist weder anrufen, noch mailen, noch simsen, noch skypen etc. erlaubt!

Nehmen Sie ihn von Ihrer Freundesliste!

Wenn Sie mit Ihrem unschlüssigen Mann häufig per Internet korrespondiert haben, dann nehmen Sie ihn von Ihrer Freundesliste. Würde sein Name auf Ihrer Freundesliste aufleuchten, könnte es Ihnen schwerfallen, dem Drang zu widerstehen, mit ihm zu chatten, ihm eine E-Mail zu schicken oder ihn anzurufen.

Cyndi war mit Ivan zusammen, der von seiner Frau getrennt lebte. Als ihr klar wurde, dass er sich nie scheiden lassen würde, beschloss sie, die Sache zu beenden. Unglücklicherweise war vieles von ihrer Korrespondenz über den Computer gelaufen. Jeden Tag hatten sie miteinander gemailt und sich Nachrichten geschickt. Obwohl sie ihm erklärt hatte, warum sie ihn verließ, schickte Ivan ihr tagsüber weitere Nachrichten, einfach, um Hallo zu sagen. Cyndi konnte dem nur schwer widerstehen und antwortete oft auf seine Nachrichten. Als sie mir erzählte, dass sie ihn auf ihrer Freundesliste hätte, empfahl ich ihr, seinen Namen zu löschen, damit sie nicht einmal merken würde, wenn er online wäre. Cyndi erklärte, dass es für sie leichter sei, zu wissen, wann er online wäre, weil sie sich dann auf seine Nachrichten vorbereiten könne und nicht von ihnen überrascht würde. Obwohl das völlig einsichtig war, dachte ich, dass es ihr leichter fallen würde, von ihm loszukommen, wenn sie seinen Namen nicht sehen würde. Außerdem schlug ich ihr vor, auf seine Mails und Nachrichten nicht zu antworten.

Bleiben Sie nicht mit ihm befreundet
(zumindest nicht in diesem Jahr)

Wieso sollten Sie auf jeden Fall Kumpel bleiben? Hatten Sie tatsächlich so viel gemeinsam, dass Sie seine Freundschaft wirklich brauchen? Hatten Sie ein gemeinsames Geschäft?

Wenn Sie mit ihm befreundet bleiben ist das nur eine Ausrede, um mit ihm in Kontakt zu bleiben. Sie hoffen tatsächlich, dass er sich wie durch ein Wunder ändern und seine Ambivalenz ablegen wird, wenn Sie mit ihm befreundet bleiben. Dummerweise führen Sie sich nur selbst in die Irre. Tappen Sie nicht in diese Falle. Wenn Sie Freunde bleiben, hält Sie das nicht nur davon ab, von ihm loszukommen und weiterzugehen, sondern es gibt ihm den Freibrief dazu, sich weiterhin ambivalent zu geben, Sie zu verwirren und Chaos in Ihr Leben zu bringen. Denken Sie daran, dass es in dieser Beziehung um Sex ging, um die Chemie und um Romantik. Es war keine Freundschaft, sonst würden Sie dieses Buch nicht lesen. Treiben Sie also keine Psychospielchen mit sich selbst. Hören Sie auf, sich anzulügen. Gestehen Sie sich Ihre wahren Gefühle für ihn ein, auch wenn die Dinge nicht gut gelaufen sind.

Ruth beschloss, die Sache mit Melvin zu beenden, weil er einfach nicht zum Partner taugte. Er kam und ging, wie es ihm passte und rief sie auf den letzten Drücker an, wenn er sich mit ihr treffen wollte. Sie hatte die Nase voll von seiner Unfähigkeit, die Beziehung irgendwie weiterzuentwickeln und teilte ihm mit, dass sie sich mit anderen Männern treffen würde und der Ansicht wäre, sie sollten sich nicht mehr sehen. Melvin sagte, dass er sie verstehen würde, aber gerne mit ihr befreundet bliebe. Ruth war einverstanden und gab ihnen als „Freunde " eine Chance. Melvin kam weiterhin ab und zu vorbei und bevor sie sich versah, ging alles wieder von vorne los. Da sie jetzt offiziell befreundet waren, erzählte er ihr sogar von anderen Frauen, die er auch gelegentlich sah. Für Ruth war es unerträglich, sich das anzuhören. Nachdem sie Unterstützung von den Frauen in meinem Hilfsnetzwerk bekommen hatte, entschied sie sich schließlich dazu, alle Verbindungen zu Melvin abzubrechen und nicht mehr mit ihm befreundet zu sein. Obwohl sie ihn immer noch vermisst und sich fragt, wie es ihm geht, spürt sie, dass sie beim Loslassen und Weitergehen große Fortschritte gemacht hat.

Sinnen Sie nicht auf Rache

Trachten Sie in keiner Weise nach Vergeltung. Rache ist nur ein anderer Weg, an ihn gebunden zu bleiben. Lösen Sie Ihren Ärger mit einem Therapeuten oder Leuten aus Ihrem Netzwerk. Wenn Sie Rache üben, lässt Sie das auch verzweifelt und gefühsmäßig verstört erscheinen. Ein rachsüchtiges Verhalten bewirkt nur, dass der Mann dem Himmel dankt, dass er nicht mehr mit Ihnen zusammen ist, aber nicht, dass er Sie vermisst oder die Sache bedauert. Denken Sie an Ihren Stolz und an Ihren Anstand.

Erica war verärgert, dass Curtis nur eine sexuelle Affäre mit ihr hatte, aber keine Beziehung wollte. Ihre Freunde schlugen ihr vor, nicht mehr soviel Zeit damit zu verbringen, sauer auf ihn zu sein und ihre Energie lieber dazu zu verwenden, sich einen neuen Mann zu suchen. Aber Erica dachte immer noch daran, wie ausgetrickst sie sich vorkam und wollte Curtis eine Lektion erteilen. Voller Rachegedanken rief sie bei Leuten an, die sie beide kannten, um ihnen zu erzählen, wie Curtis sie benutzt hatte und dass sie andere Frauen vor ihm warnen sollten, damit die einen großen Bogen um ihn machen würden. Weil ihr das immer noch nicht genug war, rief Erica schließlich seinen Chef an und beschwerte sich über ihn, damit man ihn feuern würde. Sie kam zu mir, als Curtis ihr eine Klage wegen übler Nachrede aufgehalst hatte.

Was Sie tun können, wenn Sie mit ihm in Kontakt bleiben müssen

Wenn Sie wegen Kindern oder wegen geschäftlicher Belange mit ihm in Kontakt bleiben müssen, dann reden Sie nur über das, was sein muss und fertig. Fangen Sie keinen Smalltalk an. Flirten Sie nicht. Debattieren Sie nur das Nötige. Setzen Sie feste Grenzen bei dem Kontakt, den Sie haben. Sprechen Sie mit ihm nicht über Ihre persönlichen Belange und fragen Sie ihn nichts aus seinem Privatleben.

Diane trennte sich von Tomas, mit dem sie sechs Jahre lang verheiratet gewesen war. Sie hatten zwei Kinder, die sie beide liebten. Obwohl Diane stark genug war, nicht bei Tomas anzurufen, musste sie wegen der Kinder mit ihm in Kontakt bleiben. Sie beschloss, mit ihm ausschließlich über die Kinder zu reden, wenn er anrief oder wenn sie unbedingt mit ihm über sie sprechen musste. Sofern ihre Kinder nicht in irgendeiner Weise mit einbezogen waren, sprach sie mit ihm nicht über ihr eigenes Leben. Sie fragte ihn auch nichts über sein Leben. Sie plauderte nicht mit ihm, wenn sie ihn sah. Es ging nur um die Kinder. Obwohl es einige Selbstdisziplin erforderte, empfand sie es als enorm hilfreich, ihm gegenüber Grenzen beizubehalten.

Was tun, wenn er immer wieder zurückkommt?

Sofern er nicht willens ist, sich zu ändern, sagen Sie ihm klipp und klar, dass es vorbei ist und dass er Sie in Ruhe lassen soll.

Manchmal machen ambivalente Männer mit ihrem ambivalenten Verhalten weiter, indem sie weiterhin in Kontakt mit Ihnen bleiben, obwohl sie immer noch keine Verpflichtung eingehen wollen und Ihnen auch nicht mehr bieten, sich ändern oder andere Frauen aufgeben wollen. Aber selbst wenn er Ihnen noch so sehr hinterherläuft, sobald Sie kein Interesse mehr zeigen, dürfen Sie nicht vergessen, dass das nicht bedeutet, dass er sich ändern wird. Er ist weiterhin nur ein ambivalenter Mann, der seine Ambivalenz auslebt.

Wenn Ihr ambivalenter Mann weiterhin Kontakt zu Ihnen sucht, nachdem Sie ihm gesagt haben, dass er das bleiben lassen soll, dann respektiert er weder Ihre Grenzen noch nimmt er Sie ernst. Wenn Sie einem Mann sagen, dass er Sie nicht mehr anrufen soll und es ernst meinen, dann wird er Ihnen sehr wahrscheinlich fernbleiben. Wenn er Sie aber immer noch nicht in Ruhe lässt, legen Sie einfach auf oder lassen Sie sich sogar eine andere Telefonnummer geben. Wenn das nicht funktioniert, dann belästigt er Sie und das Ganze wird eine Angelegenheit für Ihren Anwalt. Aber im Allgemeinen passiert das bei ambivalenten Männern nicht. Sobald sie begriffen haben, dass eine Frau kein Interesse hat und nicht mehr mitspielen will, ziehen sie normalerweise Leine.

Renee war eine kurze Zeit mit Pierre befreundet, bevor sie miteinander schliefen. Als Renee klar wurde, dass Pierre noch andere Frauen traf, obwohl sie ja nun eine romantische Verbindung hatten, sprach sie ihn darauf an. Er sagte ihr, dass er jetzt noch nicht bereit dazu wäre, mit nur einer Frau zusammen zu sein. Renee erklärte ihm, dass sie nach einem ernsthaften Freund suchen würde und dass sie es für das Beste hielte, wenn sie sich daher nicht mehr treffen würden. Pierre sagte, dass er das verstehen würde, rief sie aber nach einem Monat an, nur um mit ihr zu plaudern. Renee redete ein paar Minuten mit ihm, sagte ihm aber noch einmal, dass es das letzte Mal sein würde, dass sie miteinander sprechen. Ohne diese Grenzen ernst zu nehmen, hinterließ er ihr weiterhin Nachrichten. Renee fragte ihn, wieso er andere Frauen hatte treffen wollen, als sie zusammen waren, wenn sie ihm doch so wichtig wäre. Pierre erklärte ihr, dass er keine gemeinsame Zukunft als ein Paar sehen könnte, dass er aber trotzdem mit ihr befreundet sein wollte. Es verletzte Renee, dass er nur eine Freundschaft und keine romantische Langzeitbeziehung mit ihr haben wollte und sagte ihm daher mit Nachdruck, er solle sie nicht mehr anrufen. Trotzdem rief Pierre noch einmal an. Als Renee seine Stimme hörte, legte sie auf. Sie fühlte sich nicht wohl dabei, so grob zu sein, aber es war sinnlos, ihm höflich zu sagen, dass er nicht anrufen sollte, weil er nicht hinhörte. Das Telefon aufzulegen schien der einzige Weg zu sein, ihn ein für alle Mal loszuwerden! Schlussendlich hörte Pierre damit auf, bei Renee anzurufen.

Was Sie tun können, wenn Sie unbedingt mit ihm Kontakt aufnehmen wollen

Wenn Ihre Beziehung mit Ihrem unschlüssigen Mann vorbei ist, kann es schwer sein, den Wunsch nach seiner Nähe zu unterdrücken. Bevor Sie sich bei ihm melden, holen Sie einmal tief Luft und lesen Sie die folgenden Leitlinien.

- Halten Sie sich selbst zurück, bevor Sie ihn kontaktieren. Wenn Sie wenigstens ein paar Stunden oder sogar einen Tag lang abwarten, kann es sein, dass Sie sich anders entschließen.

- Lenken Sie sich ab und tun Sie etwas, das Sie gerne tun.

- Beschäftigen Sie sich. Planen Sie etwas mit Freunden, machen Sie einen Ausflug, sorgen Sie dafür, dass Sie etwas zu tun haben und nicht daran denken, ihn anzurufen.

- Arbeiten Sie an Ihrer beruflichen Entwicklung.

- Rufen Sie jemanden aus Ihrem Hilfsnetzwerk an.

- Rufen Sie einen brandneuen Mann an.

- Machen Sie einer Liste all der furchtbaren Dinge, die er getan hat und die Sie verletzt und enttäuscht haben.

- Gehen Sie allem aus dem Weg, was Sie an ihn erinnern könnte.

- Gehen Sie aus auf eine Party oder eine gesellschaftliche Veranstaltung, wo Sie neue Leute treffen können.

- Lernen Sie, alleine auszugehen. Gehen Sie alleine zum Mittagessen, ins Kino, ins Theater. Wenn Sie alleine ausgehen, werden Sie lernen, dass Sie nicht von anderen abhängig sein müssen.

Was Sie tun können, wenn Sie einen Rückschlag erleiden

Wenn Sie einen Rückschlag haben, dann verzeihen Sie sich einfach, dass Sie ein paar Schritte zurück gegangen sind und fangen Sie von vorne an. Bemitleiden Sie sich nicht und machen Sie sich auch nicht selbst fertig. Denken Sie daran, dass Fortschritt oft drei Schritte vor und einen Schritt zurück bedeutet. Er verläuft selten geradlinig.

Daphne hatte seit über einem Jahr mit Jack zusammengearbeitet. Obwohl sie verschiedene Büros hatten, kam er oft zum Plaudern in ihr Büro, oft in einer koketten Art und Weise, dass sie den Eindruck hatte, er würde etwas von ihr wollen. Eines Abends waren sie aus betrieblichen Gründen zusammen außer Haus und Daphne sprach Jack auf seinen verführerischen Umgangston bei ihr im Büro an (manches davon waren sexuelle Anspielungen). Er sagte, dass ihm bei der Arbeit einfach langweilig wäre und dass er deswegen zu ihr ins Büro käme. Er gab sogar zu, sie anzumachen, behauptete aber, kein wirkliches Interesse daran zu haben, dass irgendetwas zwischen ihnen passieren würde. Daphne hielt Jack daraufhin ganz klar für einen ambivalenten Mann, der Spielchen trieb und beschloss, ihn nicht mehr in ihr Büro zu lassen und ließ ihre Tür zu. Dann gab es eine Woche, in der sie eine Meinungsverschiedenheit mit ihrem Abteilungsleiter hatte und sich schwer auf ihre Arbeit konzentrieren konnte. Sie versuchte, nicht an ihren Chef zu denken und vergaß darüber komplett ihr Problem mit Jack und ließ aus Versehen ihre Tür offen. Jack fing sofort wieder an, bei ihr hereinzuschauen und mit ihr zu flirten. Daphne wusste, dass sie einen Rückschritt gemacht hatte, indem sie ihn und seine anstößigen Spielchen wieder zugelassen hatte. Als er das nächste Mal in ihr Büro kam und ihr mit seinem koketten Grinsen in die Augen schaute, sagte sie Jack, dass sie wirklich eine Menge zu tun hätte und dass er seine Zeit nicht mehr in ihrem Büro verbringen sollte, wenn ihm nach einer Pause wäre. Egal, wie aufgeregt Daphne auch war, sie hielt ihre Türe geschlossen, bis Jack den Fingerzeig verstand und endgültig nicht mehr hereinschneite.

Selma traf sich gelegentlich mit Mitchell, der ein Liebesabenteurer par excellence war. Sie fühlte sich dabei wohl, bis sie bemerkte, dass sie tiefe Gefühle für ihn entwickelte. Als sie schließlich einsah, dass es mit Mitchell nie mehr als sporadische kurze Liebesabenteuer geben würde, machte sie Schluss mit ihm. Selma ging mit ein paar verschiedenen Männern aus, war aber immer enttäuscht, weil sie bei ihnen niemals dieses großartige Prickeln spürte, das sie mit Mitchell erlebt hatte. Eines Abends, sie bekam gerade ihre Tage und fühlte sich besonders einsam, rief sie Mitchell an. Er war nur allzu glücklich, etwas von ihr zu hören und lud sich selbst ein, zu ihr zu kommen. Sie verbrachten eine leidenschaftliche Liebesnacht und dann verließ er sie am nächsten Morgen. Wie früher auch hörte sie eine ganze Zeit lang nichts von ihm. Sie fühlte sich verlassen und war sauer auf sich selbst, weil sie einen großen Rückschritt gemacht hatte. Sie wusste, dass sie sich aufraffen und noch einmal anfangen musste. Sie arbeitete an ihrem Selbstwertgefühl und meldete sich nicht bei Mitchell. Als er endlich dazu kam, sie anzurufen, sagte sie ihm, dass ihr letztes Zusammensein für sie schön gewesen wäre, dass sie aber eingesehen hätte, dass es ein Fehler gewesen war und sie sich nicht mehr sehen sollten. Obwohl es immer noch Zeiten gab, in denen Selma Mitchell vermisste, hatte sie beschlossen, nicht mehr rückfällig zu werden. Das verhalf ihr zu der Kraft, ihn nie wieder anzurufen.

Es ist schwer genug, die Entscheidung zu treffen, jemanden zu verlassen. Aber wirklich loszulassen und weiterzugehen ist wirklich harte Arbeit. Ich habe einmal gehört, wie jemand sagte, dass es wie eine Geburt wäre, mit jemandem Schluss zu machen. Wenn sich jeder daran erinnern würde, wie schmerzhaft die letzte Trennung gewesen sei, würde sich niemand mehr jemals verlieben.

Unglücklicherweise ist die Trennung ein notwendiger Prozess, wenn die Beziehung nicht gesund ist. Das Gute daran ist, dass Sie offen und frei für ein gesünderes, erfolgreicheres Leben und gesündere, erfolgreichere Beziehungen sind, sobald Sie erst einmal durch den Prozess der Trennung und des Loslassens hindurchgegangen sind.

16
Die unschlüssige Frau

Tricia war eine Frau Ende zwanzig und kam zur Beratung zu mir, weil es ihr schwer fiel, eine dauerhafte Beziehung mit nur einem Mann zu führen. Sie berichtete, dass sie mehr als zwanzig Liebesbeziehungen gehabt hätte, seit sie mit achtzehn aufs Kollege gegangen war. Sie fand es schade, dass sie sich normalerweise zu Männern hingezogen fühlte, die nicht die Absicht hatten, eine Bindung einzugehen.

Tricia hatte einen geisteswissenschaftlichen Beruf, der ihr ungemein viel Freude machte. Sie führte ein aktives Sozialleben und hatte engen Kontakt zu ihrer Familie und zu Freunden. Nachdem sie sich ihr Leben näher betrachtet hatte, stellte sie fest, dass sie sich eingeschlossen fühlte, wenn sie mit Männern liiert war, die an einer dauerhaften Beziehung interessiert waren. Aber dann fühlte sie sich enttäuscht und einsam, wenn die Art von Mann, von der sie sich angezogen fühlte, sie nicht so lieben konnte, wie sie es sich wünschte. Eines Abends kam sie direkt nach einem verwirrenden Treffen mit einem Mann zu ihrer Sitzung und erklärte, dass sie die Nase voll davon hätte, an ihren Liebesproblemen zu arbeiten und dass ihr Problem wäre, eine ambivalente Frau zu sein.

Quiz: Sind Sie eine unschlüssige Frau?

Können Sie sich mit Tricias Dilemma identifizieren? Sind Sie eine ambivalente Frau? Lassen Sie es uns herausfinden.

1. Sind Sie mit vielen unschlüssigen Männern zusammen gewesen?

2. Haben Sie eine Vorgeschichte, in der Sie als Kind oder Teenager verlassen oder missbraucht worden sind?

3. Finden Sie es normaler, sich mit einem Mann einzulassen, der sexy aber unverbindlich ist, anstatt mit einem, der heiraten will aber nicht so aufregend ist?

4. Kämpfen Sie schon länger als drei Jahre mit dem Konflikt, einen Mann zu wollen, der sich auf Sie einlassen kann und den Sie dann nicht anziehend finden?

5. Haben Sie ein Treffen oder eine Beziehung mit einem Mann ausgeschlagen, der ernsthaft an Ihnen interessiert schien? Mehr als zweimal?

6. Sind Sie in den letzten zwei Jahren in mindestens zwei Verstrickungen mit einem der fünf von mir beschriebenen Prototypen des ambivalenten Mannes geraten?

7. Erinnert Sie irgendeine Beschreibung der ambivalenten Männern an sich selbst?

8. Sind Sie in anderen Lebensbereichen ambivalent (Therapie, Arbeit, Freundinnen)?

9. Tun Sie sich schwer, eine Bindung einzugehen?

10. Ist es für Sie kein wichtiges Ziel, verheiratet oder mit einem Lebensgefährten zusammen zu sein?

Wenn Sie bei mindestens drei Fragen mit „ja" geantwortet haben, besteht eine gute Möglichkeit, dass Sie eine ambivalente Frau sind.

Was ist eine ambivalente Frau?

Eine ambivalente Frau hat widersprüchliche Gefühle gegenüber Beziehungen mit Männern. Sie behauptet, sich eine verpflichtende Langzeitbeziehung oder die Ehe zu wünschen, aber sie lässt sich hauptsächlich mit Männern ein, die durch Worte und Taten ganz klar stellen, dass sie keine Bindung wollen. Eine ambivalente Frau gibt ausschließlich den Männern die Schuld an ihrer Ehelosigkeit, weil sie nicht in Kontakt mit dem Anteil von sich ist, der keine Beziehung will. Sie projiziert ihre eigenen Probleme auf die Männer und gibt ihnen die Schuld, damit sie nicht die Verantwortung für den Teil von sich selbst übernehmen muss, der sich keine Langzeitbeziehung oder Ehe wünscht.

Dies sind ein paar Gründe dafür, dass eine Frau ambivalent ist:

• Sie hat Angst vor einer Schwangerschaft.

• Sie ist ausgebrannt von den vielen Enttäuschungen.

• Sie will nicht riskieren, wieder verletzt zu werden (weil sie in vergangenen Liebesbeziehungen oftmals verletzt wurde).

• Sie hat generell Angst davor, zurückgewiesen zu werden.

• Sie will nicht so viel Energie oder Zeit in Beziehungen

investieren, weil ihr Beruf oder andere Interessen viel Zeit und Engagement erfordern (einschließlich dem Erziehen ihrer Kinder als alleinstehende Frau).

- Sie findet sich körperlich nicht attraktiv genug, um gegen all die anderen Frauen anzutreten, die ebenfalls versuchen, einen Mann zu finden.

- Sie hat die Konflikte mit ihrem Vater oder ihrer Mutter noch nicht aufgearbeitet (hat sich gefühlsmäßig von einem oder beiden noch nicht gelöst).

- Sie hat Angst vor Nähe.

- Sie wurde als Kind sexuell missbraucht.

Wie Sie Ihre Ambivalenz aufarbeiten

Obwohl das keine leichte Lösung ist, kann ich Ihnen sagen, dass Sie zumindest mit den Anteilen von Ihnen in Kontakt kommen müssen, die keine Langzeitbeziehung wollen. Ich weiß, dass es nach Jahren voller Verabredungen, abgebrochener Beziehungen und Enttäuschung leicht ist, in die Defensive zu gehen und gefühlsmäßig dicht zu machen. Aber um endlich wieder lieben zu können, müssen Sie sich öffnen und verwundbar sein. Das gehört dazu, wenn man sich verliebt. Der einzige Weg dazu ist, all die noch vorhandenen Gefühle gegenüber den Männern zu verarbeiten, die Sie verlassen, Sie enttäuscht, verletzt oder betrogen haben. Wenn Sie mit all den verschiedenen Anteilen von sich selbst in Kontakt sind, einschließlich Ihrer Wut und Ihres Ärgers, dann werden Sie einer möglichen gesunden Partnerschaft keine Steine mehr in den Weg legen.

Tricia stellte beispielsweise fest, dass sie sich manchmal abwehrend und unerreichbar gab, wenn sie Männer traf, die sehr an ihr interessiert schienen und ungebunden waren. Sie wartete ein paar Tage ab, bevor sie ihren Anruf erwiderte oder lehnte ein Rendezvous mit ihnen ab. Obwohl sie behauptete, sich sehr dringend eine Beziehung zu wünschen, merkte sie so lange nicht, wie sie sich distanzierte, bis wir es in einer ihrer Sitzungen durchsprachen. Als sie sich ihrer eigenen Wut auf Männer bewusst wurde und sie in ihren Therapiestunden und bei ihren Freunden zum Ausdruck bringen konnte, sabotierte sie keine denkbaren Bezie-

hungen mehr und begann, sich emotional erreichbare Männer auszusuchen.

Hausaufgaben

Hier sind ein paar Hausaufgaben, damit Sie leichter in Kontakt
zu Ihren eigenen Gefühlen von Ambivalenz in Bezug auf die Beziehung zu einem Mann kommen. Nachdem Sie die Fragen beantwortet haben, arbeiten Sie Ihre Gefühle mit jemandem aus Ihrem
Hilfsnetzwerk oder mit einem Therapeuten aus. Werfen Sie einen
Blick auf die folgenden Fragen und schreiben Sie Ihre Erfahrungen und Ihre Gefühle auf:

- Beschreiben Sie die Enttäuschungen, die Sie bislang mit
  Männern hatten. Beschreiben Sie die Momente, in denen Sie
  zurückgewiesen oder angelogen wurden und die Momente, in
  denen Männer Sie betrogen oder mit Ihnen Schluss gemacht
  haben.

- Beschreiben Sie, wie es ist, mit einem Mann zusammen zu sein,
  der gefühlsmäßig voll und ganz bei Ihnen und in Sie verliebt,
  aber nicht furchtbar aufregend ist. Stellen Sie sich vor, mit
  diesem Mann Jahre zu verbringen, die Ihnen durch seine
  Zuwendung gefühlsmäßige Sicherheit geben. Wie fühlt sich das
  für Sie an?

- Werfen Sie einen Blick in Ihre Zukunft. Wie fühlt es sich an,
  ein ganzes langes Leben zu führen, ohne sich jemals auf einen
  Mann festgelegt zu haben? Einsam? Aufregend? Unabhängig?
  Frei? Traurig?

- Ist in Ihrer Kindheit irgendetwas vorgefallen, dass Angst vor
  großer Nähe zu einem Mann ausgelöst hat? Welche Gefühle
  ruft Nähe in Ihnen hervor?

- Beschreiben Sie Situationen in Ihrem Leben, in denen Sie
  mögliche Bekanntschaften oder Beziehungen mit unschlüssigen
  Männern ausgeschlagen haben. Wie fühlte sich das an, als Sie
  deren Angebote zurückgewiesen haben? Fühlten Sie sich
  mächtig? Hatten Sie das Gefühl, eine Gelegenheit verpasst zu
  haben?

- Beschreiben Sie Zeiten in Ihrem Leben, in denen Sie einem Mann einen Korb gegeben haben, den Sie nicht aufregend, aufreizend und ansprechend fanden, obwohl er sehr verliebt in Sie war? Fühlten Sie sich erleichtert? Hatten Sie das Gefühl von Verlust? Fühlten Sie sich frustriert? Waren Sie wütend?

Je besser Sie sich all dieser Gefühle bewusst werden, desto weniger werden Sie sich von ihnen dissoziieren. Wenn Sie sich von Ihren Gefühlen abwenden, werden Sie sie ausleben müssen, wie es auch die ambivalenten Männer zun, die ich in diesem Buch beschrieben habe. Wenn Sie sich Ihres eigenen Widerstandes gegen das, was Sie sich angeblich wünschen, bewusst sind, wird das Ihnen bei dem ohnehin schon schweren Prozess helfen, eine gesunde und befriedigende Liebesbeziehung zu finden.

17
Gesunde Beziehungen:
Männer, die sich eine tiefe,
innige Verbindung wünschen

Nachdem Sie nun getrauert und Ihren ambivalenten Mann verlassen haben, weil er Ihre Bedürfnisse und Wünsche nicht erfüllen konnte, sind Sie vielleicht schon soweit, dass ein Mann für Sie in Frage kommt, der eher zu einer gesunden Langzeitbeziehung taugen könnte. Ich spreche von einem Typ Mann, der sich eine tiefe, innige Verbindung (TIV) mit einer Frau wünscht. Ein Mann, der zu einer TIV fähig ist, ist nicht darauf aus, Spielchen zu treiben. Er sucht keine Vorzeigefrau und will nicht seinen Ärger und seine Enttäuschung aus der Kindheit ausleben, die er noch nicht überwunden hat. Er wünscht sich genau wie Sie Intimität und eine tiefe emotionale Verbindung.

Woran können Sie erkennen, ob ein Mann zu einer TIV fähig ist? Darauf sollten Sie achten:

- Er verhält sich nicht ambivalent.
- Sie fühlen sich bei ihm geborgen.
- Er ist berechenbar.
- Er ist nicht immer auf Geld aus.
- Er macht, was er sagt.
- Seine Gefühle für Sie bleiben gleich (sie schwanken nicht wie der Aktienmarkt).
- Er möchte mit Ihnen zu normalen Zeiten ausgehen.
- Er wünscht sich eine Beziehung.
- Er will Teil eines Paares sein.
- Er will heiraten.
- Er achtet auch auf Ihre inneren Werte.
- Er macht sie nicht schier wahnsinnig werden.
- Er bereichert Ihr Leben und erschöpft es nicht.
- Er ist zuverlässig.
- Er unterstützt Sie.
- Er ist leicht durchschaubar.
- Er lügt nicht.
- Er gibt Ihnen keine Rätsel auf.

- Er verdient sein eigenes Geld – legal.
- Er hat eine Arbeit.
- Er arbeitet an seiner Zukunft.
- Sie wissen, woran Sie bei ihm sind.

Wie Sie einen TIV Mann treffen

Es gibt keine speziellen Plätze, an denen Sie Männer mit TIV finden. Sie müssen einfach ständig Ihre Augen und Ohren offen halten. Der Haken an der Sache ist, dass Männer, die sich TIV wünschen, oft schon in einer Beziehung leben, weil sie sich ja eine wünschen. Es mag befremdlich klingen, aber halten Sie Ausschau nach männlichen Freunden oder Bekannten, die gerade ihre Beziehungen oder Ehen mit ihren Freundinnen oder Frauen beenden. Nicht jeder, der eine Scheidung oder Trennung durchmacht, hat schwere psychologische Probleme. Oft entwickeln sich Menschen einfach unterschiedlich oder ihre Bedürfnisse ändern sich oder ihre Arbeit ruft sie an einen anderen Ort. Haben Sie also keine Angst vor einem Mann, der gerade eine Beziehung beendet hat oder der verlassen wurde. Obwohl er verwundbar ist und sich möglicherweise nur über die Trennung hinwegtrösten möchte, ist er doch ungebunden.

Emotional gesunde Männer sind Kassenschlager. Sie müssen also energisch und auf Zack sein. Manchmal können Sie sie über einen gemeinsamen Bekannten oder einen Kollegen kennenlernen. Manchmal benutzen sie Kontaktanzeigen, genau wie jeder andere, aber sie sind da draußen und genauso ernsthaft auf der Suche wie Sie. Hier sind einige Vorschläge, wie Sie sich einen Mann angeln könnten, der sich eine TIV mit einer Frau wünscht.

Verschwenden Sie keine Zeit

Wenn Sie einen Mann treffen, der nicht auf der Suche nach einer TIV ist, dann nehmen Sie die Beine in die Hand! Streichen Sie ihn von Ihrer Liste, egal wie charismatisch, gut aussehend, lustig oder reich er ist. Ich kann das gar nicht genug betonen. Ich begegne so vielen Frauen, die Jahre ihres Lebens für Männer verschwenden, die sie enttäuschen und ihres Wunsches nach lang anhaltender Liebe und Verbindung berauben. Lassen Sie sich nie wieder in diese Falle tappen!

Begrenzen Sie Ihren Verlust und gehen Sie weiter. Bleiben Sie nicht auf ihn fixiert. Seien Sie stattdessen sowohl körperlich als auch gefühlsmäßig für Männer offen und erreichbar, die sich eine TIV mit einer Frau wünschen. Frauen, die erfolgreich bei ihrer Suche nach einer dauerhaften Liebe sind, verbringen ihre Zeit nur mit Männern, die ihnen helfen können, ihr Ziel zu erreichen. Wenn sie merken, dass das Ganze nirgendwo hinführt, sind sie mit quietschenden Reifen auf und davon. Sie reißen nicht jedes Drama an sich, das ausschließlich zu Schmerz und Kummer führt.

Machen Sie den ersten Schritt

Wenn Sie das Glück haben, einen Mann zu treffen, der sich eine TIV wünscht und frei ist, dann machen Sie den ersten Schritt. Anders als beim unschlüssigen Mann ist es bei diesem Typ in Ordnung, wenn Sie wenigstens zu Anfang die Initiative ergreifen. Bleiben Sie nicht untätig. Warten Sie nicht wie eine Blume darauf, gepflückt zu werden. Aber wenn Sie den ersten und sogar den zweiten Schritt getan haben, dann lassen Sie es dabei! Danach hängt es von ihm ab. Sie haben den Ball in sein Feld geschlagen, jetzt ist er dran, ihn zurück zu schlagen.

Arbeiten Sie weiter an Ihren Problemen

Lassen Sie nicht zu, dass Ihre eigenen psychologischen Angelegenheiten Ihre Chancen auf eine erfolgreiche Beziehung mit einem Mann verringern, der tatsächlich zu einer TIV fähig ist. Arbeiten Sie an Ihrem seelischen Gepäck. Wenn Sie noch ungelöste Probleme wegen Ihres Vaters haben, arbeiten Sie daran. Wenn Sie Probleme mit Kontrolle oder Eifersucht haben, dann nehmen Sie Hilfe in Anspruch. Reden Sie mit den Leuten aus Ihrem Netzwerk, lassen Sie sich beraten, gehen Sie in Workshops, lesen Sie Bücher. Sehen Sie zu, dass Sie sich nicht selbst im Weg stehen. Das Ganze ist schon schwierig genug. Die Suche nach einer romantischen Liebe ist eine aufreibende Zeit, daher sind Ihre Aussichten auf Erfolg umso größer, je gesünder Sie seelisch sind, weil Sie dann all den Problemen und Sorgen standhalten können, die Sie auf dem Weg zu Ihrem Ziel vielleicht aushalten müssen. Untergraben Sie

Ihre Erfolgschancen nicht! Arbeiten Sie weiter an Ihrem Seelenheil.

Erwarten Sie keine Vollkommenheit

Auch wenn er keine schwerwiegenden charakterlichen Probleme haben mag, ist er doch nur ein Mensch und kann Sie enttäuschen. Sie sollten sich dieser zwei Möglichkeiten bewusst sein:

1. **Er wird auch sein Päckchen zu tragen haben**. Jeder, der alleinstehend war oder diverse Erfahrungen gemacht hat, wurde wahrscheinlich auch schon einmal verletzt. Möglicherweise belastet ihn das noch. Selbst wenn er sich wirklich eine Beziehung wünscht und auch dazu fähig zu sein scheint, besteht dennoch die Möglichkeit, dass sein Abwehrverhalten aus früheren Beziehungen und/oder Ehen ihren Tribut fordert und er dicht macht. Deshalb sollten Sie am Anfang noch vorsichtig sein. Es gibt keine Garantien, auch wenn er noch so normal erscheint.

2. **Es könnte sein, dass er verängstigt ist**. Es ist sowohl für Männer als auch für Frauen eine völlig neue Welt. Unsere Geschlechterrollen ändern sich ständig. Heute stellen Frauen gefühlsmäßig viel höhere Ansprüche als unsere Mütter und Großmütter. Im Gefühlsbereich wünschen wir uns von den Männern heute mehr als jemals zuvor. Es ist nicht so wie in den alten Tagen, als die Rollen der Frauen festgelegt waren – sie heirateten einen Mann, der sie finanziell versorgte, während sie daheim blieben und die Kinder versorgten. Heutzutage sind Männer in ihren neuen Rollen verängstigt, selbst jene, die emotional gesund sind.

Denken Sie keine selbstzerstörerischen Gedanken

Wenn ein Mann, der sich eine TIV wünscht, Sie auf irgendeine Weise enttäuscht, dann denken Sie nicht gleich furchtbare Dinge über sich selbst. Greifen Sie sich nicht in der Sekunde an, in der Sie ein Mann auf irgendeine Art zurückweist. Denken Sie daran, dass sein Problem nichts mit Ihnen zu tun hat, also hören Sie damit auf, Ihrem Aussehen, Ihrer Größe, Ihrem Gewicht, Ihren Zähnen, Ihrer Kleidung, Ihrem Verdienst, Ihrer Arbeit, Ihrer Karriere oder Ihren Kindern die Schuld zu geben. Die Liste ist endlos und Sie könnten sich damit unendlich quälen. Diese Denkweise ist nicht nur selbstzerstörerisch, sie ist regelrecht masochistisch. Sagen Sie das zwanzig Mal am Tag, wenn es sein muss:

Bezieh' nicht alles auf dich. *Es hat nicht immer etwas mit dir zu tun!*

Sie sollten alles Notwendige tun, damit Sie sich nicht selbst angreifen. Es ist schwer genug, da draußen nach einer gesunden, liebevollen Beziehung zu suchen. Sie müssen die Sache nicht noch schlimmer machen, indem Sie sich selbst in den Wahnsinn treiben. Gehen Sie stattdessen pfleglich mit sich um. Sie müssen Ihr Gefühlsleben wieder in Ordnung bringen. Tun Sie, was es braucht, um von diesem erschöpfenden Ereignis loszukommen und gehen Sie in Ihrer Beziehung oder mit einem anderen Mann weiter. Nehmen Sie einfach nicht alles auf Ihre Kappe.

Am Anfang einer neuen Beziehung werden Sie ängstlich sein

Wie normal ein Kerl auch immer ist, am Anfang einer jeden Beziehung gibt es Angst und Stress. Der Grund ist, dass Sie nicht wissen, was passieren wird. Er ist für Sie ein unbekanntes Wesen. Sie haben Angst davor, verwundbar zu sein. Denken Sie also nicht, dass es nur an Ihnen liegt. Nehmen Sie die anfängliche Angst einfach hin und lassen Sie die Dinge geschehen. Gehen Sie zu den Leuten in Ihrem Netzwerk und sprechen Sie Ihre Gefühle aus und arbeiten an Ihrer Angst. Sie brauchen diese Menschen ab und zu für einen Realitätsabgleich. Wenn ein Problem auftaucht, bitten Sie Ihre Leute um ihre objektive Meinung, wie viel an der Sache Ihr Ding und was davon sein Ding ist. Seien Sie froh um die Leute in Ihrem Hilfsnetzwerk und vergessen Sie nicht, ihnen zu danken, dass sie für Sie da sind.

Bleiben Sie am Ball

Finden Sie weiter heraus, was bei einem Mann Ihr Interesse weckt. Wenn Sie immer noch feststellen, dass Sie sich aus emotional ungesunden Gründen zu hoffnungslos ambivalenten Männern hingezogen fühlen, dann sollten Sie weiter an sich arbeiten. Gehen Sie zu Workshops, in Therapie, lesen Sie und sprechen Sie mit anderen Frauen. Haken Sie nach, um herauszufinden, wo diese Anziehung herkommt und nehmen Sie ihr Netzwerk zur Hilfe, um diese Ideen und Gedanken weiter aufzuarbeiten.

Wenn Sie eine Langzeitbeziehung mit einem Mann wollen, der sich eine TIV wünscht und Ihr aufregender, aber gestörter Ex-ambivalenter-Mann kommt hereingeschneit, widerstehen Sie dem Drang, ihn zu sehen, und wenn es noch so verlockend ist. Stellen Sie sich eine langfristige Erfüllung vor und dem gegenüber eine kurzfristige Erfüllung. Arbeiten Sie daran, nicht impulsiv zu handeln. Versuchen Sie, reifer zu sein und an die Zukunft zu denken – planen Sie für Morgen statt für Heute, weil der ambivalente Mann für Ihr Morgen nicht mehr da sein wird. Bleiben Sie am Ball.

18
Treffen Sie eine Wahl

Die Wahl, die Sie bei der Art von Mann treffen, mit dem Sie zusammen sein wollen, sagt viel über Ihre Prioritäten aus. Wägen Sie sorgsam ab, was Sie sich wünschen. Würden Sie lieber eine stabile andauernde Beziehung haben oder die Nervenkitzel und die Schauer eines aufregenden ambivalenten Mannes, der immer außerhalb Ihrer Reichweite ist? Was empfinden Sie bei dem Gedanken, mit einem Mann verbunden zu sein, der eine TIV will, aber nicht so anregend ist wie Ihr ambivalenter Ex? Würden Sie es als Zugeständnis sehen, wenn Sie mit einem Mann zusammen wären, der zwar aufmerksam und freundlich, aber nicht aufregend ist? Was für eine Bedeutung hat der Ausdruck „Zugeständnis" für Sie? Das Handtuch werfen? Mit einem Mann zusammen zu sein, nach dem Sie nicht gerade verrückt sind?

Manche Frauen wollen heiraten und eine Familie gründen. Sie merken, dass sie weder die Zeit noch die Geduld haben, ewig nach einem Mann zu suchen, bei dem es mit der Chemie so stimmt, wie sie es sich wünschen. Oft stehen sie unter dem Druck von ihrer Familie, ihren Freunden oder ihren beruflichen Zielen. Wenn sie dann endlich einen Mann treffen, den sie mögen und der zu einer Langzeitbeziehung fähig ist und sie heiraten will, dann ist das mehr als genug, um den Hochzeitstermin auszumachen. Machen diese Frauen Zugeständnisse?

Zugeständnisse sind sinnvoll

Marcy war siebenundzwanzig und wollte unbedingt heiraten. Es kam ihr vor, als würde ihre ganze Familie von der Bibelgeschichte mit der Arche Noah abstammen, weil jeder Teil eines Paares war. Hochzeiten waren in ihrer Familie genauso gleich bleibende gesellschaftliche Ereignisse wie die Weihnachtsferien.

Sie war mit George zusammen, so lange sie denken konnte. Als sie achtundzwanzig wurde, teilte sie ihm mit, dass sie entweder heiraten müssten oder sie würde sich von ihm trennen. Sie konnte nicht glauben, als George verkündete, dass er denke, er wäre vielleicht schwul. Nachdem sich Marcy davon erholt hatte, dass es für sie keine gemeinsame Zukunft geben würde, trennten sie sich als Freunde.

Marcy begann offensiv nach einem Mann zu suchen, der aus

dem Stoff bestehen sollte, aus dem Ehemänner gestrickt sind. Sie erzählte allen, die sie kannte, dass sie jemanden kennenlernen wolle. Ein paar ihrer Freunde und Arbeitskollegen arrangierten Treffen mit ihr und den ungebundenen Männern, die sie kannten. Außerdem nutzte Marcy Kontaktanzeigen und wandte sich an eine Partnervermittlungsagentur. Marcy war eine Frau auf einer Mission. Wenn ein Mann kein Interesse an einer baldigen Heirat zeigte, strich sie ihn von ihrer Liste und machte sich schnell davon. Letztlich grenzte sie ihre Bewerber auf zwei Männer ein: Chris und Larry. Sie betete Chris an. Er sah gut aus, war erfolgreich und sie hatte Spaß mit ihm. Larry dagegen war nicht so attraktiv und sehr schüchtern, hatte aber einen guten Job und arbeitete fleißig. Außerdem war er sehr verlässlich und liebenswürdig.

Als sich ihre beste Freundin verlobte, wurde ihr klar, dass sie die einzige aus dem Freundeskreis ihrer Jugendzeit war, die sich immer noch nicht gebunden hatte. Dann brachte ihre jüngere Schwester Ali ihre Nichte auf die Welt. Marcy glaubte, es keinen Moment länger aushalten zu können, alleinstehend und auf der Suche zu sein. An diesem Wochenende hielt Larry um ihre Hand an. Marcy war sehr glücklich über das Angebot, aber auch betroffen, weil sie Larry zwar gerne hatte, aber auch wusste, dass sie nicht in ihn verliebt war.

Stattdessen fühlte sie sich sehr zu Chris hingezogen. Sie beschloss, sich ein letztes Mal mit ihm zu treffen. Als sie nach einem wunderbaren Abendessen in einem schicken französischen Restaurant ihren Nachtisch aßen, fragte Marcy Chris nach seinen Gedanken zur Zukunft. Er sagte ihr, dass er sich nicht vorstellen könne, in der nächsten Zeit zu heiraten. Er erklärte, er genieße seine Unabhängigkeit und wüsste nicht einmal, ob er Kinder haben wolle. Als sie an diesem Abend allein in ihrem Schlafzimmer war, stellte Marcy fest, dass sie keine Lust mehr auf Verabredungen hatte und ein neues Leben mit einem Mann, Familie, weißem Lattenzaun und allem Drum und Dran beginnen wollte. Am nächstem Morgen rief sie Larry an und sagte ihm, dass sie glücklich wäre, ihn zu heiraten.

Finden Sie, Marcy hätte „Zugeständnisse gemacht"?

Kompromisse sind gut

Fast jede Frau, mit der ich gesprochen habe, hat das Gefühl, dass sie auf irgendeine Art einen Kompromiss eingegangen ist, als sie ihren Mann geheiratet hat. Ich habe nie eine verheiratete Frau getroffen, die meinte, ihr Ehemann hätte jede Eigenschaft, die sie bei einem Mann gesucht hatte.

Lynn ist Sozialarbeiterin. Sie traf auf einen Mann, der alle Eigenschaften hatte, die sie suchte, nur dass er mit Geld nicht großzügig umging. Vom ersten Treffen an teilte er alles halbe-halbe mit ihr auf. Er wollte nie das Abendessen bezahlen und erwartete immer, dass sie ihren Teil beisteuerte. Das war kein Wesenszug, der ihr gefiel, aber ihr war klar, dass er andere großartige Charaktereigenschaften hatte, die ihr bei einem potentiellen Mann wichtig waren. Heute sind sie verheiratet und sie teilen immer noch alles ganz genau hälftig auf.

Erwarten Sie also irgendeine Art von Kompromiss, wenn Sie sich binden. Zum Beispiel kann es sein, dass er das Aussehen, aber nicht die Intelligenz hat, die Sie sich bei dem Mann vorgestellt haben, an den sie letztlich geraten würden. Oder vielleicht ist er erfolgreich, hat aber nicht diese anregende Redegewandtheit und die Fähigkeit, Schlussfolgerungen zu ziehen, die Sie sich wünschen. Indem Sie gewisse Erwartungen an den „perfekten" Mann haben, schränken Sie die Möglichkeiten ein. Bevor Sie versuchen, auf jeden Aspekt des perfekten Mannes Kontrolle auszuüben, sollten Sie sich einfach entspannen und die Dinge geschehen lassen.

Ellen war eine erfolgreiche Psychologin und fühlte sich sehr von künstlerischen und unkonventionellen Männern angezogen. Aber sie zog es vor, es sich in ihrer Freizeit mit einem wirklich guten Buch gemütlich zu machen anstatt in Clubs oder in Kontaktanzeigen auf Männersuche zu gehen. Nach zwei Jahren als Single lief sie bei einer Galerieeröffnung Ted in die Arme. Obwohl Ellen schüchtern war, gewann Ted Interesse an ihr und sie gingen noch am selben Abend zusammen Kaffee trinken. Sie war enttäuscht, als sie erfuhr, dass er nur geringfügigen Beschäftigungen nachging und trotz seines künstlerischen Talents nicht allzu ehrgeizig erschien. Außerdem war er wesentlich weniger gebildet als sie. Sie hatte einen Doktortitel und er hatte nach einem Jahr das Studium geschmissen. Aber trotz seines Mangels an Abschlüssen war er clever und von Natur aus sehr intelligent. Außerdem schenkte er Ellen sehr viel Aufmerksamkeit und war ein großartiger Kamerad. Obwohl sie immer gedacht hatte, dass sie einmal bei einem Mann landen würde, der beruflich in ihrer Fachrichtung genauso erfolgreich war, beschloss sie, Ted zu heiraten. Er befriedigte all ihre emotionalen Bedürfnisse und machte sie glücklich.

Vertragsbrecher

Es mag einige Eigenschaften geben, die für Sie schlichtweg nicht verhandelbar sind. Kennen Sie den „Deal Breaker" aus „Sex and the City"? Was ist Ihr „Vertragsbrecher"? Welche Charaktermerkmale oder Umstände finden Sie bei einem Mann inakzeptabel? Etwas, mit dem Sie unter keinen Umständen leben können? Bei welchem Wesenszug oder bei welchem Benehmen würden Sie lieber bis zu Ihrem letzten Atemzug Single bleiben als es zu tolerieren? Marcy wollte mit keinem unzuverlässigen Mann zusammen sein. Ellen wollte keinen Frauenheld. Sie tendierte zu Männern, die Einzelgänger waren wie sie selbst.

Zählen Sie fünf Eigenschaften auf, die Ihre Vertragsbrecher sind:

1.

_____

2.

_____

3.

_____

4.

_____

5.

_____

Was wünschen Sie sich?

Um festzustellen, mit welchem Typ Mann Sie gerne zusammen wären, ist es wichtig, dass Sie herausfinden, was Sie sich vom Leben wünschen. Was sind Ihre Werte? Was ist Ihnen wichtig? Marcy und Ellen wussten zum Glück, was sie wollten. Marcy wünschte sich eine Heirat über alles. Für sie war das glasklar. Ellen fühlte sich in ihrem ruhigen Leben wohl. Ihr war es lieber, für sich zu sein und wollte keinen Stress und keinen Mann, der ihr friedliches Leben stören würde, das sie sich trotz ihrer gelegentlichen Einsamkeit aufgebaut hatte. Sie schlug Gelegenheiten aus, mit anderen Männern zusammenzukommen, die viel Aufmerksamkeit erforderten und Probleme hatten. Mit Ted fühlte sie sich entspannt und heimelig, was genau das war, wonach sie gesucht hatte.

Setzen Sie Ihre Prioritäten

Wenn die Ehe und die Familie bei Ihnen Vorrang haben, so wie es bei Marcy der Fall war, dann sollten Sie unbedingt einen großen Bogen um ambivalente Männer machen, denen es vor einer Bindung graut. Sie müssen sich Männern anschließen, die Ihre Ziele und Prioritäten teilen und in naher Zukunft heiraten wollen.

Wenn phantastische Leidenschaft und unglaublich stimmige Chemie für Sie unbedingt erforderlich sind, dann müssen Sie das Thema Heiraten unter Umständen aufgeben und ihre Kinder ohne einen Ehemann großziehen. Vielleicht können Sie beides einfach nicht unter einen Hut bringen. Diese Entscheidung musste Vicki treffen.

Vicki war eine attraktive vierzigjährige Schauspielerin. Obwohl sie es nie zu Hollywood-Ruhm brachte, schaffte sie es immer, sich mit Schauspieljobs in Werbefilmen und gelegentlichen kleineren Rollen in großen Studioproduktionen durchzuschlagen. Sie war mit Stan drei Jahre zusammen, als sie in meine Praxis kam. Er überraschte sie, als er ihr einen Heiratsantrag machte. Er sagte, dass er in den nächsten paar Monaten die Stadt verlassen wollte. Er war von Beruf Zimmermann und hatte die Vision davon, eigenes Land zu kaufen und sich selbst sein eigenes Haus zu bauen. Obwohl sie Stan furchtbar gern hatte, konnte Vicki nicht entscheiden, was sie tun sollte. Sie kam zu mir, damit ich ihr bei dieser Entscheidung half. In der Therapie arbeitete sie an einigen ihrer psychologischen Probleme, die ihre Beziehung mit ihrem Vater betrafen, den sie als sehr distanziert und unnahbar empfunden hatte. Sie glaubte, wenn sie ihre Vergangenheit klären könnte, würde sie sich bei der Entscheidung sicherer fühlen, was sie mit ihrer Beziehung zu Stan machen sollte.

Während unserer gemeinsamen Arbeit lernte Vicki einen anderen Mann kennen, zu dem sie sich sehr stark hingezogen fühlte und mit dem sie anfing, sich zu verabreden. Außerdem bekam sie eine Rolle in einer Seifenoper in Los Angeles. Sie stellte fest, dass sie, obwohl sie Stan liebte, auch die Freiheit genoss, ungehindert mit anderen Männern auszugehen, wann immer sie wollte. Vicki gefiel es außerdem, dass sie zusammenpacken und gehen konnte, wohin sie wollte, wann auch immer ihr Job es erforderte, dass sie umzog oder auf Reisen ging, ohne irgend jemandem gegenüber Rechenschaft ablegen zu müssen. Vicki teilte Stan mit, dass sie ihn zwar lieben würde, aber nicht heiraten wollte. Sie entschied, dass sie sich nicht einem einzigen Mann verpflichten wollte.

Wie wir aus Vickis Geschichte lernen können, sind nicht alle Frauen auf der Suche nach Heirat und Bindung. Sobald Vicki sich ihrer Werte und ihrer Prioritäten klarer geworden war, war es ihr egal, ob ein Mann ambivalent war und sie beschloss, einfach alle Erfahrungen mit Männern zu genießen, die ihr geboten werden.

Können Sie sich entweder mit Marcy oder mit Vicki identifizieren? Versuchen Sie es mit der folgenden Schreibübung, damit Sie leichter hinter Ihre eigenen Vorstellungen von dem kommen, was Sie sich wünschen.

Ihre Einstellung zur Ehe

Schreiben Sie Ihre Gefühle, Gedanken und Meinungen darüber auf, was Ehe für Sie bedeutet.

- Wie wichtig ist es für Sie, zu heiraten?
- War eine Ehe ein Leben lang Ihr Traum, seit Sie ein Mädchen oder ein Teenager waren?
- Könnten Sie leben, ohne jemals zu heiraten und hätten trotzdem das Gefühl, ein reiches, erfülltes Leben gehabt zu haben?

- Sind Sie auf Freundinnen oder Familienangehörige neidisch, die verheiratet sind?

- Sind die meisten Leute in Ihrer Familie verheiratet? Werden Sie als Bürger zweiter Klasse behandelt, solange Sie in Ihrer Familie Single sind?

- Hätten Sie das Gefühl, alleine zu sein oder etwas zu verpassen, wenn Sie nicht heiraten?

- Wie wäre das für Sie, Liebhaber in Ihrem Leben zu haben, aber niemals zu heiraten oder mit irgend jemandem zusammenzuleben?

Ihre Einstellung zu Kindern

Schreiben Sie Ihre Gefühle, Gedanken und Meinungen dazu auf, was es für Sie bedeutet, Kinder zu haben.

- Wie wichtig ist es für Sie, Kinder zu haben?

- Könnten Sie sich vorstellen, Kinder ohne einen Ehemann zu haben?

- Könnten Sie alleinerziehende Mutter sein?

- Haben eigene Kinder einen hohen Stellenwert in Ihrer Familie?

- Würden Sie Ihre Eltern enttäuschen, wenn Sie keine Kinder hätten?

- Gibt es im Moment Kinder (nicht Ihre eigenen) in Ihrem Leben (Nichten, Neffen, Kinder von Freunden)?

- Würden Sie sich benachteiligt fühlen oder hätten Sie das Gefühl, etwas zu verpassen, wenn Sie keine Kinder hätten?

Ihre Einstellung zur Ihrer beruflichen Karriere

Schreiben Sie Ihre Gefühle, Gedanken und Meinungen dazu auf, was Ihnen Ihre berufliche Karriere bedeutet.

- Wie wichtig ist Ihnen Ihre berufliche Entwicklung?

- Würden sich Heirat und Familie störend auf Ihre beruflichen

Ambitionen auswirken?

- Würde der zeitliche Aufwand, den Sie für Ihren Beruf aufbringen, Sie beim Großziehen Ihrer Kinder behindern, vorausgesetzt, Sie entscheiden sich dazu, welche zu haben?

- Wären Sie bereit, Ihren Beruf aufzugeben, um sich einem Mann anzuschließen, der zwar heiraten möchte, aber umziehen müsste?

- Haben Sie einen Beruf, der so flexibel gestaltbar ist, dass Sie einer Beziehung oder einer Familie Ihre Zeit widmen und trotzdem Ihren Beruf beibehalten können?

- Würden Sie es vorziehen, weiterhin Ihre meiste Energie in Ihren Beruf einzubringen, um einen anhaltenden Erfolg zu gewährleisten?

Ihre Einstellung dazu, Ihren Lebensstil beizubehalten

Schreiben Sie Ihre Gefühle, Gedanken und Meinungen dazu auf, was Ihnen Ihr momentaner Lebensstil bedeutet.

- Genießen Sie das Alleinsein?

- Verbringen Sie viel Zeit alleine?

- Wären Sie glücklich, wenn Sie einen oder mehrere Liebhaber hätten, ohne verheiratet zu sein oder mit jemandem zusammen zu leben?

- Haben Sie Hobbys und Leidenschaften, für die Sie viel Zeit aufbringen (auf Tagungen gehen, an Kursen teilnehmen, reisen, tanzen, schreiben)?

- Könnten Sie Ihre Hobbys und Passionen etwas zurückstellen, wenn Sie eine feste Beziehung oder eine Ehe eingehen würden?

- Wie ist Ihre finanzielle Situation? Glauben Sie manchmal, dass es einfacher wäre, mit einem Partner zusammenzuleben?

- Würde das Zusammenleben mit einem Mann Ihr unabhängiges Single-Dasein, das Sie sich aufgebaut haben, zerstören?

- Haben Sie das Gefühl, Sie müssten sich einem Mann

unterordnen, sobald Sie mit einem Mann zusammenleben oder ihn heiraten?

Jede Wahl wird Konsequenzen haben. Wenn Sie sich ständige Aufregung mit Nervenkitzel und Herzklopfen wünschen, dann können Sie sich nicht beklagen, wenn Sie sehen, wie Ihre beste Freundin zwar ein langweiligeres Leben führt, aber eines mit einem Ehemann. Und umgekehrt. Wenn Sie mit einem Ehemann zusammen sind, der für Sie da ist, der aber keiner ist, in den Sie maßlos verliebt sind, dann beschweren Sie sich nicht, wenn Sie Ihre alleinstehende Freundin von einem aufregenden Mann schwärmen hören, den sie gerade kennengelernt hat! Selbst wenn Sie am liebsten machen, was Sie wollen, ohne jemandem gegenüber Rechenschaft ablegen zu müssen, kann es Zeiten geben, in denen Ihnen etwas Traumatisierendes passiert, sodass Sie alles dafür tun würden, einen Lebenspartner zu haben, auf den Sie sich verlassen könnten. Wenn Sie es lieben, verheiratet zu sein, dann kann es Zeiten geben, in denen Sie so genervt von Ihrem Mann sind, dass Sie alles dafür tun würden, die Zeit zurückzudrehen und ihn nie kennengelernt zu haben. Es gibt immer ein Yin und ein Yang, die Polarität der Gegensätze.

Sie haben die Wahl

Wenn es um die Männer und um die Liebe geht, gibt es keine richtige oder falsche Wahl, was die Wünsche einer Frau anbelangt. Obwohl sich das zunächst einmal enttäuschend anhören mag, ist es doch eine großartige Aussage, weil Sie sich glücklich schätzen können, so viele Wahlmöglichkeiten zu haben. Gemessen an den langen Zeiträumen unserer Zivilisation wurden Frauen noch vor einer Minute gezwungen, Männer zu heiraten, die sie kaum kannten oder leiden konnten. Die Dinge haben sich auch seit den Generationen unserer Mütter und Großmütter geändert. Wir brauchen die Männer nicht mehr, um uns finanziell zu unterstützen. Wir brauchen sie nicht einmal mehr, um Babys zu bekommen (wir können künstlich befruchtet werden). Wir brauchen keine Männer, um zu überleben. Viele Frauen haben heutzutage ihre eigene Arbeit und ihre eigenen Karrieren. Manche davon verdienen mehr Geld und sind erfolgreicher als Männer.

Viele Selbsthilfeautoren da draußen verkünden, dass Sie wie durch ein Wunder geheiratet werden, sobald Sie ihre Bücher gelesen haben. Ihre Bücher preisen die Ehe als den großen Preis an, als den Heiligen Gral. Das ist in diesem Buch nicht der springende Punkt. Geheiratet zu werden heißt nicht, gewonnen zu haben. Selbst in der heutigen fortschrittlichen Kultur wird die Ehe über-idealisiert. Werfen Sie einfach einen Blick auf die Statistiken: Sechzig Prozent der Ehen enden in einer Scheidung. Alleinstehende Frauen leben länger als verheiratete Frauen. Obwohl es in vielen Frauengeschichten in diesem Buch um den Wunsch geht, verheiratet zu sein oder eine verbindliche Beziehung zu finden, sollten Sie wissen, dass genauso viele verheiratete Frauen zu mir kommen und sagen, wie unglücklich sie in ihren Ehen sind und wie sehr sie sich wünschen, wieder Single zu sein.

Wenn Sie so gut Sie können die Probleme Ihrer Vergangenheit aufarbeiten, wenn Sie sich ein Leben aufbauen, das Sinn hat, das Sie erfüllt, dann haben Sie es geschafft. Dann haben Sie den Preis gewonnen. Alleine und erfüllt zu sein ist eine Wahl. Da kann es sogar Momente geben, in denen eine Beziehung mit einem Mann aufdringlich und aufzehrend ist – besonders dann, wenn Ihr Leben ohnehin aufregend ist und Sie einen Beruf haben, Freude am Leben empfinden und Ihre Freunde und Ihre Familie lieben.

Die Entscheidung, die Sie bei Männern treffen, wenn Sie sie an Ihrem Leben teilhaben lassen wollen, sollte Ihnen völlig entsprechen. Es geht nicht darum, was Ihre Mutter, Ihr Therapeut, Ihre Freundinnen oder sogar Selbsthilfeautoren denken. Ihre Wahl sollte Ihre Wahrheit über das widerspiegeln, was Sie glauben und fühlen. Wenn es vornehmlich die Ehe ist, die Sie sich wünschen, dann entscheiden Sie sich dafür. Wenn Sie unter Umständen ein Leben lang Single bleiben wollen, bis Sie den Mann treffen, den Sie für Ihren Seelenverwandten halten, dann ist das auch Ihre Entscheidung.

Welche Entscheidung Sie auch immer treffen, das Wichtigste, das Sie aus diesem Buch mitnehmen sollten, ist, dass Sie große Stücke auf sich selbst halten müssen. Dann werden Sie weder für Leidenschaft, noch für großartigen Sex oder sogar für die Ehe destruktives Verhalten von unschlüssigen Männern tolerieren.

Was eine Frau auf mein schwarzes Brett geschrieben hat:

Wenn ein Mann Sie versetzt, liegt es an Ihnen, ob Sie ihm eine zweite Chance geben wollen. Wenn Sie ihm immer wieder eine neue Chance geben, dann dulden Sie stillschweigend sein ambivalentes Verhalten. Sie lösen sein Verhalten nicht aus, aber Sie lassen zu, dass er es anwendet. Sie müssen einen hohen seelischen Preis zahlen, wenn Sie jemandem erlauben, Sie schlecht zu behandeln. Ich habe das im letzten Jahr einige Monate lang mitgemacht und was mich dabei umgehauen hat, ist nicht, dass mich dieser bestimmte Mann schlecht behandelt hat, sondern dass ich das viel länger als nötig zugelassen habe. Wenn ich es beim ersten oder zweiten oder fünften klaren Anzeichen dafür, dass da etwas verkehrt lief, beendet hätte, hätte ich etwa dreißig schlimme Situationen weniger, an die ich mich erinnern und über die ich nachgrübeln müsste. Meine Heilung hätte im November begonnen und nicht erst im Januar.

Sie müssen nicht heute oder morgen entscheiden, ob Sie Ihren ambivalenten Mann aufgeben, einen neuen Mann finden, der sich eine tiefe innige Verbindung wünscht oder für eine Weile allein bleiben wollen. Sie können sich weiterhin mit Ihren Wahlmöglichkeiten beschäftigen, weil Sie sich auch selbst stets verändern. Keine Ihrer Entscheidungen ist in Stein graviert. Eines der tollen Dinge im Leben ist, dass es immer weitergeht und dass jeder Tag die Chance auf neue Möglichkeiten und unerforschte Gelegenheiten bietet.

***

Ronda Findling

Ruf bloß nicht an

Wie Sie Ihren Sexpartner loslassen
und statt dessen das Leben genießen

geb., 150 S. € 14,90
ISBN 978-3-9808707-9-5

Nita Tucker

Schluss mit Single über 40

Die Kunst, den richtigen Partner zu finden

geb. 154 S. € 15,00
ISBN 987-3-9808707-3-2

Nita Tucker

Schluss mit Beziehungs-Stress

geb., 175 S. € 15,00
ISBN 9-783-9808707-5-7

Raphael Cushnir

Leb Jetzt. Statt später.

geb. mit Schutzumschlag,120 S. € 14,50
ISBN 978-3-9391520-1-9